Susi Piroué

Französisch kochen

Susi Piroué

Französisch kochen

200 köstliche Spezialitäten aus allen Provinzen.
Und Wissenswertes über Essen und Trinken
in Frankreich

GU GRÄFE UND UNZER

Inhalt

Ein Wort zuvor 7

Essen und Trinken in Frankreich 8

Die kulinarischen Regionen 9

Paris und die Île-de-France 9
Champagne 10
Elsaß und Lothringen 10
Franche-Comté 11
Burgund und Bresse 12
Lyon und das Lyonnais 12
Savoyen und Dauphiné 13
Provence und Comté de Nice 13
Languedoc, Roussillon und Comté de Foix 15
Baskenland und Béarn 15
Gascogne 16
Bordelais 16
Périgord, Quercy, Rouergue 17
Das Gebiet um Cognac 17
Limousin und Marche 18
Auvergne und Velay 18
Poitou und Vendée 18
Orléanais und Berry 18
Touraine und Anjou 19
Bretagne 20
Normandie 20
Der Norden 21
Korsika 21

Besonderheiten der französischen Küche 22

Die Rezepte

Suppen und Eintöpfe 24

Soupe à l'oignon · Zwiebelsuppe 25
Tourin · Gebundene Zwiebelsuppe 25
Soupe aux moules · Muschelsuppe 25
Potage Parmentier · Kartoffelsuppe französische Art 26
Soupe à la reine · Geflügelcremesuppe 26
Bisque d'écrevisses · Feine Krebssuppe 26
Soupe au pistou · Gemüsesuppe Großmutter Art 28
Potage de gibier · Wildsuppe 28
Soupe au fromage · Käsesuppe 28
Soupe aux marrons · Kastaniensuppe 28
Soupe de courge · Kürbissuppe mit Lauch 29
La soupe épatante · Nudelsuppe mit Käse 29
Potage purée d'herbes · Kräutersuppe 29
Le mourtairol · Safransuppe 29
Soupe aïgo-boulido · »Gekochtes Wasser« 29
Potée albigeoise · Gemüsesuppe aus Albi 30
Cassoulet · Eintopf aus weißen Bohnenkernen 30
Garbure · Béarner Gemüseeintopf 32
Pot-au-feu · Huhn-Rindfleisch-Topf 32
Baeckeofe · Elsässischer Fleischtopf 32
Bourride · Provenzalische Fischsuppe mit Knoblauchmayonnaise 33
Bouillabaisse · Mittelmeer-Fischsuppe 33

Kalte Vorspeisen und Salate 34

Crudités · Rohkostplatte 35
Hors-d'œuvre varié · Gemischte Vorspeise 35
Tapénade · Olivenpaste mit Kapern 36
Avocats farcis · Gefüllte Avocados 36
Asperges à la sauce aux crevettes · Spargel mit Krabbensauce 36
Artichauts à la vinaigrette · Artischokken mit Vinaigrette 36
Champignons crus à la crème · Rohe Champignons mit Sahne 37
Oignons à la niçoise · Zwiebelsalat 37
Pissenlits au lard · Löwenzahn mit Speck 37
Salade frisée aux chapons · Krause Endivie mit Knoblauchkruste 37
Salade poitevine · Vorspeisenplatte mit Reis, Tomaten und Champignons 38
Salade de betteraves · Rote-Bete-Salat 38
Saladier lyonnais · Salatschüssel aus Lyon 38
Salade niçoise · Nizza-Salat 38
Jambon du Morvan aux œufs durs · Schinken in Gelee mit harten Eiern 40
Pâté de Pâques du Berry · Osterpastete aus dem Berry 40
Quiche touloise · Mohnquiche 40

Warme Vorspeisen 42

Beignets d'aubergines · Fritierte Auberginen in Teig 43
Œufs en meurette · Eier in roter Sauce 43
Morilles à la crème · Morcheln in Sahnesauce 43
Le papeton d'aubergines · Auberginengericht des Papstes 44
Courgettes au gratin · Überbackene Zucchini 44
Pivarunata · Paprikaschoten korsisch 44
Knepfi · Elsässische Teigklößchen 44
Ballottine de canard · Entengalantine Burgunder Art 45
Rigodon · Schinkenfladen 45
Gougère · Käsegebäck 45
Tarte aux oignons à l'alsacienne · Elsässischer Zwiebelkuchen 46
Quiche lorraine · Lothringer Schinken-Käse-Torte 46
Gratin dauphinois · Kartoffelauflauf mit Käse 46
Pâté de cèpes à la solognote · Steinpilzpastete 49
Cèpes à la bordelaise · Steinpilze mit Schinken 49
Pissaladière · Anchovisfladen 49
Cervelas truffé en brioche · Trüffelwurst im Teigmantel 50
Ratatouille niçoise · Nizzaer Gemüseragout 50
Pipérade · Paprika mit Schinken 50
Les omelettes · Omeletten-Grundrezept mit Varianten 52
Crêpes de sarrasin · Echt bretonische Crêpes 52
Petits pâtés à la ciboulette · Schnittlauchküchlein 52
Escargots au gratin · Weinbergschnekken überbacken 53

Fischgerichte 54

Matelote de sole · Seezungentopf 55
Cotriade de maquereaux · Junge Makrelen auf bretonische Art 55
Turbot au beurre blanc · Steinbutt mit Buttersauce 56
Pain de saumon · Lachspastete 56
Soles meunière · Seezungen Müllerin 56
La migourée de Matata · Gemischte Seefische in würziger Sauce 57
Sardines à l'oseille · Sardinen in Sauerampfer 57
Salade de harengs à la chalutière · Heringssalat nach Art der Fischer 57
Truites Mont-Dor · Forellen in weißem Vermouth 58
Pauchouse mâconnaise · Süßwasserfisch in Weißwein 58
Quenelles de brochet · Hechtklößchen 58

Inhalt

Suprêmes de brochet · Hechtfilets in Rosé aus der Champagne 60
Anguille au vin rouge · Aal in Rotwein 60
Lotte à la bordelaise · Quappe Bordelaiser Art 60
Bar au fenouil · Barsch mit Fenchel 61
Brêmes à la mode du Loing · Gegrillte Brachsen mit feiner Sauce 61
Carpe à l'oseille · Karpfen mit Sauerampfersauce 61

Schal- und Krustentiere 62

Homard à l'américaine · Hummer klassisch 62
Écrevisses à la nage · Flußkrebse im würzigen Sud 62
Gratin de queues d'écrevisses · Krebsschwänze überbacken 64
Civet de langouste · Langusten in Rotwein 64
Coquilles Saint-Jacques à la bordelaise · Jakobsmuscheln in Weißwein 64
Les aspics de moules · Muscheln in Aspik 65
Moules marinières · Muscheln nach Art der Seeleute 65
Moules aux herbes · Muscheln mit grünen Blättern 65

Rind und Kalb 66

Filet de bœuf à la ficelle · Gerolltes Rinderfilet 67
Bœuf à la mode · Rindfleischtopf 67
Faux-filet à la landaise · Rindfleisch mit Gemüse und Kartoffelgratin 68
Entrecôte à la bordelaise · Entrecôte mit Bordeaux-Sauce 68
Bœuf en daube · Rindfleisch in Rotwein 68
Steak du Morvan · Burgundisches Rindersteak 69
Tripes à la mode de Caen · Kutteln normannische Art 69
Biftecks du pays poitevin · Hacksteaks mit Weinsauce 69
Blanquette de veau · Kalbsblankett 70
Cul de veau à la mode du vieux presbytère · Kalbsschlegel nach Art der Pfarrersköchin 70
Paupiettes de veau · Kalbsvögel 72
Côtes de veau au fromage râpé · Kalbskoteletts mit Käse 72
Matelote de veau · Kalbfleisch in Rotwein 72
Pieds de veau à la rouennaise · Kalbsfüße im Schweinenetz 72
Rognons de veau au madère · Kalbsnierchen in Madeira 73
Soufflé de cervelle · Soufflé aus Kalbshirn 73
Ris de veau normand · Kalbsbries mit Äpfeln und Calvados 73

Lamm und Schwein 74

Gigot à la bretonne · Lammkeule mit weißen Bohnenkernen 74
Gigot à l'auvergnate · Lammkeule aus dem Backofen 74
Carré d'agneau au persil · Lammfleisch mit Kräuterdecke 74
Côtelettes d'agneau à la provençale · Lammkoteletts provenzalisch 76
Côtelettes d'agneau au four · Lammkoteletts im Ofen gebacken 76
Pieds-paquets à la marseillaise · Hammelkutteln und -füße 76
Escalopes de porc aux pruneaux · Schweineschnitzel mit Backpflaumen 77
Caillettes aux épinards · Frikadellen mit Spinat 77
Riz à la mode de Bayonne · Reis mit Bayonner Schinken 77

Geflügel und Kaninchen 78

Coq au riesling · Hähnchen in Rieslingsauce 79
Poulet à la crème · Hähnchen in Sahnesauce 79
Poulet à la corsoise · Korsischer Hähnchentopf 79
Coq au vin · Hähnchen in Burgunder 80
Poulet Marengo · Marengo-Hähnchen 80
Poulet au citron · Hähnchen in Zitronensauce 80
Poulet Célestine · Hähnchengericht aus Lyon 81
Poulet à la basquaise · Baskisches Hähnchengericht 81
Poulet en daube aux châtaignes · Geschmortes Hähnchen mit Kastanien 81
Poulet aux cèpes · Hähnchen mit Steinpilzen 82
Poulet au champagne · Hähnchen in Champagner 82
Poularde demi-deuil · Poularde mit Trüffeln 82
Poule Henri IV · Sonntagshuhn im Topf 84
Poule à la mode de Gray · Gekochtes Huhn mit Gemüse 84
Poule en hochepot · Hühnertopf 84
Canard à la solognote · Gefüllte Ente fein parfümiert 85
Canard à l'orange · Ente mit Orangensauce 85
Oie à la normande · Gänsebraten normannische Art 86
Oie farcie · Gefüllte Gans 86
Alicot · Gänse- oder Entenklein 86
Tourte de pigeon à l'ancienne · Taubenragout im Teig Großmutter Art 87
Pigeons au vin blanc · Tauben in Weißwein 87
Lapin aux pruneaux et aux raisins · Kaninchen mit Backpflaumen und Weinbeeren 88
Lapin à la bressane · Kaninchen in Sahnesauce 88

Wildgeflügel und Wild 90

Faisan aux légumes · Fasan mit jungem Gemüse geschmort 91
Faisan au citron · Junger Fasan mit Zitrone 91
Faisan à l'alsacienne · Fasan in Sauerkraut 91
Perdreau à la languedocienne · Gefülltes junges Rebhuhn 92
Perdreau rôti · Rebhuhn im Weinblatt 92
Pintade au chou vert · Perlhuhn mit Grünkohl 92
Cailles aux feuilles de vigne · Wachteln in Weinblättern 93
Lièvre en cabessal · Gefüllter Festtags-Hase 93
Râbles de lièvre à la bourguignonne · Hasenrücken Burgunder Art 94
Escalopes de chevreuil · Rehschnitzel auf Selleriepüree 94
Lièvre vigneron · Hase Winzer Art 94

Beilagen 96

Tomates à la provençale · Grilltomaten provenzalisch 97
Fonds d'artichauts au beurre · Artischockenböden in Butter 97
Châtaignes blanchies · Blanchierte Maronen 97
Truffade · Kartoffel-Tomaten-Pfanne 98
Pommes de terre aux truffes · Trüffelkartoffeln 98

Inhalt

Pommes soufflées · Pariser Kartoffeln 98
Pâté de pommes de terre · Kartoffelpastete 98
Le farçon · Überbackenes Kartoffelpüree 100
Purée Soubise · Kartoffel-Zwiebel-Püree 100
Pommes de terre à la Dauphine · Kartoffelbällchen 100
Pommes de terre en cocotte · Kartoffeltopf 100
Chou rouge aux châtaignes · Rotkohl mit Kastanien 101
Haricots verts au jambon · Grüne Bohnen mit Schinken 101
Purée Crécy · Möhren-Reis-Püree 101
Nouilles à l'alsacienne · Nudeln elsässische Art 101
Riz à la créole · Reis im Ofen 101

Saucen 102

Sauce Périgueux · Trüffelsauce 103
Sauce Bercy · Bercy-Sauce 103
Sauce Soubise · Zwiebelsauce 103
Sauce Nantua · Krebssauce Nantua 103
Sauce béchamel · Béchamelsauce 104
Demi-glace · Braune Grundsauce 104
Sauce Robert · Pikante braune Sauce 104
Rouille · Scharfe Pfeffersauce 104
Sauce poivrade · Pfeffersauce für Wildgerichte 104
Sauce rouennaise · Feine Entensauce 105
Anchoiade · Anchovissauce 105
Sauçon · Tomatensauce 105
Aioli · Südfranzösische Knoblauchsauce 106
Sauce tartare · Tatarensauce 106
Sauce béarnaise · Béarner Sauce 106
Sauce vinaigrette · Essig-Öl-Sauce 106

Desserts 108

Crème aux fruits · Eiercreme mit Früchten 108
Mousse au chocolat · Schokoladenschaum 108
Navettes · Lichtmeß-Schiffchen 108
Les treize desserts de Caléna · Die 13 provenzalischen Weihnachtsdesserts 109
Macarons aux amandes · Mandelmakronen 109
Nougat noir · Schwarzer Nougat 109
Tarte du chef · Apfelkuchen mit Karamel 110
Crème renversée au caramel · Karamelcreme 110
Clafoutis · Kirsch-Eier-Speise 110
Pommes en pâte · Äpfel im Schlafrock 112
Far breton · Bretonischer Pudding 112
Tarte aux fraises meringuées · Erdbeerkuchen mit Eierschaum 112
Fritelle · Korsische Krapfen 112
Crêpes Suzette · Eierkuchen mit Grand Marnier 113
Schenkelas · Elsässisches Kleingebäck 113
Crème champenoise · Weincreme 114
Pudding aux noix · Nußspeise 114
Chaussons aux pommes · Apfeltaschen 114

Menüzusammenstellungen 115

Rezept- und Sachregister 116

Die Rezepte sind, wenn nicht anders angegeben, für 4 Personen berechnet.

Ein Wort zuvor

Mit diesem Buch wende ich mich an die unverbesserlichen Optimisten unter Ihnen, an alle, denen der Lebensgenuß nicht die Freude an der täglichen Arbeit und die tägliche Arbeit nicht die Freude am Leben verdorben hat, an Menschen, die Freude an frischen, unverfälschten Produkten der Natur haben und sich Kenntnisse über ihre schmackhafte Zubereitung erwerben möchten. Denn die französische Küche ist eine Küche, die froh macht, nicht nur die Genießenden, sondern auch Mann und Frau in der Küche. Es ist eine Küche für Bastler, Do-it-yourself-Fans, für Koch-Freaks, Gastgeber und Lebenskünstler, Kontaktmenschen und nicht zuletzt für Liebende. Wie kann man schließlich einem geliebten Menschen seine Zuneigung besser beweisen als mit einem selbst hergestellten Mahl für Zwei?
Damit Ihnen das auch sicher gelingt, habe ich für Sie bekannte und unbekannte Gerichte aus den sehr verschiedenartigen Regionen Frankreichs zwischen Atlantik und Mittelmeer, zwischen Alpen und Zentralmassiv, ausgewählt und zusammengestellt. Dabei waren folgende Gesichtspunkte maßgebend: Die notwendigen Zutaten mußten alle bei uns erhältlich sein. Das ist in den letzten Jahren immer einfacher geworden, denn die Reiselust und die Erfahrungen der Menschen mit ausländischen Küchen haben es mit sich gebracht, daß es Spezialitäten nicht nur in Delikateßgeschäften, sondern sogar in Supermärkten zu kaufen gibt. Außerdem habe ich gewisse Tierschutzgesetze berücksichtigt. Sie werden keine Singvogelpasteten und auch keine Stopflebern finden, so köstlich sie vielleicht schmecken mögen.
Besondere Fachkenntnisse sind für die Verwirklichung der Rezepte ebenfalls nicht notwendig. Ich habe zwar neben einfachen und sehr einfachen Rezepten auch kompliziertere vorgestellt, doch sind alle so beschrieben, daß sie mit ein klein wenig Geschick und Fingerspitzengefühl sicher gelingen. Nicht zuletzt werden Ihnen dabei die vielen prächtigen Farbfotos helfen, auf denen Sie das Ergebnis vorher sehen.
Bedenken Sie jedoch bei den Mengenangaben wie bei den Garzeiten, daß es sich bei den Zutaten um Produkte der Natur handelt, die verschieden groß, reif, saftig, geschmackreich oder -neutral ausfallen können. Um Ihnen mühsames Abwiegen zu ersparen, habe ich dennoch die Mengen lieber in Teelöffeln und Eßlöffeln oder in Stück angegeben. Nur in Fällen, in denen das Gelingen von genauen Mengenverhältnissen abhängt, wie bei einigen wenigen Teigzubereitungen, habe ich das Gewicht genau in Gramm aufgeschrieben. Außerdem hat nicht jede Tafelrunde den gleichen Appetit. Vieles hängt von der Jahreszeit ab, im Hochsommer werden Sie sicherlich geringere Mengen auf den Tisch bringen als bei klirrendem Frost.
Die Zubereitungszeiten anzugeben, halte ich für nicht einfach, da jede Hausfrau anders arbeitet und auch eine versierte Köchin langsamer vorgeht, wenn sie ein neues Gericht zubereitet oder ein für sie neues Produkt verwendet. Die Zeiten sind daher eher reichlich angegeben.
Beilagen gibt es in Frankreich nicht so häufig wie bei uns, man ißt Gemüse und Salate fast immer vor oder nach dem Hauptgang. Meist gehört Brot dazu und vor allem ein passender Wein. Ich habe bei jedem Rezept einen entsprechenden Vorschlag angefügt, der einen bestimmten Wein enthält, wenn es sich um eine regionale Spezialität handelt, einen Hinweis auf die Weinart bei den Hausfrauen- und Restaurantrezepten, die besonders gut mit Rot- oder Weißwein, kräftiger oder leichter Art schmecken. Natürlich steht es Ihnen frei, nach Ihrem Geschmack und nach dem Angebot eine andere, dem vorgeschlagenen Wein ähnliche Sorte oder ein alkoholfreies Getränk zu wählen.
Zusätzlich sollen Ihnen Tips aus eigener Erfahrung bei der Zubereitung helfen. Die angegebenen Varianten bereichern die Hauptrezepte und machen Ihren Küchenzettel noch interessanter.
Ein kurzgefaßter Einblick in die Regionalküchen der einzelnen Provinzen, versehen mit zahlreichen Farbfotos von den schönsten Winkeln dieser Landschaften, leitet den Rezeptteil ein. Selbstverständlich können es in diesem Rahmen nur Schlaglichter sein, mit denen ich die eine oder andere Besonderheit beleuchte. Eine auch nur annähernd komplette Berücksichtigung all der vielen Käsesorten, Gebäckspezialitäten und auch der Weine und ihrer Landschaften würde allein einen Band dieses Formats füllen. Die in diesem Abschnitt genannten Namen sollen Sie ermutigen, das eine oder andere an Ort und Stelle zu probieren.
Wie man in Frankreich seine Menüs zusammenstellt, wie und wann was gegessen und getrunken wird, habe ich in einem eigenen Kapitel beschrieben. Vorschläge für Menüzusammenstellungen aus den Rezepten dieses Buches finden Sie am Schluß.
Einige Besonderheiten der französischen Küche, zum Beispiel wie man ein Bouquet garni zusammenstellt, was ein Confit ist, wie man pochiert und blanchiert, finden Sie ebenfalls in übersichtlicher Form zusammengestellt und erläutert, so daß Sie ohne spezielle Vorkenntnisse alle Rezepte verwirklichen können.
Sie werden sehen: die französische Küche ist herzhaft, wohlschmeckend, einfach oder raffiniert, jedoch nie überladen und mit unnötigen Schnörkeln behaftet.

Viel Freude und Erfolg beim Kochen und Genießen wünscht Ihnen daher

Ihre Susi Piroué

Essen und Trinken in Frankreich

In keinem europäischen Land wird prozentual so viel für Essen und Trinken ausgegeben wie in Frankreich. Nirgends sonst verwendet man auch so viel Zeit und Liebe für das Einkaufen, das Zubereiten und Verzehren von Speisen und Getränken. Das gilt für den »kleinen« Mann im gleichen Maße wie für den »großen«. Der vergleichsweise niedrige Prozentsatz berufstätiger Hausfrauen ist sicherlich auch auf die Tatsache zurückzuführen, daß sich die Frauen in besonderer Weise an ihre Küche gebunden fühlen.
Mit einer französischen Hausfrau einkaufen zu gehen, kommt einem Abenteuer gleich. Da wird sachkundig über das Futter des Huhnes, über den Reifezustand des Käses, über die Herkunft gewisser Artischocken gesprochen, wobei Kaufmann und Hausfrau Spezialkenntnisse an den Tag legen, die wir nur von einem gelernten Gastronomen oder einem Diplom-Landwirt erwarten würden. Diese Kenntnisse werden von Generation zu Generation weitergegeben, und daran hat sich auch im Zeitalter der Supermärkte kaum etwas geändert, denn auch hier kennen sich die Verkäufer aus, sonst hätten sie bei den kritischen Französinnen keinerlei Chance. Und die Französinnen fürchten ebenso die Kritik ihrer gestrengen Ehemänner, die von Mama zu Hause gehörig verwöhnt wurden und nun das gleiche von ihrer Frau erwarten. Da die Familienclans noch intakt sind, wird nicht nur über die Kochkenntnisse der jungen Ehefrau gewacht, man tauscht unter Frauen auch so manchen nützlichen kulinarischen Tip aus.
Was wird nun wann gegessen und getrunken?
Morgens gibt es Kaffee mit viel heißer Milch (»café au lait«) und – ein Horror für so manchen Mitteleuropäer – nur ein Croissant oder ein Stück frisches Weißbrot, manchmal mit Butter und/oder Konfitüre. Das Mittagessen heißt in Frankreich »déjeuner« und besteht in den Städten oft in einem kleinen Tellergericht oder in einer Art Lunch aus Brot, Pastete, Käse und Salat. In ländlichen Gebieten wird zu Mittag deftiger gegessen, in der Provence gibt es mittags die Hauptmahlzeit, hier »dîner« genannt wie im übrigen Frankreich die Hauptmahlzeit am Abend.
Es mag so manchen hierzulande erschrecken, daß man abends die Hauptmahlzeit genießt. Doch hat diese Einteilung auch ihre Vorteile: Am Abend hat die Familie Zeit, die Kinder und der Herr des Hauses brauchen nicht noch einmal fortzugehen, man kann den Tag mit Wein und Tafelfreuden geruhsam ausklingen lassen. In Frankreich ißt man gern lange und genüßlich, man läßt sich zwischen den Gängen Zeit, was auch der Hausfrau zugute kommt.
Ein Menü gibt es in jedem Haushalt, in jedem Restaurant, ob alltags oder feiertags, immer. Deswegen wird nicht unbedingt mehr gegessen, man ißt hintereinander und nicht nebeneinander, auch das, was bei uns als Beilage gilt, wird vor oder nach dem Hauptgang serviert.
Zunächst einmal gibt es jedoch Aperitif. Er besteht aus Vermouth, trockenem Sherry, trockenem Weißwein, aber auch aus trockenem Champagner bei festlichen Gelegenheiten. Ein Lieblingsaperitif der Franzosen ist Pastis (Pernod oder Ricard), der manchem wahrscheinlich zu süß ist, aber er ist erfrischend. Beim Aperitif entspannt man sich, die Nervosität des Tages weicht, man tauscht Neuigkeiten aus, begrüßt seine Gäste und freut sich auf die kommenden Genüsse. Kurzen Besuch lädt man nur zum Aperitif ein.
Auf dem Tisch steht zunächst einmal Brot, das in Frankreich auch abends und sonntags frisch vom Bäcker kommt. Es begleitet alle Gänge des Menüs. Die Vorspeise kann kalt oder warm, bescheiden oder aufwendig sein. Dazu gibt es im Normalfall den gleichen Wein, der zur Hauptmahlzeit paßt. Nur beim großen Menü wird der Wein gewechselt. Gewöhnlich trinkt man in Frankreich zum Essen Rotwein, wenn es irgendwie geht, sogar zu manchen kräftigen Fischarten in südfranzösischer Zubereitung oder zu hellem Geflügel. (Was zu den einzelnen Gerichten am besten paßt, habe ich bei den meisten Rezepten vermerkt.) Das größere, sonntägliche Menü enthält noch einen Zwischengang, wobei auf eine kalte Vorspeise ein warmes Vorgericht oder auch nach einer kalten oder warmen Vorspeise ein Fisch- oder Krustentiergericht folgen kann. Die Anzahl der Vorgerichte läßt sich eigentlich beliebig erweitern. In der traditionellen provenzalischen Küche ißt man Suppe statt Hors-d'œuvre.
Das Hauptgericht ist meist nicht so umfangreich wie bei uns. Es gibt Fleisch mit Gemüse, Nudeln und Reis kennt man nur in bestimmten Regionen.
Meist hat man nach dem Hauptgang noch ein Stück Brot und einen Schluck Wein übrig. Diese Situation verlangt nach Käse. Die Vielfalt der französischen Käse verlockt geradezu, eine Käseplatte mit strengen und milden, fetten und mageren, weichen und harten Käsesorten zusammenzustellen. Auch vom Käse ißt man nicht viel, er soll nicht sättigen, sondern nur den Geschmack abrunden.
Es fehlt ja immerhin noch das Pünktchen auf dem i – das Süße. Häufig gibt es »tartes«, flache Obstkuchen, manchmal eine Schale frisches Obst, sehr beliebt ist die »crème caramel«. Will oder kann man seine Familie zu Festtagen nicht zum Essen einladen, so lädt man sie sehr oft zum Dessert ein. Wein gibt es zur Nachspeise nicht mehr, höchstens in Form von Süßwein oder süßem Champagner. Weit verbreitet und hochgeschätzt ist der Kaffee nach dem Essen oder zum Dessert, wenn es aus Gebäck besteht. Dazu trinkt man gern einen »digestif«, einen Cognac, Armagnac oder Calvados oder einen anderen Schnaps, die Damen bevorzugen ein Gläschen Likör. Das Schnäpschen nach dem Essen heißt übrigens »pousse-café«, denn es hilft, daß der Kaffee »besser rutscht«.
Nach dem Essen, das sich allerdings meist länger hinzieht als bei uns, wird im allgemeinen nichts mehr getrunken. Die weintrinkende Runde ist in Frankreich so gut wie unbekannt.
Anregungen, wie Sie selbst ein französisches Menü zusammenstellen können, finden Sie auf Seite 115.

Wie im »Wort zuvor« bereits angedeutet, habe ich bei der Rezeptauswahl besonderes Gewicht auf die regionale Küche gelegt, da sich hier der Charakter der Landschaft und der Menschen am besten widerspiegelt; sie ist originell und original zugleich.
Sicherlich kann man auch von »der« französischen Küche sprechen, denn gemeinsam ist allen Franzosen die Liebe zum Essen und zu den unverfälschten Gaben der Natur, seien das nun Kräuter, Wild aller Art, Gemüse und nicht zuletzt der Wein, der bis auf wenige Gegenden überall gedeiht. Da die Natur jedoch überall Verschiedenes hervorbringt, je nachdem, ob man sich an der rauhen Atlantikküste, am subtropischen Mittelmeer, in den Weinbergen des Burgund, im Zentralmassiv oder im lieblichen Tal der Loire befindet, ergeben sich regionale Unterschiede, und diese möchte ich Ihnen vorstellen. Schließlich hat jedes Gericht, jeder Wein seinen Hintergrund, seine »raison d'être«, einen Grund, so und nicht anders zu sein.
Die Namen der Regionen, die ich Ihnen vorstelle, existieren offiziell seit der Revolution nicht mehr, doch würden uns die heute gültigen künstlichen Verwaltungseinheiten, die Départements, wohl kaum weiterhelfen. Auch im Bewußtsein der französischen Bevölkerung existieren sie nur, wenn es um Autokennzeichen oder Amtshandlungen geht.
Die ehemaligen Provinzen dagegen bilden heute noch kulturelle und sprachliche Einheiten, die gültig sind wie eh und je. Aus Gründen der Übersichtlichkeit habe ich die kleineren Gebiete zusammengefaßt, so daß sie kulinarische Regionen bilden. Diese Regionen stimmen allerdings nicht mit den Verwaltungsregionen überein – wer kennt schon zum Beispiel die Region Rhône-Alpes – und auch nicht mit den gesetzlichen Weinbaugebieten, die wiederum nach rein önologischen Gesichtspunkten zusammengefaßt sind. Frankreich als Land der Individualisten widersetzt sich eben auch den einfachsten Versuchen einer jedem Aspekt gerecht werdenden Systematik ...
Trotz allem werde ich versuchen, die Übersichtlichkeit zu wahren und wünsche Ihnen viel Vergnügen bei der kulinarischen Rundreise durch ein Land, in dem man heute trotz allem noch zu leben versteht wie »Gott in Frankreich«.

Paris und die Île-de-France

Beginnen wir dort, wo alle Nationalstraßen zusammenlaufen, mit der Hauptstadt des Landes, einer Hauptstadt wie keine zweite in Europa, da Zentrum eines stets zentral regierten Landes, und aus diesem Grund geliebt und verachtet zugleich. Sicherlich findet man in Paris alle Küchen dieser Welt, doch gibt es auch eine eigenständige Pariser Küche. Sie ist vor allem geprägt von den Küchenmeistern der Pariser Schule des vorigen Jahrhunderts. Es ist eine großstädtische Meisterküche, daher auch die Vielzahl bekannter Saucen, die aus Paris stammen: zum Beispiel die »sauce Bercy«, die »sauce piquante«, die »sauce Robert« und die berühmte »sauce

Die altehrwürdigen Häuserfassaden von Paris erhalten einen fröhlichen Akzent durch die roten Markisen der zahllosen Bistros, die Tag und Nacht stark frequentiert werden.

béarnaise«. Doch auch der Hummer à l'américaine wurde nicht in Amerika, sondern in Paris kreiert, ebenso wie viele Seezungengerichte, Rindfleischzubereitungen wie die Tournedos Rossini, »bœuf miroton« und allerlei Entrecôtes. Last not least kommen auch die heute überall verbreiteten Pommes frites aus Paris, die heute wohl in allen europäischen Ländern bei Jung und Alt bekannt sind, ohne die keine Imbißbude vom Nordkap bis Sizilien gedeihen könnte, die ganze Straßenzüge verpesten können und doch köstlich schmecken, wenn sie nur knusprig und trocken sind. Einst waren sie die Lieblingsspeise der »kleinen Leute«, die es verstanden, aus der biederen Kartoffel und ein bißchen Öl eine Delikatesse zu zaubern.
Das Feingebäck aus Paris ist ebenfalls nicht zu verachten. Die luftigen Brioches, Windbeutel mit Sahne – »choux à la crème« sind keine Kohlköpfe –, Waffeln, Schwimmende Inseln – »îles flottantes« – und ähnliches Kleingebäck sind die Versuchungen der Pariser Konditoren.
Auch etwas eigenen Wein hat die Hauptstadt noch in ihren Mauern aufzuweisen. Im 17. Jahrhundert war der Weinbau noch ausgedehnt, heute hat der Moloch Großstadt alles aufgezehrt, bis auf die Weinberge von Suresnes, wo Rot- und Weißweine gedeihen, und den Mont-Valérien. Sie alle gehen auf klösterliche Besitztümer zurück und sind heute kaum wegen ihrer Qualität und schon gar nicht wegen ihrer Quantität zu rühmen ... Originell sind sie, und daher werden sie auch von Gourmets geschätzt.
Etwas im Schatten der übermächtigen Stadt und doch reizvoll und durchaus eigenständig ist die Île-de-France, das Land ringsum. Es zeichnet sich aus durch seine Lieblichkeit, seinen Reichtum an Wäldern, Parks, Gärten und Wasserläufen, vom Bach bis zum breiten Strom, aus denen Sonntagsangler und Profis die feinsten Fische holen. Auch Wild und Wildgeflügel bereichern die vielseitige Küche dieser Gegend. »Gibelotte de lapin«, ein Kaninchenragout, Wildterrine mit Leber und Trüffeln, Forellen, Poularden und Pasteten tragen vielfach Namen von Orten aus der Île-de-France.
Von den angeblich 400 Käsesorten, die das Volk nach Meinung von de Gaulle so unregierbar machen, hat die Île-de-France zwei große und eine kleinere vorzuweisen: Brie und Coulommiers aus dem Osten des Landes, fast an der Grenze zur Champagne, und den Fontainebleau. Sie alle sind mild und cremig, sanft und zart.
Wein gedeiht in der Île-de-France lediglich in winzigen Mengen. Nur der Carnetin, ein Weißwein, erinnert etwas an trockene Weißweine der Champagne, ist aber nur erwähnenswert, weil er der einzige ist.

Champagne

Wer meint, die Champagne sei so romantisch und märchenhaft wie das Getränk, das ihren Namen trägt und das Gefühle weckt, die jenseits der Beurteilung Gut und Böse liegen, der täuscht sich. Es ist ein nüchternes Land, dessen Kathedralen, Schlösser und Klöster allein Glanz in die sonst nicht gerade spektakuläre Landschaft bringen.
Die Küche ist einfach, solide, maßvoll, nicht so schwelgerisch üppig wie die burgundische. Der Schinken von Reims und Wurstspezialitäten wie »andouillettes« und »boudins blancs« sind besonders schmackhaft. Kalbsfuß, Ochsenschwanz, Kalbskopf, Hammelbrust und Schweinsfüße mit dem Zusatz »à la Sainte-Menehould« genießen einen guten Ruf in ganz Frankreich, vor allem aber die Flußfische aus Aube, Seine und Brêmes, mit Champagner Stillwein zubereitet. Den perlenden Champagner verwendet man klugerweise nicht zum Kochen, denn es ist sehr kostspielig, das Mousseux zu erzeugen, das beim Erhitzen verschwinden würde, ohne irgendeine geschmackliche Spur zu hinterlassen.
Natürlich hat die Champagne ihren eigenen »coq au vin« vorzuweisen, aber auch andere Kaninchen- und Geflügelspezialitäten, ebenso wie Wild – Reh und Wildschwein – und Wildgeflügel – Wachteln, Fasanen.
Brie und Coulommiers sind die Käse der Champagne, und der Grenzkrieg mit der Île-de-France um den Ruhm tobt seit Menschengedenken. Eine Besonderheit ist der Mastoffait, ein mit Butter und Estragon verkneteter Frischkäse. Von Konditoren der Champagne stammen so berühmte Leckereien wie »gougères« – Käsegebäck –, »meringues« – Baisers – und Nougat.
In Kürze etwas über den Wein der Champagne zu schreiben, ist schwierig, denn man gerät nur zu leicht ins Fabulieren, Schwärmen, Übertreiben, oder man berichtet in dürren Worten vom mühsamen Prozeß der Herstellung, wie Menschen heute noch die Flaschen einzeln rütteln, degorgieren, wie sie dosieren und verschneiden und daraus das unvergleichliche Getränk machen, das unter dem Namen »Champagner« so berühmt wurde, daß sein Name geschützt werden mußte, um die zahllosen Nachahmer abzuschütteln. Wollen wir es bei der Feststellung bewenden lassen, daß Champagner nur aus der Champagne stammen darf – alles andere ist »vin mousseux«, Schaumwein –, daß er zum großen Teil aus blauen Trauben stammt, daß die Champagne das nördlichste Weinbaugebiet Frankreichs ist und die Weingärten mit ihren für den Rebbau extrem günstigen Böden im Frühjahr oft beheizt werden müssen, damit die kostbaren Reben nicht erfrieren.
Champagner ist ein idealer Aperitif, aber er paßt, vor allem in halbtrockener Version, auch ausgezeichnet zu einem feinen Dessert. Trinken Sie Champagner niemals geeist, sondern nur gut gekühlt, und lassen Sie ihm seine feinen Perlen, die kundige Kellermeister mit so viel Mühe in das Getränk gezaubert haben. Ob Sie ihn aus der Flöte oder aus der Schale trinken, ist gleich, die Flöte hält den Schaum allerdings länger.
Vergessen wir über dem unvergleichlichen schäumenden Champagner nicht die stillen, die seltenen Rot-, Rosé- und Weißweine, die unter dem Namen Coteaux champenois verkauft werden, außerdem den Rosé des Riceys. Es sind feine Weine, die sich gut als Begleiter zum Essen eignen.

Weinberge im Reimser Bergland, die den kostbaren Champagner hervorbringen.

Elsaß und Lothringen

Es sind die östlichsten Provinzen von Frankreich, die im Laufe der Geschichte mehrmals zu Deutschland gehörten und die nur zu oft Schauplätze blutiger Kämpfe waren. Im Elsaß ist die Ursprache auch nicht französisch, sondern elsässisch, ein deutscher Dialekt. Entsprechend germanisch inspiriert ist auch die Küche. Eine ihrer Spezialitäten ist die »choucroute à l'alsacienne«, das garnierte Sauerkraut, das in den Augen vieler Europäer ein Synonym für deutsche Küche ist. Schließt man die Augen, fallen einem außerdem die Zubereitungen auf der Basis von Gänseleber ein, wie die Straßburger Gänseleberpastete, die »foie gras naturel«, die Gänsestopfleber, außerdem Würste und Schinken in vielen Variationen. Die Nebenflüsse des Rheins – »Vater Rhein« selbst ist sehr verschmutzt – liefern Fische, aus denen elsässische Gerichte wie Karpfen mit Nudeln oder auch Fischpasteten aus Hecht, Karpfen, Lachs und Forellen bereitet werden, um nur einige Zubereitungsarten zu nennen. Erwähnenswert ist der Fasan in Kraut, der auf diese Art zubereitet besonders saftig bleibt, das Hasenragout mit Nudeln und nicht zuletzt Rebhuhn »en chartreuse«, das heißt mit kleingeschnittenem Gemüse im Wasserbad gegart und heiß oder kalt in Madeira- oder Portweingelee serviert. Der »Baeckhefe«, ein Eintopf aus Schweinefleisch und Hammel, im Backofen gegart, ist ebenfalls ein uraltes elsässisches Bauerngericht. Deutschstämmige Namen tragen auch viele Desserts. An erster Stelle stehen die Fruchtkuchen, es folgen all die Kleingebäcke mit den für unsere Ohren kuriosen, für Franzosen wohl unaussprechlichen Namen:

Kaysersberg, das malerische Städtchen im Elsaß, ist berühmt für seine feinen Weine.

»Birewecka« – Milchbrötchen mit getrockneten Früchten –, »Eierkuchas« – Krapfen mit Stachelbeergelee gefüllt –, »Jungfraukiechlas« – Krapfen der Fastenzeit –, »Schenkelas« – Mandelgebäck –, »Kouglof« – Kuchen mit gerösteten Mandeln –, »Milchstriwlas« – Teigwaren, mit Zucker und Sahne überbacken – und so weiter und so weiter ... Der Zwiebelkuchen zeugt von der badischen Nachbarschaft.

Die typischen Elsässer Käse sind stark und würzig: Munster und Romadour kennt und schätzt man auch bei uns.

Die elsässischen Weine sind in vielerlei Hinsicht einmalig in Frankreich. Es sind zum Großteil Weißweine, die den Namen der Rebsorte auf dem Etikett tragen, in selteneren Fällen den Namen eines Ortes oder einer Lage. Sie sind fruchtig und duftig und meistens trokken. Ihre Vielfalt stammt teils von der Verschiedenartigkeit der Rebsorten, teils von der Vielzahl der Winzer, die die kleinen Parzellen unterschiedlich bewirtschaften. Unter den Edelsorten nehmen Riesling, Gewürztraminer, Tokay d'Alsace (Ruländer) und Muscat die vorderen Plätze ein. Auch etwas Rotwein wird aus Pinot noir erzeugt, kommt aber nie außer Landes. Eine Spezialität des Elsaß ist der Edelzwicker, ein Verschnitt aus mehreren weißen Rebsorten, der bei guter Qualität ein gehaltvoller, feiner Schankwein sein kann. All die hübschen Weinorte aufzuzählen, würde den Rahmen dieses Buches sprengen. Viele sind einen Besuch wert, vor allem um der deftigen Spezialitäten, um der guten Weine und nicht zuletzt um der vielen Feste willen.

Schließlich sei noch erwähnt, daß die Obstschnäpse wie Kirsch oder Quetsch in ganz Frankreich und nicht nur dort einen guten Ruf genießen, ebenso wie die würzigen Biere aus Straßburg und Umgebung.

Neben diesem Reichtum und dieser lebensfrohen Vielfalt wirkt Lothringen zarter, graziöser. Seine Küche ist französischer, leichter als die elsässische. So wurde der Blätterteig von einem Lothringer erfunden, und die »quiche lorraine« hat von hier aus ihren Siegeszug angetreten, zuerst durch Frankreich, dann durch ganz Europa – wobei sie leider ihren Ruhm häufig mit arger Deformation bezahlen muß. Die »baba au rhum« wurde in Nancy von Stanislaus Leszczynski, Ex-König von Polen, Herzog von Bar und Lothringen, kreiert.

Kommen wir zu den Schnäpsen: Ihnen verdankt Lothringen seinen einzigartigen Ruf. Elsaß und Lothringen zusammen bringen (laut Curnonsky) 18 Kirsch-, 36 Pflaumen-, 42 Birnen-, 44 Apfel- und 12 Aprikosensorten sowie eine Vielzahl von Beeren hervor, aus denen niemals gemischte, sondern ausschließlich reine Fruchtwässer gewonnen werden, die zu den teuersten in Europa gehören. Eine lothringische Spezialität ist »eau-de-vie de bou«, Schnaps aus den roten Früchten der Stechpalmen. In süßer Version gibt es ebensoviele, exquisite Liköre. Daneben wirkt die Weinauswahl eher bescheiden, denn in den letzten zwei Jahrhunderten ist der Weinbau durch Kriegswirren, Landflucht und Reblausbefall stark zurückgegangen. Dennoch findet man heute noch feine, zarte, charmante helle Rot- und Weißweine vor allem um Toul und im Département Moselle (Vins de Moselle).

Franche-Comté

So wie das Elsaß vom benachbarten Deutschland beeinflußt ist, ähnelt die Küche der Franche-Comté der welschschweizerischen. Die Franche-Comté, im französischen Jura gelegen, ist ein rauhes, schönes, gebirgiges Land. Gemeinsam mit dem Schweizer Jura hat es den Reichtum an Morcheln, Kennzeichen der Landesküche, doch werden hier auch die edlen Trüffeln gefunden. Den Namen der Region trägt der Comté-Käse. Der französische Gruyère ist eine Seltenheit, man findet ihn nur im Tal von Neufchâtel. Von seinem Schweizer Namensvetter unterscheidet er sich dadurch, daß er keine Löcher hat. Was die Bouillabaisse für die Provence, ist für die Franche-Comté »Les gaudes«, ein Eintopf aus Speck und Maismehl. Forellen und Flußkrebse schmecken hier besonders gut, da sie aus den Gebirgsbächen und -seen stammen.

Weinbauzentrum ist Arbois. Der gelbe Wein – »vin jaune« – ist eine besondere Spezialität: Er hält sich wie Sherry viele Jahre, ja, man kann ihn sehr lange in der geöffneten Flasche aufbewahren. Dabei ist er nicht einmal mit Alkohol konserviert wie der Sherry. Das Geheimnis liegt in seiner besonderen Herstellungsweise: Die Traube (Savagnin) wird sehr spät geerntet, die Gärung erfolgt langsam im Holzfaß, und nach einem Jahr wird der Wein in Fässer aus rotem Eichenholz abgefüllt, wo er sechs bis sieben Jahre bleibt und sein typisches Aroma sowie seine gelbe Farbe erhält. Entscheidend wirkt ein Hefepilz mit, der dem Wein seine lange Lebensdauer garantiert. Am besten schmeckt er zu würzigem Käse oder Wurst.

Doch gibt es auch ganz »normale« Weine am Fuß der rauhen Berge sowie feine Schaumweine – zum Beispiel L'Étoile – und Strohweine (»vins de paille«). Die Menge ist nicht groß, das Weinbaugebiet Jura hatte zwar in früheren Zeiten eine große Bedeutung und Ausdehnung, konnte sich aber von der Reblauskatastrophe im vorigen Jahrhundert nur sehr begrenzt erholen.

Burgund und Bresse

Burgund mit notwendigerweise kurzen, kargen Worten zu beschreiben, ist unmöglich. Jeder Kenner burgundischer Lebensart und burgundischer Genüsse, und nicht nur der, verzieht das Gesicht zu einem wohligen Schmunzeln, wenn er den Namen des ehemals mächtigen Reiches im Osten Frankreichs hört. Steht doch der Name »Burgunder« nicht nur für einige der feinsten und teuersten Rotweine der Welt, er bezeichnet zugleich auch eine ganze Weinkategorie, nämlich den Typ des samtigen Rotweins im Gegensatz zum kernigeren Bordeaux im Südwesten.

Doch bleiben wir zunächst bei den kulinarischen Genüssen! Wo ein solcher Wein wächst, versteht man selbstverständlich auch zu essen. Zunächst einmal ruft die Hauptstadt Dijon die Erinnerung an den gleichnamigen Senf wach.

»Coq au vin« und »bœuf bourguignon« sind die klassischen Gerichte, bei denen burgundischer Rotwein die Hauptrolle spielt. Sogar Fisch und auch Obst werden mit Rotwein zubereitet. Natürlich finden Schnecken in den zahlreichen Weinbergen gute Nahrung, daher die vielen hervorragenden burgundischen Schnecken-Spezialitäten. Schließlich sei noch auf den burgundischen Schinken, den »jambon du Morvan«, besonders hingewiesen.

Die burgundischen Weine zu preisen, hieße Eulen nach Athen tragen, daher beschränke ich mich auf einen Überblick, der eine ungefähre Vorstellung vermitteln soll von dem Reichtum, den man nur mit Zunge und Gaumen wirklich erfahren kann. Im Norden, in Niederburgund noch, liegt das Gebiet des Chablis, jenes trockenen, fruchtigen, frischen Weißweines, der bei guter Qualität ein unübertrefflicher Begleiter von Fisch und Austern ist. Irancy und Epineuil sind beachtenswerte, wenn auch rare Rotweine. Südlich von Dijon beginnt die Côte d'Or, das Herzland burgundischer Weinerzeugung, Wiege der kostbarsten Kreszenzen der Welt – und zwar in Rot und Weiß. Die Côte d'Or besteht aus zwei Regionen: im Norden der Côte de Nuits und im Süden der Côte de Beaune. Eine Weinkunde in wenigen Zeilen zusammenzufassen, ist nicht möglich. Nur dies: An der Côte de Nuits gibt es nur Rotweine von Rang – zu den Großen unter ihnen gehören zum Beispiel Chambertin, Clos de Vougeot, Musigny –, die Côte de Beaune dagegen bringt sowohl weltberühmte Rot- wie Weißweine hervor. Sind Montrachet und Corton-Charlemagne Könige unter den Weißweinen, so gebührt die Krone an der Côte de Beaune zweifellos dem Corton. Die jährliche Versteigerung der Weine der Hospices de Beaune gilt als Preisindex für alle Burgunderweine schlechthin. Südlich an diese Spitzenweingebiete schließt sich die Côte Chalonnaise an, die Weiß- wie Rotweine hervorbringt, ebenso wie das Mâconnais im südlichen Burgund, aus dem neben Mâcon Rouge und Mâcon Blanc auch Bourgogne Aligoté (Weiß) und Passetousgrains (Rot) stammen, die eher für den täglichen Genuß geeignet sind.

Reife Spätburgundertrauben (Pinot noir), aus denen die besten roten Burgunderweine gekeltert werden.

Der berühmte Beaujolais wächst zwar im Weinbaugebiet Burgund, doch gehört dieser Teil zum Land um Lyon, *der* Gourmetstadt Frankreichs, die zusammen mit dem Lyonnais einen eigenen Abschnitt wert ist. Über all dem Schwärmen von Wein sollte man nicht übersehen, daß das Burgund zwei hervorragende Schnäpse erzeugt: den Marc de Bourgogne, Tresterschnaps aus edlen Trauben, und Crème de Cassis, Johannisbeerlikör aus Dijon, den man gern mit trockenem Bourgogne Aligoté gemischt als Kir vor dem Essen trinkt.

Wenden wir uns jetzt der Bresse zu, jenem kleinen Gebiet im südlichen Burgund zwischen Savoyen, dem Lyonnais und dem Dauphiné gelegen, das als Mekka des exquisiten Geflügels und seiner feinen Zubereitungen gilt. Es ist die Heimat von Brillat-Savarin, des Gründers der Tafelkultur, dessen Buch »Physiologie des Geschmacks« zugleich Bibel und Brevier der Gastronomie ist.

Lyon und das Lyonnais

Lyon ist unbestritten die Hauptstadt kulinarischer Gaumenfreuden. Hier erreicht die Kochkunst jenen Grad der Einfachheit, die kennzeichnend für äußerste Perfektion ist. Von einem Lyoner Gastronomen stammt der Ausdruck: »Küche? ... Das ist, wenn die Dinge nach dem schmecken, was sie sind.« Eine Küche ohne Schnörkel und Mätzchen also, die von den »Großen« der Gastronomie in gleicher Weise gepflegt wird wie von den Hausfrauen, die den angeborenen Sinn für das Gute von Generation zu Generation weitertragen – ohne Schule, ohne gelehrte Abhandlungen.

Die Spezialitäten von Lyon aufzuzählen, würde Dutzende engbeschriebener Seiten kosten, deshalb hier nur ein Ausschnitt aus der mannigfachen Wunderwelt. Bei den Suppen sind es Bouillon mit Mark, Hafersuppe mit Sauerampferbutter, Lyoner Reissuppe; bei den Vorspeisen die Lyoner Fleischwurst im Briocheteig (»cervelas«), der Lyoner Salatteller, verschiedene Blutwürste und Kuttelwürste, pochierte Eier in verschiedenartigem Sud und die Lyoner Omelette mit Zwiebeln, Geflügelleber und Weißbrotcroûtons. Hechtklößchen, Inbegriff der feinen Fischküche, gibt es in allen nur erdenklichen Zubereitungsarten, auch Süßwasserfische aus Saône und Rhône.

Rind und Kalb sind die Fleischspender für die Lyoner Küche, wozu der heimische Beaujolais besonders gut paßt. Berühmt über die Grenzen des Landes ist die »poularde demi-deuil«, eine Poularde mit Trüffeln, aber auch Zwiebelsauce und Zwiebelpüree, die den Beinamen »Soubise« tragen. Überhaupt spielt die milde Lyoner Zwiebel hier etwa die gleiche Rolle wie der Knoblauch in der Provence.

Die Käse heißen Saint-Cyr, Saint-Didier, doch auch der Ziegenkäse aus dem Beaujolais mit Sahne und der Cervelle du Canut, ein weißer Frischkäse aus Lyon selbst, sind es wert, an Ort und Stelle probiert zu werden.
Wo die Küche derart reiche Blüte trägt, kann der Wein nicht durchschnittlich sein. Wo guter Wein wächst, ist umgekehrt auch die Küche fein. Die Zusammenhänge liegen auf der Hand: Der feine Gaumen steht am Ursprung dieser Wechselwirkung. Um es kurz zu machen: Nördlich von Lyon liegt das Beaujolais, Heimat eines der beliebtesten und geliebtesten Rotweine der Welt. Das Gebiet gehört önologisch zum Burgund, politisch zur Region Rhône-Alpes, kulinarisch aber – und dieser Einteilung folgen wir hier – unbedingt zu Lyon, das bis vor zweihundert Jahren unbestritten die Hauptstadt dieses charmanten Rotweins war, bis Paris ihm diese Rolle streitig machte.
Warum ist Beaujolais eigentlich so beliebt? Schuld ist der einmalige Beaujolais-Primeur, jener nur sechs Wochen alte Jung-Rotwein, der Mitte November auf den Markt kommt. Wenn er gut ist, besticht er durch jugendlichen Charme und Frische. Leider ist er durch seine Originalität so in Mode gekommen, daß er häufig durch Rübenzucker schwer und plump gemacht wird. Hier hilft nur ein Weinhändler, dem man vertrauen kann. Doch nicht nur der junge, auch der ältere Beaujolais, namentlich der durch den Zusatz »Villages« näher bezeichnete und höher qualifizierte, ist eine Delikatesse und paßt gut zu den örtlichen kulinarischen Kostbarkeiten. Übrigens: Beaujolais wird kühl getrunken!
Südlich von Lyon gehören die Weine der nördlichen Côtes du Rhône, der Côte Rôtie, aufgeteilt in Côte Brune und Côte Blonde, zum Gebiet von Lyon. Ihre feinen Rotweine gehören zu den besten des Herkunftsgebiets Côtes du Rhône überhaupt. Sie sind gehaltvoll und altern gut, das heißt, sie verfeinern sich von Jahr zu Jahr. Weißwein, ein frischer Wein aus der Viognier-Rebe wächst im Gebiet von Condrieu. Er paßt besonders gut zu den Süßwasserfischgerichten der Region. Zum Schluß sei noch der exzellente Château-Grillet, ein rarer Weißwein, erwähnt, der als bester Weißwein der Côtes du Rhône gilt und zu den besten Weißweinen Frankreichs überhaupt gehört. Er wächst auf dem kleinsten französischen kontrollierten Ursprungsgebiet, wird jung getrunken, ist trocken und weich, golden und feurig zugleich und schmeckt vor allem zu Fisch, Gänseleberpastete und Kaviar, würdig also einer großen Küche und ihrer verständnisvollen Genießer.

Savoyen und Dauphiné

Savoyen hat mit der Schweiz die westlichen Alpen gemeinsam – es ist als Wintersportgebiet Touristenzentrum –, während der Dauphiné schon an die Berge Nordwestitaliens angrenzt. In Savoyen besticht vor allem der Wildreichtum: Hase, Wachtel und Rebhuhn erfreuen die Zungen der Feinschmecker, doch auch die Fische aus den Gebirgsbächen wie auch dem Genfer See bereichern die örtliche Küche, zum Beispiel Hecht, (Lachs-)Forelle und Lotte. Reblochon heißt der feinste Käse, dem Ziegenkäse (»chevrettes«) und Frischkäse (»tomes«) kaum nachstehen. Zu den Hauptelementen dieser kräftigen, üppigen Küche kann man Sahne, Käse und Wein zählen. In Sahne und Wein bereitet man herzhafte Frikassees, eine Art von »gratin dauphinois« (Kartoffelauflauf) ist auch hier bekannt, nur bereitet man ihn ohne Milch. Eine Spezialität der Gegend sind auch die Omeletten.
Die Weinberge von Savoyen liegen zwischen den Hochalpen, den warmen Gebieten der Côtes du Rhône und der Provence, was sich im Charakter der Weine widerspiegelt. Es sind durchwegs feine, spritzige, zarte, trockene Weißweine, etwas ähnlich den Schweizer Weinen, sowie einige wenige Roséweine und ein heller Rotwein, der gut zum örtlichen Käse schmeckt.
Die Provinz Dauphiné ist vor allem bekannt für ihre Gratins (überbackenen Aufläufe), doch ist die Küche damit in keiner Weise ausreichend charakterisiert. Sie ist nämlich außerordentlich vielfältig, und es fällt sehr schwer, nur einen Teil dessen zu rühmen, was rühmenswert wäre. Schinken und ländliche Würste gehören ebenso dazu wie Pilze, Fische, Geflügel und Wild. Die Käse heißen Bleu de Sassenage, Picodon, Ryotte, Tome. Beliebt ist Gebäck aus Briocheteig mit Früchten oder Kürbis. Drei Zentren der Konfekt- und Süßwarenherstellung befinden sich hier: Grenoble mit Schokolade, Pralinen und Trüffeln sowie Voiron und Montélimar, die beide Nougat erzeugen.
Die Weine des Dauphiné stammen vom linken Ufer der Rhône, die die Westgrenze des Dauphiné bildet, bis zur Nordgrenze der Provence. Die Namen Hermitage und Crozes-Hermitage sind zu Recht die bekanntesten – ihr Ruhm ist alt, ja, es sind die ältesten Weinberge der Côtes du Rhône. Die Rotweine sind kräftig, die Weißweine trocken, ambrafarben und alkoholreich. Clairette de Die ist eine Spezialität des Landes, ein Schaumwein in trockener und süßer Version, dessen Erzeugung schon auf die Römer zurückgeht.

Provence und Comté de Nice

Kochbücher über Spezialitäten einzelner kulinarischer Regionen Frankreichs betreffen bei uns ausschließlich das Elsaß und die Provence. Das Elsaß nicht nur wegen seiner geographischen Nähe, sondern auch wegen seiner Verwandtschaft in Sprache und Kultur und damit seiner Küche. Warum als zweites einzig und allein die Provence? Die provenzalische

Markt in Nizza. Der würzige Duft der zahlreichen Kräuterarten ist ein wesentlicher Bestandteil der provenzalischen Küche.

Küche erinnert an Ferien am Mittelmeer, verbindet sich also mit angenehmsten Gedanken. Doch damit ist es allein noch nicht getan, das würde auch auf andere Küchen zutreffen. Wahrscheinlich kommt es auch daher, weil die provenzalische Küche sich als getreuer Spiegel der Bewohner des Landes eine Tradition bewahrt hat, die sie von den übrigen Regionalküchen Frankreichs unterscheidet. Diese Küche ist mediterran und französisch zugleich. Das Reizwort heißt Knoblauch, doch nicht der Knoblauch allein läßt die Gerichte so würzig und aromatisch duften, sondern auch die Kräuter der kargen Berge in der Haute-Provence. Die provenzalische Küche duftet außerdem noch nach Meer. Hier kommen die Meeresfrüchte-Fans und die Fischfreunde auf ihre Kosten. Die »bouillabaisse« aus Saintes-Maries-de-la-Mer sowie ihr Gegenstück in gebundener Form, die »bourride«, vereinen die Schätze des Meeres zu einer einmaligen Schwelgerei für Nase und Gaumen zugleich. Doch es kommen nicht nur die Freunde der leider immer spärlicher werdenden Mittelmeerfische auf ihre Kosten; Flüsse und Seen haben in dieser Hinsicht ebenfalls viel zu bieten. Es gibt sogar eine Bouillabaisse aus Süßwasserfischen! Fleischgerichte bereitet man hauptsächlich aus Lamm oder Rind, doch bestimmen sie in weit geringerem Maße den Küchenzettel als Wildgeflügel- und Wildrezepte. Die Gemüsespezialitäten müßten das Herz eines jeden Vegetariers höher schlagen lassen. Auberginen, Zucchini, Tomaten, Pilze, Spinat ... so abwechslungsreich wird Gemüse nur an wenigen Plätzen dieser Welt zubereitet wie hier.

Schafkäse dominieren in der Region der Hirten und ihrer riesigen Schafherden, so der Banon, der in Blätter eingewickelt und mit Marc (Tresterschnaps) übergossen wird, Brousses, ein Frischkäse, und Valdeblore. Das Gebäck besteht häufig aus Mandeln des Landes und ist in vielen Fällen bestimmten religiösen Festen gewidmet, wie zum Beispiel die 13 Weihnachtsdesserts mit dem Fladen, dem »pompe de Noël« oder die Lichtmeß-Schiffchen.

Wenn wir die Grafschaft von Nizza dazurechnen, bereichert sich das Angebot um die vielen Spezialitäten der Côte d'Azur. Wer kennt nicht die »ratatouille à la niçoise«, den Gemüsetopf, der die Reichtümer des Landes in sich vereint, oder den »salade niçoise«, den Nizza-Salat, den es in vielen Varianten, zuweilen auch bis zur Unkenntlichkeit verändert, in ganz Europa gibt? Um Nizza gibt es eine eigenständige Küche, die sich geschmacklich zwischen der Provence und Italien befindet. Schwarze Oliven bestimmen das Bild, aber auch Tomaten, Ziegenkäse und eine sehr feine Confiserie wie Patisserie.

Bleiben wir noch einen Augenblick bei den Oliven: Im 18. Jahrhundert erfand der Piemonteser Saint-Chamas am Ufer des Étang de Berre eine Olivenzubereitung, die ich Ihnen nicht vorenthalten möchte: Dicke, fette, grüne Oliven werden in einen großen Keramiktopf mit in Wasser gelöster Holzasche gelegt. Das Ganze wird drei- bis viermal am Tag umgerührt. Wenn das Olivenfleisch weich ist, nimmt man die Früchte heraus, wäscht sie und legt sie zehn Tage in ein sauberes Gefäß mit Wasser. Das Wasser muß jeden Tag gewechselt werden. Zum Schluß kommen die Oliven in eine Lösung, in der sie nicht verderben. Sie besteht aus 10 Litern Wasser, 1 Kilo Salz, Lorbeerblättern, Fenchelkraut, einer unbehandelten Orangenrinde (Orangenschale ohne die weiße, pelzige Unterhaut), Thymian, Nelken, Zimt und Koriander. Die Lösung wird zuerst aufgekocht, dann muß sie abkühlen, bevor die Oliven darin eingelegt werden können. Am Sonntag nach dieser Prozedur genießt man die »olives à la picholine« zum Hors-d'œuvre.

Ebenso vieles ließe sich berichten von Mandeln und Knoblauch, von Sitten und Gebräuchen, doch wenden wir uns zum Schluß lieber noch den Weinen zu. Vielleicht ist es manchem nicht klar, daß der südliche Teil des Weinbaugebietes Côtes du Rhône, und zwar östlich des Flusses, zur Provence gehört. Der Zusammenhang wird einem deutlich, wenn man sich vor Augen führt, daß der berühmteste Wein, der Châteauneuf-du-Pape, geradewegs auf die Zeit der Gegenpäpste von Avignon hinweist. Den dunkelrot glühenden Wein, der aus 13 (!) gesetzlich festgelegten Rebsorten gewonnen wird, gibt es in sehr unterschiedlichen Qualitäten. Ein guter Châteauneuf-du-Pape ist körperreich, würzig und ausdrucksvoll. Er paßt zu Braten, zu Wild und zu würzigem Käse. Zu den provenzalischen Côtes-du-Rhône-Weinen gehören außerdem Gigondas (Rot und Rosé), Beaumes-de-Venise und Rasteau, wobei die beiden letztgenannten Gebiete Süßweine erzeugen, das erste einen weißen Muskat, der zu Desserts getrunken wird, und das zweite süße Rot- und Roséweine.

Das eigentliche Weinbaugebiet Provence liegt südlich von Avignon und um-

Südländisch buntes Treiben herrscht im Hafen von Marseille.

faßt den Küstenstreifen von Nizza bis Marseille sowie die Gegend um Arles. Es bringt freundliche Weine ohne große Spitzenqualitäten hervor. Meist ist der Rosé angenehm fruchtig und schmeckt gut zu den meisten provenzalischen Gerichten. Bandol zählt zu den besten Rotweinen, Cassis erzeugt einen spritzigen Weißwein. Der bekannteste Wein aus dem Gebiet von Nizza ist der Bellet. Der Großteil der Weinernte wird unter der Bezeichnung Côtes-de-Provence verkauft.

Languedoc, Roussillon und Comté de Foix

Unsere kulinarische Rundreise führt uns weiter nach Westen, wo das Languedoc als ehemaliger Vorposten des Römischen Reiches viele Einflüsse in sich vereint. Die Küche, so meint der gastronomische Schriftsteller Austin Croze, entspricht dem nervösen, verträumten und zugleich aktiven Wesen der Bevölkerung.
»Sie ist vielfältig, wählerisch, sogar kühn, oft bewundernswert und immer harmonisch.« Auch bei uns bekannt ist das »cassoulet« oder vielmehr die Cassoulets mit vier verschiedenen Ursprungsbezeichnungen, Bohneneintöpfe mit Gänseconfit und Schweinefleisch sowie Wurst – deftige, wohlschmeckende Gerichte. Natürlich spielen Fisch und Meeresgetier in der Regionalküche eine beherrschende Rolle, daneben aber auch Wild, Lamm und Geflügel.
Roussillon und Comté de Foix liegen an der spanischen Grenze, und der kulinarische Einfluß des Nachbarlandes ist deutlich zu spüren. »Bouillinade« heißt die Fischsuppe, und sie ist nicht die einzige Spezialität aus Meeresfrüchten. In Foix wird viel Wild und Wildgeflügel gejagt, vor allem das Schnee-Rebhuhn und die Pyrenäen-Gemse. Wurstwaren aus dem Roussillon – aus der kleinen Grafschaft stammen hervorragende Leberpasteten – verdienen Beachtung.
Languedoc und Roussillon bilden zusammen ein Weinbaugebiet, das den Küstenstreifen etwa von Nîmes bis südlich von Perpignan umfaßt. Außerdem gehören die südlichen Weinberge der Côtes du Rhône zum Languedoc, soweit sie am rechten Flußufer liegen. Der Tavel ist der beste Roséwein von Frankreich, frisch aromatisch und fein. In den Weinbergen von Lirac gedeihen Weiß-, Rot- und hauptsächlich Roséweine, die gut zu den örtlichen Spezialitäten passen. Vor allem aber bringen die weiten Ebenen des Languedoc große Mengen einfacher Landweine unterschiedlichster Qualität hervor. Eine interessante Spezialität unter ihnen sind die Vins des Sables, die Sandweine, die heute trocken und elegant sind, wobei man sich bemüht, ihre Qualität weiter zu steigern. Der Name stammt vom Sandboden am Mittelmeer, auf dem die Reben stehen. Eine Weinspezialität ist zu nennen, die man an Ort und Stelle einmal probieren sollte: Früher einmal war der Muskat von Frontignan der Lieblingswein von Rabelais, Louis XIV und Voltaire, ist aber heute wegen seiner Süße nicht mehr so gefragt, da er dem Zeitgeschmack nicht mehr entspricht.
Auch das gebirgige Roussillon bringt neben einfachen Trinkweinen Süßweine hervor, die zum Begriff wurden: Rivesaltes und Banyuls. Letzterer verdient allein schon wegen seines gesetzlich vorgeschriebenen Mindestalters Beachtung: 30 (!) Jahre muß er im Faß lagern, bevor er abgefüllt werden darf.

Ausgedehnte Rebfelder liegen vor den Toren der mittelalterlichen Stadt Carcassonne.

Baskenland und Béarn

Die ehemalige Grafschaft Béarn, früher einmal der größte Pyrenäenstaat, und das französische Baskenland, wo es gottlob friedlich zugeht, umfassen einen Teil der Pyrenäen und den südlichsten Teil der französischen Atlantikküste. Zwei berühmte Spezialitäten stammen aus dem Béarn: die »garbure«, ein kräftiger Eintopf aus Gemüse und Gänse- oder Entenconfit, in dem der Löffel stehen muß, und »poule au pot«, das Huhn im Topf, das Henri IV, ein Béarner, hoffähig machte. Daß die Basken eine eigene Sprache sprechen, die mit den Sprachen der Nachbarn keiner Ähnlichkeit hat, sieht man schon an den Namen einiger ihrer regionaler Spezialitäten: »tripotch« ist eine Blutwurst vom Schaf, »loukinkas« sind kleine Knoblauchwürstchen, und unter »ttorro« versteht man ein würziges Fischragout. Im Herbst werden Wildtauben gejagt, und man verarbeitet ihr Fleisch zu Pasteten und Terrinen. Aus Bayonne stammt ein berühmter mildgeräucherter Schinken, Grundlage für das »œuf basque«, Spiegelei auf einer Scheibe Schinken, bedeckt mit Paprika- und Tomatenstreifen. Auch der »gâteau basque«, ein einfa-

cher Kuchen mit Eier-Zucker-Füllung, wird in ganz Frankreich gern zum Nachtisch gegessen.
Der bekannteste Wein aus Béarn heißt Jurançon, er ist wie der Madiran und der Pacherenc-du-Vic-Bilh ein Wein, dessen Erzeugung tief in die Geschichte zurückreicht. Mit Jurançon wurde schon Henri IV 1553 getauft. Er ist heute noch ein königlicher, meist süßer Weißwein, den es allerdings auch in trockener Version gibt. Er paßt zu Meeresfrüchten und zu Fisch. Einen Schluck roten Madiran geben die Bauern der Gegend gern in ihre »garbure«. Der bekannteste baskische Wein trägt den seltsamen Namen Irouléguy, er wird hauptsächlich als Rosé ausgebaut, doch gibt es ihn auch in Weiß und Rot. Seine Bedeutung ist lokal.

Südländische Vegetation und Lebensart kennzeichnen den Südwesten Frankreichs.

Zum Schluß noch eine Besonderheit: die Schokolade aus Bayonne. Angeblich wurde in dieser Stadt im 17. Jahrhundert zum erstenmal in Frankreich Schokolade aus Kakao hergestellt. Juden, die aus Spanien und Portugal fliehen mußten, sollen sie nach Südwestfrankreich gebracht haben. Sie kam sehr schnell in Mode, und man sprach ihr allerhand Tugenden zu. Madame de Sévigné schrieb sogar an ihre Tochter, daß eine befreundete Marquise während ihrer Schwangerschaft so viel Schokolade gegessen habe, daß sie einen kohlpechschwarzen Knaben bekam.
Heute noch ist der in Bayonne hergestellte Kakao mit Sahnehaube berühmt.

Gascogne

Als Gascogner bezeichnen die Franzosen einen Angeber, einen Prahlhans. Vielleicht paßt das zu der Tatsache, daß die zur Gascogne gehörenden Landes ein Paradies für Jäger sind. Dieser reizvolle, wilde Landstrich am Atlantik bringt neben Wild auch Süßwasserfische, Geflügel, Gemüse und Pilze hervor, die in einer harmonischen und in ihrer Einfachheit edlen Küche Verwendung finden. Artischocken, Tomaten, Paprikaschoten, Spargel, Bohnen und Steinpilze sind ihre Hauptelemente. Eine besondere Spezialität sind Zubereitungen von Entenstopfleber.
Doch über allen Köstlichkeiten der Küche steht eine Spezialität, deren sich die Gascogner rühmen können, ohne »Gascogner« geschimpft zu werden: der Armagnac. Oft wird er als der bäuerliche Bruder des Cognac bezeichnet. Nähere Vergleiche anzustellen, möchte ich der entsprechenden Fachliteratur überlassen. Nur dies: Der Armagnac ist älter als der Cognac, er ist der älteste Weinbrand Frankreichs überhaupt. Im Gegensatz zum Cognac stammt er aus einer Vielzahl von Rebsorten, und sein Charakter wird unter anderem bestimmt durch das Holz der Pyrenäeneiche, aus dem die Fässer gemacht werden, in denen der Armagnac 10 bis 12 Jahre lagert, bevor er auf Flaschen gefüllt wird. Sehr alter Armagnac wird heute zu außerordentlich hohen Preisen gehandelt, doch sollte man dabei bedenken, daß ein Armagnac auf der Flasche nicht weiter reift, also seine Qualität nicht mehr verändert.

Bordelais

Ein Höhepunkt kündigt sich an: Was Burgund im Osten Frankreichs bietet, wiegt das Land um Bordeaux im Südwesten ohne weiteres auf. Bordelais ist eigentlich der Name des Weinbaugebiets, doch was nützt es Ihnen, wenn Sie wissen, daß Sie sich in der ehemaligen Provinz Guyenne befinden, die rund zweihundert Jahre in englischem Besitz war und zu jener Zeit den Namen bekam? Das Land gehört außerdem zur Region Aquitaine und zum Département Gironde. Zuviel der Namen! Wir haben Grund genug, diesen gottgesegneten Fleck Erde mit dem Namen zu bezeichnen, der ihn auf der ganzen Welt berühmt gemacht hat, so berühmt, daß Bordeaux die Bezeichnung einer ganzen Weingattung ist, nämlich des Typs des extraktreichen, leicht bitteren, kernigen, sehr alterungsfähigen Rotweins.
Betrachten wir jedoch zunächst die Küche, die auf dem Boden dieses köstlichen Tropfens gedeiht: Sie ist so, wie es der Küche eines der ersten Weinbauregionen der Welt gebührt – von königlich einfachem Charme. Die Weine geben den Speisen häufig ihren Wohlgeschmack, wie in der »sauce bordelaise«, die es zum Entrecôte gibt. Berühmteste Spezialität sind die Austern von Arcachon. Rabelais läßt einen seiner Helden sagen, er habe 100 Austern aus Arcachon auf einmal gegessen.
Den Weinen des Bordelais in Kürze gerecht zu werden, ist ein Vorhaben, das von vornherein zum Scheitern verurteilt sein muß. Genießen muß man ihn! Doch ein kurzer Überblick vermittelt allemal einen Einblick, der vielleicht zur Vertiefung der praktischen wie theoretischen Kenntnisse verlockt.
Beginnen wir beim Médoc, nördlich der Weinhändlerstadt Bordeaux. Hier liegen die berühmten Châteaux, wie die Weingüter hier heißen, deren Gewächse 1855 in eine strenge hierarchische Folge gebracht wurden. Die Hierarchie hat sich bis auf eine Ausnahme bis heute unverändert erhalten. Namen wie Rothschild, Margaux, Latour leuchten hier wie Sterne – so hell, aber für die meisten Menschen auch genauso unerreichbar, denn sie gehören zu den teuersten Rotweinen der Welt. Die meisten von uns werden sich daher mit den Crus Bourgeois begnügen müssen, die keinesfalls zu verachten sind.
Südlich von Bordeaux liegt das Gebiet von Graves, die wichtigste Weißweinregion des Bordelais, die aber auch Rotweine hervorbringt. Sein berühmtester Rotwein, Château Haut-Brion, wurde gleichzeitig mit den großen Médocs klassifiziert. Sauternes, Barsac und die umliegenden Gebiete schließen sich im Süden an. Sie bringen süße Weine hervor, die vergleichsweise preiswert sind, da sie dem Zeitgeschmack nicht mehr voll entsprechen. An der Spitze der Weine dieses Gebiets steht der Château

d'Yquem, ein honigsüßer Weißwein, der aus edelfaulen Beeren gewonnen wird, die durch Einschrumpfen einen hohen natürlichen Zuckergehalt erreicht haben. Sauternes sind nicht nur Dessertweine, sie schmecken auch als Aperitifs oder zur Gänseleberpastete. Saint-Émilion und Pomerol sind wieder Rotweingebiete. Sie liegen auf der anderen Seite der Garonne, dem Médoc gegenüber. Auch hier gedeihen wieder hochklassifizierte Gewächse, die Kenner aus aller Welt in Begeisterung versetzen. Preiswerter sind die Rotweine von Fronsac, Bourg und Blaye. Wenn Sie sie nicht gleich an Ort und Stelle verkosten können, lassen Sie sich von einem Weinhändler Ihres Vertrauens beraten, es sind durchaus bezahlbare, gute Tropfen darunter. Zum Schluß sei noch der Entre-Deux-Mers erwähnt, der wegen seiner Trockenheit als *der* Austernwein schlechthin gepriesen wird, selbstverständlich aber wegen seiner fruchtigen Frische zu allen feinen See- und Flußfischen genauso gut schmeckt.

Zum Schluß noch etwas zur Klärung. In angelsächsischen Ländern bezeichnet man Bordeauxwein häufig als »Claret«. Was ist Bordeaux Clairet in Wirklichkeit? Ein heller Rotwein (kein Rosé!), leicht, fruchtig und nicht ganz so unkompliziert wie Rosé, ein äußerst angenehmer Wein zum Essen.

Périgord, Quercy, Rouergue

Die drei Gebiete nördlich der Garonne bilden gastronomisch eine Einheit. Hier wird es kulinarisch üppig. Das Périgord ist vor allem als die Heimat des teuersten und edelsten Pilzes der Welt, der Trüffel, bekannt. Zu den Schlemmereien gehören weiterhin Steinpilze, Gänsestopfleber, aber auch Gänse- und Entengalantinen, das heißt gefüllte Gänsehälse und Ballottines, Enten als Ganzes mit feiner Füllung. Neben den ländlich-deftigen Wurst- und Fleischwaren steht einer der besten und ältesten französischen Käse, der Roquefort, der aus Schafmilch hergestellt wird. Schon die Römer kannten ihn, und nach Aussage eines französischen Kardinals ist er nicht nur der König der Käse, sondern auch der Käse der Könige und Päpste. Zubereitet werden die Speisen hier mit Gänse- oder Schweineschmalz statt mit Butter.

Der bekannteste Wein des Gebiets, der Monbazillac, ist ein Süßwein mit honigartigem Bukett. Aus dem Quercy stammt der »schwarze« Wein von Cahors, so genannt wegen seines ungewöhnlich hohen Farbstoffgehalts, der sich mit Körperreichtum verbindet. Aus dem Périgord stammt der Bergerac, der in seiner Vielfalt in Rot, Rosé und Weiß gut zu den Spezialitäten des Landes paßt, sowie der Pécharmant, ein kräftiger, schwerer Weißwein, der gut zu Gänse- und Schweinefleisch schmeckt.

Alle genannten Weine gehören zu dem unzusammenhängenden Weinbaugebiet Südwest, sind aus diesem Grund sehr verschiedenartig und werden wegen ihrer geringen Mengen selten exportiert.

Das Gebiet um Cognac

Drei ehemalige Provinzen, Aunis, Angoumois und Saintonge bilden heute die beiden Départements Charente, die uns vor allem als Ursprungsgebiet des Cognac bekannt sind. Das Land nördlich von Bordeaux am Atlantik ist äußerst reich an kulinarischen Schätzen: Milch, Sahne, Butter und Wein sind Grundstoffe für eine gesunde Küche.

Drei Spezialitäten sind zu nennen: »mouclade«, ein Muschelgericht mit Sahne, »cagouille«, ein Gericht aus Schnecken, die es reichlich in den Weinbergen gibt, und »chaudrée«, eine Suppe aus kleinen Fischen, die vor allem in La Rochelle serviert wird. Sie gelingt besonders gut in einem kleinen Kessel aus Kupfer oder Gußeisen (im Französischen *chaudron,* daher der Name), der »mit Liebe« über einem Feuer aus Rebholz aufgehängt wird. Echte Gourmets meinen sogar, es müsse unbedingt Rebholz von den Inseln sein, das Jod enthält und beim Verbrennen ein köstliches Aroma in den Kessel abgibt.

Bei den Weinen ist eine Spezialität zu nennen, die eigentlich nur ein weinähnliches Getränk ist: der Pineau des Charentes. Um ihn zu gewinnen, wird Traubensaft durch Alkohol an der Gärung gehindert. Man trinkt ihn als Aperitif.

Die echten Weine sind bei uns kaum bekannt, überstrahlt doch der beste Weinbrand der Welt die Produktion nichtdestillierter Rebensäfte. Der Cognac verdankt seine Entstehung der Mittelmäßigkeit der Weine aus der Rebsorte Ugni blanc, die vor allem um die Stadt Cognac gedeiht. Der Weinbrand ist nicht nur ein Produkt aus Sonne und Erde, sondern auch des Holzes, in dem er lagert. Er erhält sein goldenes Braun von den Cognacfässern aus Limousin-Eiche.

Austernfischer in der Girondemündung bei Arcachon.

Limousin und Marche

Limousin und Marche schließen sich landeinwärts an. Hier ist das Volk keltisch und hat sich mit seinen Sitten und seinen Rezepten so erhalten, wie es einst gewesen ist. An erster Stelle steht die Viehzucht; das Rindfleisch ist weithin berühmt, aber auch Hühner, Truthähne und Gänse ergeben kräftige bäuerliche Gerichte. Eines der Hauptnahrungsmittel ist die Edelkastanie, die, zu Suppe verarbeitet, zusammen mit einer Schale Milch oder Apfelwein, den Landarbeitern als kräftige Mahlzeit dient, die aber auch gern mit Gemüse zum Fleisch gegessen wird. Man kann sagen, die Speisen passen sowohl zu den bequemen Möbeln als auch zu dem schönen, rustikalen Geschirr von Limoges.

Auvergne und Velay

Unsere kulinarische Reise führt uns ostwärts mitten hinein in das bei Touristen heute noch wenig bekannte Zentralmassiv mit seinen erloschenen Vulkanen, seinen klaren Gebirgsbächen und unermeßlichen Viehweiden. Unmittelbar dazu gehört das Velay, das von Westen her bis nahe an die Loire reicht. Die Küche der Auvergne ist nicht so, wie sich Nichtkenner die französische Küche vorstellen. Sie ist gerade, ehrlich und bäuerlich, jedoch in keiner Weise raffiniert. Aus der Auvergne kommen die Safransuppe, »mourtairol«, ebenso wie eine Reihe von Eintöpfen, ob »pot-au-feu« oder »potée« genannt, und eine besonders gute Kastaniensuppe, »cousinat«. Die zahlreichen Rind- und Hammelfleischgerichte, zum Beispiel der berühmte »gigot à l'auvergnate«, Hammelkeule aus dem Backofen, sind der örtlichen Schafzucht zu verdanken. Kartoffelspeisen und Kohlgerichte gehören zu den Speisen der Bauern. Aus den klaren Gebirgsbächen kommen zahlreiche Fische, aber auch Krebse; ein bekanntes Fischgericht ist »truites Mont-Dor«.
Die Kunst, Käse zu machen, geht auf früheste Zeiten zurück. Der Cantal gilt als der älteste französische Käse überhaupt, er soll schon seit mehr als 2000 Jahren in der Auvergne hergestellt werden. Neben diesem auch bei uns erhältlichen Käse gibt es noch ein gutes Dutzend weitere, die man jedoch nur im Land selbst bekommt. Zum Nachtisch ißt man gern Crêpes, auch Früchte im Briocheteig, »fouasses« oder »poumpo« genannt. Neben den Mineralwässern aus dem Gebirge gibt es einige lokale Weine, von denen die Weißweine die bessere Qualität aufzuweisen haben.

Poitou und Vendée

Im Poitou, dem Land der romanischen Kathedralen und der mittelalterlichen Klöster, befinden wir uns geographisch auf der Schwelle zwischen dem aquitanischen und dem Pariser Becken. Weite Ebenen sind vor allem mit Viehweiden und Getreideäckern bedeckt. Die Vendée schließt sich im Osten an das Poitou an und reicht bis zum Atlantik.
Das Volk im Poitou liebt Feste, zum Beispiel ist der Junggesellenabschied vor einer Hochzeit eine Institution. Merkwürdigerweise sind die Hauptspezialitäten der Gegend Süßspeisen, obwohl auch Fleisch und Geflügel in bester Qualität vorhanden sind. An erster Stelle steht das Konfekt von Niort, gefolgt vom Nougat aus Poitiers selbst und den unzähligen Gebäcken und Süßspeisen der kleineren Orte. Doch auch wer das Süße nicht so liebt, kommt auf seine Kosten: Karpfen in verschiedensten Zubereitungen, Schnecken in Knoblauch, Kalbsohren mit Trüffeln und Champignons geschmort, das »bifteck à la poitevine«, ein Hacksteak mit Sauerampfer und Rindermark, und der »salade poitevine« aus Reis, Pilzen und Tomaten sind nur einige wenige von den vielen Spezialitäten des Poitou.
Die Vendée ist ein stilles Land, man hat Zeit, und wenn man sie nicht hat, nimmt man sie sich. Nicht nur zum Kochen, sondern auch zum Genießen. Die Vendée ist ein Zentrum der feinen, der gepflegten Küche. Es gibt hervorragende Meeresfrüchte, Atlantikfische in vielen Varianten, Ragouts und Wildgerichte. Nichts ist kompliziert, doch ebenso perfekt wie einfach zubereitet.
80 Prozent der Weine dieser beiden Gebiete stammen aus dem Poitou. Es sind örtliche Spezialitäten, man muß sie an Ort und Stelle probieren. Der beste Rotwein aus der Umgebung von Niort riecht nach Himbeeren und erinnert etwas an den Bourgueil von der Loire. Die trockenen, zarten Weißweine des Poitou ähneln geschmacklich, je nach ihrer Herkunft, den benachbarten Gewächsen des Anjou beziehungsweise der Gegend um Saumur.

Die üppigen Gemüsemärkte von Mittelfrankreich erinnern an das Schlaraffenland.

Orléanais und Berry

Von Süden her erreichen wir die Loire, dort, wo sie ihren Nord-Süd-Verlauf ändert, um sich von Osten nach Westen, immer träger werdend, in den Atlantik zu ergießen. Wir nähern uns noch einmal Paris und damit der höfischen, verfeinerten Küche. Aal, Forelle, Huhn mit Blutsauce, Schweinefleisch mit Blut, die »carbonnade«, Rinderbraten und die »andouilles« von Jargeau und Vendôme sind die Spezialitäten. Doch an erster Stelle steht das Wild aus den ehemals königlichen Jagden. Pasteten und Terrinen aus Wachteln, Rebhühnern und Rotwild, Kaninchen- und Hasengerichte und auch Rehschnitzel. Neben dem Hoch- und Niederwild sowie dem zahlreichen Wildgeflügel steht häufig Hausgeflügel auf der Speisekarte, das den Köstlichkeiten aus der Bresse kaum nachsteht. Pilze, Gemüse, Kartoffeln und Früchte gibt es ebenfalls in reicher Fülle. Eine berühmte Nachspeise ist die »tarte du chef«, auch »tarte des des-

moiselles Tatin« genannt, ein Apfelkuchen mit Karamel, der verkehrt herum, mit dem Boden nach oben, gebacken wird.
Orléans ist bekannt für seinen hervorragenden Essig. Auch hier wurde aus der Not eine Tugend gemacht und ein mittelmäßiger Wein in ein erstklassiges Produkt umgewandelt.
Die Weine der oberen Loire erreichen weder in Quantität noch Qualität die Gewächse, die weiter unten gedeihen. Die Anbaufläche ist seit der Zeit der französischen Könige stark zurückgegangen. Auf jeden Fall erwähnenswert ist der Sancerre aus dem Berry, der unweit von Bourges wächst, ein trockener Weißwein, der vor allem gut zu Fischgerichten und Ziegenkäse paßt. Auch ein kräftiger, fruchtiger Rosé wird unter dem gleichen Namen hergestellt.

Touraine und Anjou

Das, was wir gemeinhin unter dem Loiretal verstehen, beginnt bei Blois. Von hier nach Westen breitet sich ein wahrer Garten Eden leiblicher wie optischer Genüsse aus. Hier liegt ein Großteil aller berühmten Loireschlösser, die pompösen großen wie die zauberhaften, oft nicht so bekannten kleinen. Hier beginnt auch der eigentliche Anbau von Loireweinen.
Die Heimat von Rabelais, des Vaters von Gargantua und Pantagruel, ist bis heute ein Schlaraffenland geblieben. Unvergleichlich die Märkte in den Städten, die überquellen von armdicken Spargeln, Champignons, die groß sind wie anderswo Steinpilze, leuchtenden Tomaten und saftigem Obst. Eine Spezialität der Gegend sind die »rillettes«, eine Art Paste aus sehr fein gehacktem und in Fett gegartem Schweine- oder Gänsefleisch – ein köstlicher Aufstrich auf frischem Stangenweißbrot.
Fische aus der Loire und ihren Nebenflüssen, *dem* Loir und dem Cher, Rindfleisch in Rotwein *(en daube),* Artischokken aus Tours, gefüllte Artischockenböden, Geflügel, Wild und Käse gibt es überall in exzellenter Qualität.
Im Anjou wird die Loire schon zum breit dahinziehenden Strom, zu träge, um Schiffe zu befördern, sieht man einmal von den flachen Kähnen der Fischer ab. Ebenso träge und sanft liegt das Land an ihren Ufern da. Die Rinderherden von Cholet liefern erstklassiges Rindfleisch. Den Gemüsegärten am Südufer liegen die Weinfelder am Nordufer gegenüber. Hier haben schon die Römer Kellergewölbe in das Gestein gesprengt, wo heute noch der Wein bereitet und gelagert wird. Andere unterirdische Gänge dienen der Champignonzucht. Den bedächtigen, breitschultrigen Viehzüchtern und Gemüsegärtnern wohnen agile, drahtig gebaute Weinbauern gegenüber. Die Weinkeller des Loiretales haben jedoch auch ihre Tücken: Ein Pariser Bürger, der sich am Morgen nach dem Kauf an seinem neu erworbenen Grundstück freuen wollte, mußte feststellen, daß sich statt seines Gartens unter dem Fenster ein schwarzes Loch befand. Der Garten lag fünf Meter tiefer.
Doch es gibt Erfreulicheres: Der Weinbau in der Touraine geht bis auf das 6. Jahrhundert zurück. Ein köstlicher Weißwein ist zweifellos der Vouvray, den es in vielen Geschmacksnuancen von Süß bis Trocken sowie in schäumender und stiller Version gibt. Ähnlich, nur nicht ganz so fein, ist der Weißwein aus dem nahen Montlouis. Die besten Rotweine der Loire stammen aus Chinon, Bourgueil und Saint-Nicolas-de-Bourgueil. Sie zeigen je nach Lage und Bodenbeschaffenheit Unterschiede, sind jedoch alle relativ dunkel und gerbstoffreich, einige duften nach Erdbeeren, andere nach Johannisbeeren oder gar nach Veilchen. Den beiden Gebieten Touraine und Anjou gemeinsam sind sowohl das milde Klima wie die Anbaubedingungen. Der bekannteste Wein des Anjou ist der Rosé d'Anjou, der aus verschiedenen Rebsorten erzeugt und lieblich bis trocken, vor allem aber fruchtig schmeckt. Es ist ein unkomplizierter Durstlöscher, den es auch bei uns zu kaufen gibt.
Eine Spezialität des Loiretales sind die Schaumweine, ja, hier wird der meiste Vin mousseux von ganz Frankreich erzeugt, sieht man einmal von der Champagne ab, aber hier heißt der Schaumwein ja auch Champagner.
Gute Weißweine kommen außerdem von den Coteaux de l'Aubance, den Coteaux de la Loire und aus Savennières. Die Weine der Coteaux du Layon eignen sich wegen ihrer Süße als Dessertweine. Natürlich gibt es auch hier eine Fülle örtlicher Spezialitäten, die man am besten bei einer Degustation in einem der Caves probiert.

Sully, eines der zahlreichen romantischen Wasserschlösser der Loire.

Die kulinarischen Regionen

Bretagne

»La douce France«, das milde, träge, majestätische Frankreich der Könige liegt hinter uns. Es empfängt uns die rauhe, die schrundige, sturmgepeitschte Bretagne mit ihren steilen, zerklüfteten Felsenklippen und den keltischen, zum Separatismus neigenden Bewohnern, die heute noch davon reden, daß sie die »Grenze nach Frankreich« überschreiten müßten, wenn sie nach Osten in die Basse-Bretagne fahren.

Altes Handwerkerschild an einer Bäckerei in Vannes, einer alten Stadt an der Südküste der Bretagne.

In Nantes, der Hafenstadt an der Mündung der Loire in den Atlantik, gibt es noch Weinbau. Hier wird der spritzige Muscadet erzeugt, ein hellgrün bis gelblich schimmernder Weißwein, der besonders spritzig ist, da er auf seiner Hefe *(sur lie)* abgefüllt wird, und der deshalb besonders gut zu Fisch und Meeresfrüchten paßt. Doch da sind wir schon beim Thema: Der Weinbau findet zwar hier seinen Abschluß, doch das Fischparadies geht erst richtig los. Zunächst einmal mit den Austern von Belon. Spezialitäten der Bretagne sind außerdem all die verschiedenen Arten von Taschenkrebsen, die »tourteaux«, »araignées de mer«, »crabes« und wie sie alle heißen mögen. Sie werden auch fertig gekocht in den Geschäften angeboten. Langusten, Hummer und Krevetten gibt es in den kleinen Hafenstädtchen in reicher Fülle. Sie gesellen sich auf den Märkten zu den Atlantikfischen. Hammelfleisch von Tieren, die nahe am salzigen Meer geweidet haben, wird mit »pré-salé« bezeichnet. Es ist besonders geschmackreich. Gemüse wird reichlich angebaut und vielfach nach England exportiert. Im Frühjahr fahren die Bauern nach London und bieten dort ihre weißen Zwiebeln an.

Für manchen Mitteleuropäer ist die bretonische Küche ein Synonym für Crêpe-Küche, denn überall gibt es heute Crêpe-Lokale und auch Imbißstände, die diese feinen dünnen Pfannkuchen aus verschiedenen Mehlsorten mit den unterschiedlichsten Füllungen anbieten.

Die Bretagne, im 5. Jahrhundert von britischen Flüchtlingen aus der »Grande-Bretagne« (Großbritannien) gegründet, hat durch die Jahrhunderte die Verbindung zum Nachbarn hinter dem Kanal nicht verloren. So gilt der »far breton« als Vorläufer des englischen Puddings, und sogar der Urgroßvater des Plumpuddings, der »Bar Sac'h«, stammt von der armorikanischen Halbinsel.

Nationalgetränk der Bretonen ist der Cidre, jener süße bis herbe Obstwein, der meist aus Äpfeln, aber auch aus Birnen hergestellt wird, allerdings qualitativ den normannischen nicht ganz erreicht.

Normandie

Hier befinden wir uns in einer Region, geprägt vom Meer, aber auch von den steinernen Zeugen seiner Vergangenheit, vor allem in Rouen und Caen. Es ist ein Land der Früchte, unter deren Last sich die Bäume biegen, und der Rinderherden, die auf riesigen Weiden grasen. Nicht zu vergessen die Fische aus Atlantik und Ärmelkanal. In der Normandie ißt man gern bedächtig. So manches Hochzeitsmahl dauert zwölf Stunden und enthält 15 (!) Gänge. Es ist keine ausgeklügelte Küche, die hier geboten wird, doch ist sie kräftig und echt. Butter und Milch aus der Normandie sind berühmt, ebenso die Sahne, die in den Gerichten reichlich Verwendung findet. Die »tripes à la mode de Caen« sind in ganz Frankreich bekannt, es ist überhaupt die beliebteste Art, Kutteln zuzubereiten. Ente auf Rouenaiser Art, das heißt mit Calvados und Rotwein, die »sole à la normande« – Seezunge mit Weißwein und Sahne – sowie Äpfel und Birnen in Teig sind Spezialitäten des Landes.

Wein wird hier im Norden nicht mehr angebaut, doch gibt es hier den besten Cidre, den man sich nur vorstellen kann. Aus mehr als einem Dutzend Apfelsorten werden mehr als zwei Dutzend »crus«, Cidregewächse, gewonnen. Die Kunst, Cidre herzustellen, geht auf das frühe Mittelalter zurück, als die Mönche die Kunst der Cidrebereitung verfeinerten. Cidre gibt es nicht nur von Herb bis Süß, sondern auch in stiller, leicht perlender und schäumender Form.

Würdiger Abkomme des Cidre ist der Calvados, von den Franzosen liebevoll Calva genannt. Man trinkt ihn in seiner Heimat auch gern einmal zwischen zwei Gängen in der Mitte eines ausgedehnten Mahles – man nennt das »le trou normand«, das normannische Loch –, bis man ihn sich am Ende noch einmal zu Gemüte führt, damit auch alles gut verdaut wird.

Die schönen alten Fachwerkhäuser geben der Normandie ihr nordisches Gepräge.

Der Norden

Unter dieser Bezeichnung fasse ich all die Provinzen, Regionen und Départements zusammen, die nördlich von Paris und östlich der Normandie liegen: das französische Flandern gehört dazu, ebenso das Artois und die Picardie. Hier trinkt man Bier, das gut zu der nordischen Küche und dem Geruch der Pfeifen paßt, die man hier gern raucht. Der Appetit der Flamen ist sogar in Frankreich sprichwörtlich, und das heißt etwas in einem Land, das nirgends von Kostverächtern bewohnt wird. Der langsam gekochte Eintopf heißt hier »hochepot«, Fisch, Schweine- und Rindfleisch sind Hauptelemente der deftigen Küche, die schon deutliche Verbindung zur belgischen zeigt. Der intensive Zuckerrübenanbau hat zur Herstellung vieler Gebäckspezialitäten geführt.

Korsika

Am Ende unserer kulinarischen Rundreise erfolgt ein gewaltiger Sprung nach Süden, über ganz Frankreich hinweg und über das Mittelmeer auf die Insel der Schönheit, Korsika. Unsere korsischen Freunde mögen mir verzeihen ... Natürlich gehört Korsika nur politisch zu Frankreich, natürlich ist die Küche nicht französisch, und doch habe ich ein paar korsische Rezepte in dieses Buch aufgenommen und möchte die Insel kulinarisch kurz vorstellen.

Korsika als Ferienzentrum kann ein Alptraum sein, Korsika als hochgebirgige Insel mit Kastanienwäldern, Olivenhainen, halb verfallenen, verlassenen kühnen Bergnestern und der charmanten, lebhaften Hauptstadt Corte ist ein Traum – nach wie vor. Überall riecht es würzig, und man meint, in ein riesiges Bouquet garni geraten zu sein. In den Feriengebieten an der Küste bekommt man wohl kaum korsische Spezialitäten, schon weil die meisten Restaurants in den Händen von Franzosen sind. Doch im Inneren des Landes bekommt man noch »pibronata«, die scharfe Tomatensauce, »soupe de miscishia«, das geräucherte Ziegenfilet, »prizutta«, feinen rohen Schinken, »bécasses à la cacciatore«, Schnepfen auf Rebholz gegrillt. Gern wird das Fleisch der Schweine gegessen, die frei in den Kastanienwäldern umherlaufen und sich daher mit den Wildschweinen gekreuzt haben, so daß sie oft sonderbar schwarz-rosa zweigeteilt aussehen.

Korkeichenwald auf Korsika – eine Seltenheit auf der eher kargen, von Macchia bedeckten Mittelmeerinsel.

Der bekannte frische Ziegenkäse heißt Brocciu, hinzu kommen zahlreiche Gebäckarten wie »fritelle«, eine Art Krapfen, »castagnacci«, Fladen aus Kastanienmehl, aber auch Reisgebäck wie die »panzaritte« aus Bastia. Der würzigste Honig kommt aus Asco.

Die korsischen Rotweine aus verschiedenen, zum Teil sehr alten Rebsorten, sind stark und dunkel, die Rosés frisch und fruchtig, die Weißweine teils sehr trocken, teils auch zuckersüß. Der beste Wein kommt aus der Umgebung von Patrimonio, doch auch die Weine der Balagne bei Calvi, die Gewächse von Figari, Ajaccio und Porto-Vecchio schmekken gut zu den Spezialitäten des Landes oder einfach als Durstlöscher bei sengender Hitze.

Erwähnenswert sind außerdem noch die Kräuterschnäpse und -liköre, die aus den würzigen Pflanzen der Macchia hergestellt werden, sowie recht süße, aber wohlschmeckende Obstweine aus Pfirsich, Kirsche oder Aprikose.

Hier endet unsere kulinarische Rundreise durch Frankreich. Die Köstlichkeiten eines Lands zu beschreiben, fällt schwer, man muß sie sehen, riechen, schmecken, genießen ... und letztlich selbst entdekken. In diesem Sinne soll dieses Buch eine Anregung sein.

Die historischen Provinzen und Landschaften Frankreichs

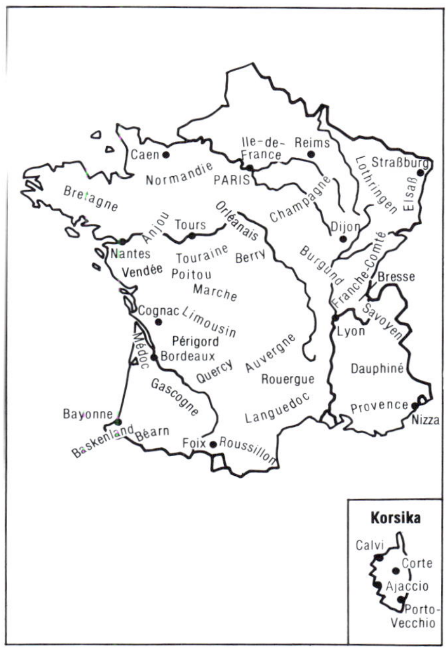

Besonderheiten der französischen Küche

Die französische Küche ist vor allem eine Küche der langen Garzeiten bei geringster Hitze. Viele Gerichte oder Zutaten garte man früher stundenlang auf der Ecke des Kohleherdes, wo die Hitze kaum noch zum Sieden ausreichte. Bei dieser Methode durchdringen sich die Aromen der Gewürze und der verschiedenen Bestandteile besonders gut. Da wir heute nicht mehr auf Kohleherden kochen, empfiehlt sich auf jeden Fall die Anschaffung mindestens eines gußeisernen Schmortopfs, damit die Gerichte langsam garen und dabei saftig bleiben. Besonders praktisch ist ein vertiefter Deckel, in den man Eisstücke legen oder kaltes Wasser gießen kann.
Lassen Sie sich durch die langen Garzeiten nicht davon abschrecken, französisch zu kochen. Dank der gußeisernen Töpfe und der geringen Hitze können Sie getrost die Wohnung verlassen, während das Gericht gart. Gerade als berufstätige Hausfrau habe ich das schätzen gelernt. So kann ich morgens den Topf mit Inhalt vorbereiten, ein Familienmitglied schaltet den Herd um eine bestimmte Zeit ein, und am Abend sitzen wir alle vor einer Mahlzeit, die wie von selbst entstanden ist.
Eine weitere Besonderheit der französischen Küche ist das Würzen mit Wein und Schnäpsen. Keine Angst, der Alkohol verkocht, Sie können diese Gerichte auch Kindern und Abstinenzlern vorsetzen. Häufig werden Alkoholika auch für Marinaden verwendet. Sie brauchen in keinem Fall Spitzenerzeugnisse zu verwenden, einfache Qualitäten tun auch ihren Dienst. Verwenden Sie jedoch niemals verdorbene oder minderwertige Weine.
In den Rezepten sind noch einige Besonderheiten enthalten, die ich im folgenden, der besseren Übersicht wegen, alphabetisch aufführen will:

Bardieren: Magere, leicht trockene Fleischarten wie Wild oder Wildgeflügel, aber auch magerer Fisch werden gern mit frischem, also ungeräuchertem Speck umwickelt.

Binden: Gebunden werden Saucen und Suppen häufig mit *beurre manié,* mit Mehl verkneteter Butter, aber auch mit Eigelb oder Crème fraîche, einer besonders feinen sauren Sahne, die es seit längerer Zeit schon auch bei uns zu kaufen gibt. Zur traditionellen Küche gehört vor allem auch das Binden mit frischem Blut, hauptsächlich von Wild- oder Geflügelragout *(civet)* in Rotwein. Diese Methode ist jedoch nur zu realisieren, wenn man das Wild selbst schießt oder das Geflügel selbst schlachtet, was auch in Frankreich immer seltener der Fall ist.

Blanchieren: Eine beliebte Technik, um Bitterstoffe aus Gemüse herauszulösen oder verschiedene Produkte für eine bessere Weiterverarbeitung herzurichten. Man taucht das betreffende Lebensmittel mehr oder weniger kurz in kochendes Wasser und läßt es dann abtropfen.

Bouquet garni: Gewürzsträußchen aus verschiedenen Kräutern, meist aus Petersilie, Thymian und Lorbeerblatt bestehend. Wird sehr häufig verwendet, um einem Gericht ein feines, würziges Aroma zu verleihen. Frische Kräuter binden Sie mit Küchengarn zu einem Sträußchen zusammen. Schneiden Sie das Garn nicht kurz ab, damit Sie das Ende über den Topfrand hängen können. So läßt sich das Bouquet leicht entfernen. Getrocknete Kräuter können Sie ebenfalls verwenden. Sie stecken sie einfach in ein Mullsäckchen, das Sie oben zubinden.

Cognac: Häufig verwendet man ihn in der französischen Küche zum Parfümieren von Saucen, Süßspeisen oder auch von Fleischpasteten, oder aber man flambiert eine Speise mit Cognac, das heißt, man brennt ihn ab. Zum Flambieren muß der Cognac warm sein. Es empfiehlt sich, etwas Weinbrand in einen Schöpflöffel zu gießen und diesen über einer Flamme zu erwärmen. Wenn Sie den so erwärmten Schnaps an die Speise geben und gleich anzünden, wird Ihnen das Flambieren sicher gelingen.
Das gleiche gilt auch für andere hochprozentige Alkoholika wie Marc oder Calvados.

Confit: Eingemachtes Enten- oder Gänsefleisch. Das Fleisch wird von den Knochen gelöst, das Fett ausgelassen und durch ein Sieb gegossen. Die rohen Fleischstücke werden dann in das Fett gelegt und das Ganze langsam erwärmt. Bei geschlossenem Topf und geringster Hitze – auch im Wasserbad – wird das Fleisch gegart, ohne daß es im heißen Fett brutzelt.

Court-Bouillon: Besteht im Gegensatz zur Fleischbrühe aus geringen Mengen konzentrierter würziger Flüssigkeit aus Weißwein, Wasser, Salz, weißem Pfeffer, Zwiebel- oder Schalottenringen, auch Lorbeerblatt und zuweilen Champignonscheiben. Verwendet wird sie hauptsächlich zum Garen von Fisch.

Dressieren: Geflügel, aber auch Fleisch werden in Frankreich häufiger als bei uns mit Küchengarn in Form gebunden. Geflügel legt man auf die Brust und zieht das Küchengarn mit Hilfe einer Nadel durch die Schenkel, anschließend in umgekehrter Richtung durch Flügel und Hautlappen des Halses. Die Nadel ausfädeln und die Enden miteinander verknoten, so daß die Beine fest anliegen. Anschließend den Vogel auf den Rücken legen, über dem Bürzel durch den Rücken stechen, dann durch die Bauchseite über der Öffnung, das Garn um die Schenkelknochen wickeln und zusammenbinden. Dies ist die französische Art, Geflügel zu dressieren, doch ist nichts dagegen einzuwenden, wenn Sie Ihnen vertrautere Methoden anwenden.

Entfetten: Häufig muß eine Sauce entfettet werden. Entweder schöpfen Sie das Fett einfach ab oder aber Sie stecken Eiswürfel in Küchenkrepp und fahren damit über die Flüssigkeit. Das Fett bleibt daran hängen.

Fond: Die französische Hausfrau verwendet da, wo bei uns mit Wasser gekocht wird, gern eine aromatische Brühe entweder auf der Basis von Fleisch oder Geflügel, Wild, Fisch oder einfach Gemüse. Zur Herstellung eines Fonds siedet man diese Grundsubstanz mit Bouquet garni, Pfeffer, Zwiebeln, Suppengrün, nach Belieben Gewürznelken sowie Wein etwa 2 Stunden bei geringer Hitze. Nach dieser Zeit sollte der Fond auf etwa ein Viertel seiner ursprünglichen Menge eingekocht sein.
Für Fleischfond verwendet man die Knochen, die vorher kleingeschlagen werden. Für Fischfond kocht man Köpfe, Gräten und Fischschwänze aus. Für einen würzigen Wildfond brät man die Zutaten kurz in Bratfett an und gießt erst dann den Wein und/oder das Wasser an. Dadurch wird er dunkler und kräftiger im Geschmack.

Julienne: Äußerst feine Streifchen von Gemüse, Trüffeln, Pilzen, aber auch von gegartem Geflügel. Wird als Einlage für Suppen, aber auch für Salate verwendet.

Besonderheiten der französischen Küche

Jus: Gelee aus reinem entfetteten Bratensaft, meist in Form von Kalbsjus zur Herstellung von Saucen verwendet. In Dosen oder Gläsern erhältlich.

Karamel: Wird in der französischen Küche nicht nur für Süßspeisen verwendet. Um Karamel zu bereiten, lassen Sie etwa 4 Eßlöffel Zucker in 1 Eßlöffel Butter unter Rühren bei milder Hitze bräunen. Am besten eignet sich dafür ein Metalltopf mit dickem Boden. Achten Sie bei der Herstellung von Karamel unbedingt darauf, daß die Masse nicht zu dunkel wird, sonst ist der Geschmack nicht mehr süß, sondern bitter.
Karamel, in Wasser gelöst, ergibt auch dunkle Farbe für Bouillons und Saucen. Helles Karamel gibt man an Cremes und Süßspeisen. Es ist unter anderem Bestandteil der berühmten Crème renversée au caramel (Rezept Seite 110) und der Tarte du chef (Rezept Seite 110). Karamel, sehr sparsam verwendet, dient auch dazu, einigen Braten einen appetitlich braunen Glanz zu verleihen, doch muß man darauf achten, daß das Fleisch nicht süß schmeckt.

Marinade: Eine besonders feine Würze erhält das Fleisch- oder Fischgericht, wenn Sie es vor dem Garen in eine Marinade einlegen. Die Marinade wird danach entweder weggeschüttet oder zur Sauce eingekocht. Eine Marinade besteht aus Wein und/oder Weinessig sowie Kräutern, Gewürzen und Gemüse. Verwenden Sie als Basis nicht den teuersten, aber auch keinen minderwertigen oder gar verdorbenen Wein. Bei manchen Festtagsgerichten lohnt es sich, das Fleisch in einem Wein höherer Qualität zu marinieren. Sie können ihn mit Wasser verdünnen, damit es nicht zu teuer wird. Für eine besonders feine Säure bei ganz zarten hellen Fleischarten empfiehlt es sich, Zitronensaft statt Wein zu verwenden. Der Weinessig für eine Marinade sollte unbedingt von guter Qualität sein. Öl oder Speck gibt man an Marinaden für mageres, eher trockenes Fleisch. Kräuter und Gewürze können reichlich verwendet werden, wenn die Marinade kalt bleibt. Vorsichtiger sollten Sie sie dosieren, wenn Sie diese anschließend zur Sauce einkochen wollen.

Mirepoix: Würzzutat für Suppen und Saucen aus der traditionellen Küche. Auf 200 g mageren gewürfelten Schinken geben Sie 25 g geschroteten weißen Pfeffer, je 1 Prise getrockneten Thymian und Basilikum, 1 Lorbeerblatt, 1 Gewürznelke, 2 gewürfelte Möhren und 1 kleingeschnittene Zwiebel. Das Ganze wird 3 Stunden bei geringer Hitze durchgeschmort und teelöffelweise zum Würzen verwendet.

Pastete: Im Gegensatz zur Terrine besteht die Pastete aus einer Füllung und einem Teigmantel. Die klassische französische *pâte à pâtée* ist ein Mürbteig, aber man verwendet auch Blätterteig oder Briochteig. Mit dem Teig wird die Pastetenform ausgekleidet, außerdem die Füllung abgedeckt. Die Pastetenform braucht deshalb keinen Deckel. Für Pasteten kann man deshalb jede Kuchenform verwenden (siehe auch »Schornstein«).

Pochieren: Garen, ohne zu kochen. Man pochiert Eier, Fisch und zartes Geflügelfleisch. Die Kochflüssigkeit muß kurz vor dem Siedepunkt auf möglichst gleicher Temperatur gehalten werden. Eier geben Sie am besten in eine Untertasse oder in einen Schöpflöffel und lassen sie sanft in die Flüssigkeit gleiten, sonst zerfasern sie.

Schornstein: Pasteten mit Teigdecke versieht man gern mit einem »Schornstein«, damit der aus der Füllung austretende Dampf abziehen kann. Gut eignet sich dafür ein Stück Rollenkern von Küchenkrepp.

Terrine: Fleischfarce ohne Teigmantel, manchmal in einer Speckumhüllung, im Backofen im Wasserbad gegart, bezeichnet man als Terrine. Die *terrine maison* spielt als Vorspeise in allen französischen Restaurants, ob bescheiden oder gehoben, eine besondere Rolle. Hier zeigt der Chef, was er kann. Für die Bereitung von Terrinen eignen sich feuerfeste Porzellan- oder Keramikformen. Um überschüssiges Fett aus der Masse herauszudrücken, legt man ein Brett auf die gegarte Füllung und beschwert dieses mit einem Stein.

Vier-Gewürze-Mischung: Im Französischen *quatre-épices* genannt, wird diese Gewürzmischung recht häufig verwendet. In Deutschland gibt es sie allerdings nicht fertig zu kaufen. Wenn Sie häufiger französisch kochen, mischen Sie sich am besten ein Gläschen davon auf Vorrat. Das folgende Mischungsverhältnis hat sich bewährt: 3 Teile gemahlener schwarzer Pfeffer, 1 Teil Nelkenpulver, geriebene Muskatnuß und Ingwer etwa zu gleichen Teilen. Wer es schärfer mag, ersetzt die geriebene Muskatnuß ganz oder teilweise durch Cayennepfeffer.

Wasserbad: Spielt als sanfteste Garmethode in der französischen Küche eine besondere Rolle. Saucen auf der Grundlage von rohem Ei werden in einem kleineren Gefäß, das in einem größeren, zu zwei Dritteln mit kochendheißem Wasser gefüllten Topf steht, geschlagen, bis sie dickflüssig sind. Terrinen werden im Backofen in einem Wasserbad gegart.

Suppe ist in Frankreich nicht gleich Suppe. Das Wort läßt sich nicht einfach so übersetzen; es gibt viele Bezeichnungen, die für ganz verschiedene Suppenarten stehen, und diese verschiedenen Suppenarten nehmen im Menü ganz unterschiedliche Plätze ein. Das dem Deutschen am ähnlichste Wort *soupe* steht für eine einfache, bäuerliche Suppe mit Einlagen, früher oft einziger Bestandteil der Abendmahlzeit. Eine *potage* dagegen ist eine klare oder gebundene Fleisch- oder Gemüsebrühe, eine feine Vorsuppe also. *Crèmes* und *bisques* sind eigentlich auch *potages*. Eine *crème* besteht aus einem Fond (siehe Seite 22), gebunden mit Sahne. *Bisque* ist eine feine Suppe aus Extrakt von Schaltieren, zum Beispiel Bisque de homard (Hummersuppe). Unter *consommé* versteht man eine Bouillon aus Fleisch, man reicht sie mit oder ohne Einlagen, auch verfeinert mit Sherry, Port oder Madeira.

Unter *potée, pot-au-feu, cassoulet, garbure* oder *marmite* versteht man verschiedene Arten von Eintöpfen mit Gemüse und Fleisch. Sie sind Hauptmahlzeiten und stehen am Ende des Kapitels.

Soupe à l'oignon

Zwiebelsuppe

Eine Mitternachtssuppe zum Aufwärmen und Aufmuntern. Als es noch die Markthallen in Paris gab, trafen sich die Nachtschwärmer zur früh-späten Stunde gern in den kleinen Lokalen ringsherum, genossen das bunte Treiben und die berühmte Zwiebelsuppe.

Zutaten für 6 Personen:
150 g Zwiebeln · 3 Eßl. Butter
1 gestrichener Eßl. Mehl · 1½ l Wasser oder leichte Fleischbrühe · Salz
Pfeffer · 6 Scheiben Weißbrot · 100 g geriebener Emmentaler oder Greyerzer
Käse (Gruyère) · eventuell 1 Schnapsglas Cognac oder Portwein (2 cl)

Zubereitungszeit: 50 Minuten

Die Zwiebeln schälen und feinhacken. • Die Zwiebelstückchen in der Butter auf kleiner Flamme glasig schmoren, ohne sie zu bräunen. Das Mehl darüberstäuben. Das Wasser oder die Fleischbrühe angießen. Salzen, pfeffern. • 20 Minuten kochen lassen. • Die Brotscheiben ohne Fett in der Pfanne rösten. In feuerfeste Tassen je 1 Scheibe geröstetes Brot legen. Die Suppe darübergießen. Den Käse auf die Suppe streuen. • Die Tassen auf die mittlere Schiene in den vorgeheizten Backofen stellen und die Suppe auf der höchsten Schaltstufe etwa 7 Minuten gratinieren. • Eventuell mit dem Cognac oder Portwein parfümieren.

Mein Tip: Wenn Sie keine feuerfesten Tassen besitzen, legen Sie die Brotscheiben in normale Suppenteller, streuen den Käse darüber und gießen mit der kochendheißen Suppe auf.

◁ Soupe à l'oignon (Zwiebelsuppe) ist eine echte Pariser Spezialität, die auch nach dem Abriß der berühmten »Halles« nichts von ihrer Beliebtheit eingebüßt hat.

Tourin

Gebundene Zwiebelsuppe

Diese Zwiebelsuppe ist nicht so bekannt wie die überbackene, gehört aber dennoch zu den Spezialitäten der Gegend rund um Paris. Sie können sie als Vorspeise bei einem leichten Hauptgang oder auch als Abendsuppe, gefolgt von Salat oder Dessert, servieren.

125 g Zwiebeln · 1 l Milch · 2 Eßl. Butter · 1 gehäufter Eßl. Mehl · Salz
Pfeffer · 4–8 dünne Scheiben Weißbrot oder helles Landbrot · 2 Eigelbe
150 g Crème fraîche

Zubereitungszeit: 50 Minuten

Die Zwiebeln schälen und feinhacken. • Die Milch zum Kochen bringen, vom Herd nehmen. • Die Butter in einer Stielkasserolle zum Schmelzen bringen, die Zwiebeln dazugeben, glasig dünsten; sie dürfen keine Farbe annehmen. Das Mehl anstäuben, umrühren. Mit der heißen Milch ablöschen. Salzen, pfeffern. • Die Suppe 30 Minuten kochen lassen. • Während dieser Zeit die Brotscheiben im Ofen auf einem Backblech hellbraun backen oder leicht toasten. • Die Eigelbe mit der Crème fraîche verquirlen. Die Suppe vom Herd nehmen und mit der Eigelb-Sahne-Mischung binden. Sehr heiß servieren. Das gebackene Brot dazu reichen.

Soupe aux moules

Muschelsuppe

Dieses Gericht stammt aus der Gegend von Cognac, nördlich von Bordeaux am Atlantik.

2 kg Miesmuscheln · 2 Lorbeerblätter
4 Stengel Petersilie · 3 Zweige Thymian
Pfeffer · 2 Zwiebeln
2 Knoblauchzehen · 3 Eßl. Butter
4 Scheiben Weißbrot oder helles Landbrot · 2 Eigelbe · 100 g Crème fraîche

Zubereitungszeit: 50 Minuten

Die Muscheln unter fließendem kaltem Wasser gründlich abbürsten, die »Bärte« entfernen. Die Muscheln in einen Topf geben, mit kaltem Wasser bedecken. Aus den Lorbeerblättern, der Petersilie und dem Thymian ein Bouquet garni (siehe Seite 22) binden und einlegen. Pfeffern. • Das Wasser bei großer Hitze zum Kochen bringen. • Wenn die Muscheln sich geöffnet haben, den Topf vom Herd nehmen. • Die Zwiebeln schälen und feinhacken, die Knoblauchzehen schälen. • In einem Schmortopf die Butter zum Schmelzen bringen, die Zwiebelstücke hineingeben und die Knoblauchzehe hineinpressen. Wenn die Zwiebeln goldgelb sind, die Muschelbrühe durch ein Sieb angießen. • 10 Minuten kochen lassen. • Die Brotscheiben in eine Suppenterrine legen. Die Eigelbe mit der Crème fraîche verquirlen. Die Suppe damit binden. Die heiße Suppe auf die Brotscheiben in der Terrine gießen. • Das Muschelfleisch extra servieren oder zu einem Muschelsalat verwenden.

Potage Parmentier

Kartoffelsuppe französische Art

Antoine Augustin Parmentier war Agronom und Militärapotheker. Er förderte in Frankreich den Kartoffelanbau, daher tragen eine Vielzahl von französischen Kartoffelgerichten seinen Namen.

350 g Kartoffeln · 3 Stangen Lauch (Porree) · ¾ l Wasser · Salz · Pfeffer 100 g Sahne · 1 Bund Schnittlauch

Zubereitungszeit: 30 Minuten
Garzeit: 40 Minuten

Die Kartoffeln schälen und kleinschneiden. Den Lauch putzen, das Grün entfernen, die Stangen in Scheiben schneiden. Die Scheiben gründlich waschen. Kartoffeln und Lauch in einen Suppentopf geben. Das Wasser angießen. Salzen, pfeffern. • Die Suppe etwa 40 Minuten zugedeckt kochen lassen. • Die Gemüse mit der Flüssigkeit durch ein Sieb passieren. In den Suppentopf zurückschütten. Die Sahne dazugeben. Gut umrühren. Die Suppe nochmals erhitzen, aber nicht mehr kochen lassen. • Den Schnittlauch feinschneiden. Auf die Suppe streuen. Servieren.

Variante: Statt Wasser können Sie auch die entsprechende Menge Hühnerbrühe verwenden. Die Suppe dann nur noch vorsichtig salzen.

Soupe à la reine

Geflügelcremesuppe

Diese feine Suppe sollten Sie bei einer festlichen Gelegenheit servieren, oder Sie machen die Suppe zum Anlaß eines kleinen Festmahls ohne besonderen Grund.

1 l gute Fleischbrühe · 1 etwa 4 cm dicke Scheibe Weißbrot ohne Rinde · 12 süße Mandeln · 1 bittere Mandel · 6 Eier Brust von 1 gebratenem Hähnchen 100 g Crème fraîche · Salz · weißer Pfeffer nach Geschmack

Zubereitungszeit: 50 Minuten

Die Fleischbrühe in einen Suppentopf gießen. Das Brot in die Fleischbrühe bröckeln, die Suppe aufsetzen und mehrmals aufkochen lassen. • Inzwischen die Mandeln kurz in kochendes Wasser legen und die braune Haut abziehen. • Die Eier hart kochen. Die hartgekochten Eier abschrecken, pellen, die Eigelbe herauslösen. • Das Hühnerfleisch sehr fein hacken. Mit den Mandeln und den Eigelben in einem Mörser oder mit dem Wiegemesser zerkleinern. In die sehr heiße Fleischbrühe geben. Die Crème fraîche unterrühren. Das Ganze durch ein Sieb rühren. • Die Suppe nochmals erhitzen, jedoch nicht mehr kochen lassen. Mit Salz und eventuell mit weißem Pfeffer abschmecken.

Bisque d'écrevisses

Feine Krebssuppe

Zugegeben, die Herstellung ist zeitaufwendig. Das Ergebnis wird Sie jedoch belohnen, denn diese Suppe ist unvergleichlich, und selbst die besten Konserven bleiben weit hinter der frischen Zubereitung zurück.

2 junge Möhren · 2 kleine Zwiebeln 1 Knoblauchzehe · 200 g Butter 1 Zweig Thymian · 1 Lorbeerblatt ½ Bund Petersilie · einige Stengel Kerbel · 20–24 frische Krebse 1 Schnapsglas Cognac (2 cl) · 1½ Gläser sehr trockener Weißwein (0,3 l) · Salz Pfeffer · 1 Prise Cayennepfeffer 100 g Reis · 100 g Sahne

Zubereitungszeit: 45 Minuten
Garzeit: etwa 50 Minuten

Die Möhren waschen und, wenn notwendig, schaben. Die Zwiebeln und die Knoblauchzehe schälen. Die Möhren und Zwiebeln sehr fein würfeln. • Beides in eine dickwandige Kasserolle geben und in einem Drittel der Butter andünsten. Den Thymian, das Lorbeerblatt, die Petersilie und den Kerbel dazugeben. Die Knoblauchzehe hineinpressen. • Unter Umrühren bei geringer Hitze 15 Minuten schmoren lassen. • Die Krebse nacheinander in sprudelnd kochendes Wasser geben. 5–10 Minuten darin sieden lassen. • Dann die Krebse im Ganzen in den Topf geben und unter Umwenden mitschmoren lassen. Den Cognac in einem Schöpflöffel anwärmen, über die Krebse gießen und anzünden. Reichlich ½ l Wasser und den Wein angießen. Salzen, pfeffern und mit dem Cayennepfeffer würzen. Noch etwa 12 Minuten kochen lassen. • Inzwischen den Reis abmessen und in einen Topf geben. 1½ mal soviel Wasser abmessen, zum Kochen bringen, über den Reis gießen, salzen, pfeffern und den Reis in etwa 15–18 Minuten, je nach Sorte, weich kochen. • Während der Reis kocht, die Krebse aus dem Sud heben, abtropfen und abkühlen lassen. • Die Krebse von den Schalen befreien. Die Schwänze beiseite legen. Die Köpfe in einem Mörser zerstoßen und in ein Sieb geben. Den Reis dazugeben. Beides zusammen durch das Sieb treiben, dabei nach und nach den Sud dazuschütten, so daß er mit passiert wird. • Die Suppe nochmals 1 Minute aufkochen lassen, dabei mit dem Schneebesen kräftig schlagen. • Die Krebsschwänze in Würfel schneiden und in die Suppe geben. Den Topf vom Feuer nehmen und den Rest der Butter mit dem Schneebesen unterziehen. Die Suppe mit der Sahne binden und sofort servieren.
Wenn Sie die Suppe allein als kleinen Festimbiß oder als Mitternachtssuppe anbieten, sollten Sie einen trockenen Champagner dazu servieren.

Variante: Sie können die Suppe auch ohne die Krebsschwänze servieren und diese für einen Salat oder ein anderes Gericht aufheben.

Auf die gleiche Art wird auch Bisque de homard, die berühmte Hummersuppe, hergestellt.

Zahlreiche Kartoffelgerichte sind in Frankreich nach Parmentier benannt, der hier die Kartoffel einführte, so auch die Potage Parmentier (Kartoffelsuppe französische Art). ▷

Suppen und Eintöpfe

Soupe au pistou

Gemüsesuppe Großmutter Art

Diese Gemüsesuppe gibt es in unendlich vielen Variationen. Sie stammt ursprünglich aus Genua, wird aber heute nur noch in der Provence gegessen.

Zutaten für 6 Personen:
500 g grüne Bohnen · 3–4 mittelgroße Kartoffeln · 2 Tomaten
200 g Fadennudeln · Salz · Pfeffer
3 Knoblauchzehen · 3 Zweige frisches oder ¼ Teel. getrocknetes Basilikum
3–4 Eßl. Öl · 2 Eßl. geriebener Emmentaler-Käse

Zubereitungszeit: 1¼ Stunden

Die Bohnen putzen und in etwa 1 cm lange Stückchen schneiden. Die Kartoffeln schälen und feinwürfeln. Die Tomaten in kochendheißes Wasser tauchen, abziehen und feinhacken. • Etwa 2 l Wasser in einen Suppentopf füllen und zusammen mit den Bohnen, den Kartoffeln und Tomaten zum Kochen bringen. • Etwa 40 Minuten kochen lassen. • Die Fadennudeln zugeben, die Hitze reduzieren und darauf achten, daß die Nudeln nicht anbrennen. Die Suppe soll ziemlich dickflüssig werden. Wenn die Nudeln weich sind, die Suppe mit Salz und Pfeffer abschmecken. Vom Herd nehmen. • Die Knoblauchzehen schälen und in ein Schüsselchen pressen. Das frische Basilikum hacken, getrocknetes Basilikum zwischen den Fingern fein zerreiben, und mit dem Knoblauch mischen. Das Öl mit dünnem Strahl zugeben. Aus den Kräutern, dem Knoblauch und dem Öl eine Paste rühren. 2 Schöpflöffel heiße Suppe dazugeben, damit die Paste flüssig wird. Die Mischung in die Suppe gießen. Den Käse unterrühren und die Suppe nach nochmaligem Umrühren sehr heiß servieren.

Varianten: Statt Kartoffeln und Fadennudeln können Sie auch Zucchini, Möhren oder andere Gemüsearten verwenden. Wichtig ist allein das Basilikum, denn *pistou* ist das provenzalische Wort für dieses würzige Kraut.

Potage de gibier

Wildsuppe

Resteverwertung nach einer Wildmahlzeit. Ob Sie Hase, Reh oder Wildschwein verwenden, ist gleichgültig.

Knochen mit Wildfleischresten
1 l Wasser · 2–3 Möhren · 2 Zwiebeln
1 Sellerieknolle · Salz · Pfeffe
2 Zweige Thymian · 1 Lorbeerblatt
2 Stengel Petersilie · 1–2 gestrichene Teelöffel Semmelbrösel · 50 g Sahne
4 Scheiben Weißbrot

Zubereitungszeit: 25 Minuten
Garzeit: 45 Minuten

Die Knochen mit den Fleischresten in dem Wasser zum Kochen aufsetzen. Die Möhren, die Zwiebeln und den Sellerie schälen und kleinwürfeln. Die Gemüsewürfel in die Suppe geben. Salzen, pfeffern. Aus dem Thymian, dem Lorbeerblatt und der Petersilie ein Bouquet garni (siehe Seite 22) binden. In die Suppe legen. • Die Suppe 45 Minuten kochen und dabei etwas einkochen lassen. • Dann das Fleisch von den Knochen schaben und durch ein Sieb in die Suppe passieren. Die Semmelbrösel hineingeben. Die Suppe mit der Sahne binden. Das Gewürzsträußchen entfernen. • Die Brotscheiben rösten und zur Suppe reichen.

Soupe au fromage

Käsesuppe

Eine im Ofen gratinierte Suppe, in der der Löffel stehen soll. Cantal ist ein sehr alter Käse, den es schon seit zwei Jahrtausenden in der Auvergne geben soll.

6 Zwiebeln · 2 Eßl. Butter
3 Knoblauchzehen · Salz · 1 l Wasser
500 g helles Landbrot in sehr dünnen Scheiben · 300 g Cantal

Zubereitungszeit: 25 Minuten

Die Zwiebeln schälen und in Scheiben schneiden. • In einem Suppentopf die Butter zum Schmelzen bringen und die Zwiebelscheiben darin glasig braten. Die Knoblauchzehen schälen und durch die Presse hineingeben. Salzen und mit dem Wasser auffüllen. Etwa 5 Minuten kochen lassen. • Eine feuerfeste Keramiksuppenschüssel mit einem Viertel der Brotscheiben auslegen. Ein Viertel vom Käse darüberreiben. Ein weiteres Viertel Brotscheiben darauflegen, dann wieder Käse, Brot, am Schluß wieder Käse, bis die Terrine voll ist. • Die Suppe darübergießen. Die Suppenschüssel in den Backofen stellen, und bei etwa 250 °C (Gasstufe 5–6) die Käsesuppe 10 Minuten gratinieren.

Mein Tip: Wenn sie keinen Cantal bekommen, verwenden Sie einen anderen halbfesten, würzigen Käse, zum Beispiel Greyerzer (Gruyère).

Soupe aux marrons

Kastaniensuppe

Eine Suppe aus der Auvergne, die Sie unbedingt einmal versuchen sollten, wenn Sie den feinen Geschmack der Edelkastanien zu schätzen wissen.

500 g Edelkastanien · 1 l Wasser
2 Stangen Bleichsellerie · Salz · 4–5 Eßl. Vollmilch · 4 Scheiben Weißbrot · 1 Eßl. Butter

Zubereitungszeit: 25 Minuten
Garzeit: 40 Minuten

Die Schalen der Edelkastanien kreuzweise einritzen. Die Kastanien in kochendheißes Wasser legen und ein paar Minuten sieden lassen. Die beiden Schalen lassen sich dann leicht entfernen. • Die geschälten Kastanien mit Wasser in einem Suppentopf zum Kochen bringen. Den Bleichsellerie waschen, in Stücke schneiden und hineingeben. Salzen. • Kochen lassen, bis die Kastanien weich sind. Das dauert etwa 40 Minuten. • Die Suppe durch ein Sieb passieren. Die Milch zum Kochen bringen, dazugeben. • Die Brotscheiben in der Butter braten. In eine feuerfeste Terrine legen. Die Suppe darübergießen. Die Suppe im auf 250 °C (Gas Stufe 5–6) vorgeheizten Backofen 5 Minuten überbacken. • Sehr heiß servieren.

Soupe de courge

Kürbissuppe mit Lauch

1 Scheibe Kürbis von gut 500 g
8–10 Kartoffeln · 3 Stangen Lauch (Porree) · 2 mittelgroße Zwiebeln · 4 Eßl. Öl · 4 Eßl. Margarine · 1½ l heißes Wasser · Salz · Pfeffer · 1 Messerspitze geriebene Muskatnuß

Zubereitungszeit: 30 Minuten
Garzeit: 1 Stunde

Den Kürbis schälen, die Kerne entfernen. Die Kartoffeln schälen. Beides feinwürfeln. Den Lauch vom Grün befreien und putzen. Die Zwiebeln schälen. Beides in feine Scheibchen schneiden. • In einem großen Suppentopf das Öl und die Margarine erhitzen. Die Lauch- und die Zweibelscheibchen darin glasig schmoren, aber nicht bräunen lassen. Die Kürbis- und die Kartoffelwürfel dazugeben. Wenn alles gut durchgezogen hat, das Wasser angießen. Salzen, pfeffern. Mit der geriebenen Muskatnuß würzen. • Die Suppe gut 1 Stunde köcheln lassen. • Nach Beendigung der Garzeit die Suppe durch ein Sieb passieren und heiß servieren.

La soupe épatante

Nudelsuppe mit Käse

Eine feine Nudelsuppe aus der Region um Nizza, die recht sättigend ist.

125 g Fadennudeln · 1 l Wasser · Salz
2 Eier · 100 g geriebener Käse, zum Beispiel Emmentaler oder Greyerzer (Gruyère) · ½ Bund Petersilie

Zubereitungszeit: 15–20 Minuten

Die Fadennudeln in 1 l Salzwasser weich kochen. • In einer Suppenterrine die Eier aufschlagen und mit dem geriebenem Käse mischen. Die gekochten Fadennudeln mit dem Wasser darübergießen. Umrühren. • Die Petersilie waschen, hacken und auf die Suppe streuen. • Servieren.

Potage purée d'herbes

Kräutersuppe

1 Handvoll gemischte Blätter von Spinat, Kopfsalat und Sauerampfer
½ Handvoll gemischte Kräuter, wie Kerbel, Kresse und Portulak
1 Stange Lauch (Porree)
250 g Kartoffeln · 3 Eßl. Butter
1 l Wasser · Salz · Pfeffer

Zubereitungszeit: 40 Minuten

Die Blätter verlesen, waschen und abtrocknen. Die Lauchstange putzen, in feine Scheiben schneiden und waschen. Die Kartoffeln schälen und feinwürfeln. • Die Blätter und Kräuter mit der Butter und dem Lauch in einen Topf geben und leicht anschmoren lassen. Das Wasser angießen. Die Kartoffelwürfel dazugeben. Salzen, pfeffern. • Den Topf zudecken und das Ganze etwa 20 Minuten kochen lassen, bis die Kartoffelwürfel weich sind. • Die Suppe durch ein Sieb treiben und sehr heiß servieren.

Le mourtairol

Safransuppe

Eine Vorsuppe aus dem Périgord. Voraussetzung dafür ist eine wirklich feine Hühnerbrühe, die Sie am besten nicht aus Würfeln, sondern wie nachstehend beschrieben herstellen. Der Aufwand lohnt sich gewiß.

500 g Hühnerklein · 2–3 Kalbsknochen
2 Suppengrün · 2 l Wasser · Salz
1 Messerspitze Safran · 4 dicke Scheiben Weißbrot oder helles Landbrot

Zubereitungszeit für die Hühnerbrühe: etwa 1 Stunde
Garzeit für die Safransuppe: 30 Minuten

Das Hühnerklein mit den Kalbsknochen und dem Suppengrün in kaltem Wasser aufsetzen und bei mittlerer Hitze kochen lassen. Salzen. Ab und zu abschäumen. • Nach etwa 1 Stunde die Brühe durchseihen, eventuell entfetten (siehe Seite 22). • Den Safran in die Brühe streuen und unterrühren. Die Brotscheiben in einer feuerfesten Suppenschüssel ausbreiten. Die Hühnerbrühe daraufgießen, bis die Scheiben keine Flüssigkeit mehr aufnehmen. Die Suppenschüssel in den auf etwa 180–200 °C (Gasstufe 2–3) vorgeheizten Backofen schieben. Den Rest der Hühnerbrühe erhitzen. Ab und zu etwas heiße Suppe in die Schüssel gießen. Nach 30 Minuten die Terrine aus dem Ofen nehmen. Den Rest der heißen Hühnerbrühe darübergießen. • Sofort servieren.

Soupe aïgo-boulido

»Gekochtes Wasser«

Aïgo-boulido ist die provenzalische Bezeichnung für gekochtes Wasser. Es ist ein bescheidener Name für eine äußerst wohlschmeckende, aromatische Suppe.

1 l Wasser · Salz · 4 Knoblauchzehen
1 Lorbeerblatt · 1 Eßl. Öl · 1 Eigelb
4–6 dünne Scheiben Weißbrot

Zubereitungszeit: 25 Minuten

Das Wasser in einen Suppentopf geben. Salzen. Die Knoblauchzehen schälen und hineinpressen, das Lorbeerblatt im Ganzen zufügen. Das Öl unterrühren. • Die Suppe 15 Minuten kochen lassen. • Das Eigelb in eine Suppenterrine geben. Die Suppe sehr heiß nach und nach unter ständigem Rühren über das Eigelb gießen. Die Brotscheiben in die Suppe geben. Vor dem Servieren das Lorbeerblatt entfernen.

Variante: Sie können das Lorbeerblatt auch durch einige frische Salbeiblätter ersetzen oder sowohl Lorbeerblatt als auch Salbei zum Würzen dieser Suppe verwenden.

Potée albigeoise

Gemüsesuppe aus Albi

Potées gibt es in ganz Frankreich. Diese stammt aus der Gegend von Albi, der Geburtsstadt von Toulouse-Lautrec am Tarn.

Zutaten für etwa 8 Personen:
8 Möhren · 8 Stangen Lauch (Porree)
1 Zwiebel · 4–6 Gewürznelken
4 Knoblauchzehen · ½ Bund Petersilie
3–4 Zweige Thymian · 1 Lorbeerblatt
1 kleine Kalbshaxe · 700 g Rindfleisch, zum Beispiel Wadschenkel · 500 g roher Schinken · 4 l Wasser · 1 kleiner Kopf Weißkohl · 500 g weiße Bohnenkerne

Einweichzeit für die Bohnenkerne: etwa 12 Stunden
Zubereitungszeit: 30 Minuten
Garzeit: insgesamt 3 Stunden

Die Bohnenkerne über Nacht einweichen. • Die Möhren putzen, das Grün von den Lauchstangen entfernen, das Gemüse waschen. Die Zwiebel schälen und mit den Gewürznelken spicken. Die Knoblauchzehen schälen. Aus der Petersilie, dem Thymian und dem Lorbeerblatt ein Bouquet garni (siehe Seite 22) binden. Das geputzte Gemüse mit dem Gewürzsträußchen in einen großen Topf legen. • Die Kalbshaxe, das Rindfleisch und den Schinken darauflegen und mit etwa 4 l Wasser zum Kochen bringen. 2 Stunden garen. • Inzwischen den Weißkohl vierteln, in heißem Wasser blanchieren. • Die weißen Bohnen im Einweichwasser gar kochen. Kohl und Bohnen nach 2 Stunden zum Fleisch und den anderen Gemüsen geben. • Den Eintopf noch einmal 1 Stunde bei geringer Hitze köcheln lassen. • Die Fleischstücke auf einer großen vorgewärmten Servierplatte anrichten, die Gemüse ringsherum anordnen. Die Brühe in eine Terrine geben. Das Bouquet entfernen. Jeder kann sich nun seine Lieblingsmischung selbst herstellen, indem er Fleisch und Gemüse wählt und mit Suppe übergießt.
Dazu gibt es Toast oder, noch besser, im Backofen leicht angetrocknete Stangenbrot- oder Landbrotscheiben und einen kräftigen südfranzösischen Landwein.

Cassoulet

Eintopf aus weißen Bohnenkernen

Auch von diesem deftigen bäuerlichen Bohneneintopf aus Südfrankreich gibt es regionale Varianten – die bekanntesten stammen aus Toulouse, aus Carcassonne und aus Castelnaudry –, doch auch jede Hausfrau, jeder Familienclan schwört auf sein Cassoulet. Ich möchte Ihnen zuerst das Cassoulet aus Castelnaudry vorstellen und anschließend ein paar Varianten aufzählen. Die angegebenen Mengen sind reichlich für 4 Personen bemessen, eine fünfte wird auch noch satt – je nach Appetit.

500 g weiße Bohnenkerne
3–4 mittelgroße Zwiebeln
5–6 Gewürznelken
100 g Speckschwarte, wenn möglich von frischem Speck · 6 Knoblauchzehen
2 Stengel Petersilie · 1 Zweig Thymian
2 Lorbeerblätter · Salz
250 g Knoblauchwurst
450 g Hammelschulter
350 g Schweinerücken
100 g Bauchspeck · 4 Eßl. Gänseschmalz · Pfeffer · 3 reife Fleischtomaten · 2–3 Eßl. Semmelbrösel

Einweichzeit für die Bohnenkerne: über Nacht, etwa 12 Stunden
Zubereitungszeit: 20 Minuten
Garzeit für die Bohnen: 1½ Stunden
Garzeit für das Fleisch: 2 Stunden
Zeit zum Überbacken: 1½ Stunden

Die Bohnen über Nacht, etwa 12 Stunden, in kaltem Wasser einweichen. • Am nächsten Tag 1 Zwiebel schälen und mit den Gewürznelken spicken. Die Speckschwarten kurz in kochendem Wasser blanchieren, 3 Knoblauchzehen schälen, aus der Petersilie, dem Thymian und 1 Lorbeerblatt ein Bouquet garni (siehe Seite 22) binden. • Die Bohnen zusammen mit dem Einweichwasser in einen Topf schütten, salzen, die gespickte Zwiebel, die Speckschwarten, das Bouquet und 3 Knoblauchzehen dazugeben. • Das Ganze etwa 1 Stunde kochen lassen. Die Wurst einlegen und mit den Bohnen weitere 30 Minuten kochen. • Die Hammelschulter und den Schweinerücken auslösen. Das Fleisch in grobe Würfel schneiden. Den Bauchspeck feinwürfeln. Die restlichen Zwiebeln schälen und kleinschneiden. • In einem zweiten Topf, einem schweren Schmortopf, das Fleisch und den Speck in der Hälfte des Gänseschmalzes anbraten. Wenn das Fleisch Farbe angenommen hat, die Zwiebelwürfel hinzufügen. Die restlichen 3 Knoblauchzehen schälen und hineinpressen. Salzen, pfeffern. Das zweite Lorbeerblatt dazugeben. Mit der Kochbrühe der Bohnen ablöschen, so daß ein dickes Ragout entsteht. • Die Tomaten kurz in kochendheißes Wasser tauchen, abziehen, das Fruchtfleisch würfeln. Die Tomaten an das Ragout geben. Das Ragout im geschlossenen Topf 2 Stunden garen. • Die Bohnen nach Beendigung der Garzeit abtropfen lassen. • Eine Auflaufform mit den gekochten Speckschwarten auslegen. Die Hälfte der Bohnen darauf verteilen. Das Fleisch daraufschichten. Die Wurst in dicke Scheiben schneiden und unter den Rest der Bohnen mischen. Die Mischung auf das Fleisch legen. Mit den Semmelbröseln bestreuen. Den Rest des Gänseschmalzes daraufträufeln und den Bohnentopf im auf 180 °C (Gas Stufe 2) vorgeheizten Backofen 1½ Stunden backen lassen. Während der Backzeit die Kruste mehrmals durchbrechen, damit der Saft austritt.
Dazu paßt ein »schwarzer« Wein aus Cahors oder ein ebenso kräftiger Rotwein aus Corbières, beides Landweine aus dem Südwesten Frankreichs.

Varianten: In Carcassonne ersetzt man die Hammelschulter oft durch Hammelkeule oder Rebhuhn.
In Toulouse verwendet man Hammelbrust, Speck, Wurst oder auch Gänse- oder Entenkeulen.

Mein Tip: Wenn es keine schönen reifen Fleischtomaten gibt, 1 Döschen Tomatenmark verwenden. Das ist besser als halbreife oder geschmacksneutrale frische Tomaten.

Cassoulet (Eintopf aus weißen Bohnenkernen), die bekannteste Spezialität des Languedoc, stammt aus Urgroßmutters Zeiten und bildet eine ganze Mahlzeit für sich. ▷

Suppen und Eintöpfe

Garbure

Béarner Gemüseeintopf

Garbure ist wie Cassoulet ein bäuerlicher Eintopf aus Béarn, den es in zahlreichen Varianten gibt. Die bekanntesten stammen aus Pau, Trehoux und Hendaye. Wichtig ist, daß der Eintopf so dick ist, daß der Löffel darin steht und daß das Gemüse vorherrscht. Wenn Sie etwas mehr von diesem köstlichen Gericht kochen – am nächsten Tag schmeckt es aufgewärmt noch besser.

500 g Bohnenkerne oder grüne Erbsen oder grüne Bohnen (oder alle drei Gemüsearten gemischt)
500 g Kartoffeln · 2 Zweige Thymian
2–3 Stengel krause Petersilie
2–3 Stengel frischer oder ¼ Teel. getrockneter Majoran · etwa 2 l Wasser
Salz · Pfeffer · 1 Knoblauchzehe · 1 rote Pfefferschote · 500 g Grünkohl oder Wirsing · 500 g Gänse- oder Entenconfit (siehe Seite 22)
4–8 dünne Landbrotscheiben

Zubereitungszeit: 30 Minuten
Garzeit: 2 Stunden

Die Gemüse waschen. Die Bohnenkerne oder die Erbsen verlesen, grüne Bohnen eventuell von den Fäden befreien und je nach Größe in Stücke brechen. Die Kartoffeln schälen und je nach Größe vierteln oder halbieren. Aus dem Thymian, der Petersilie und dem Majoran ein Bouquet garni (siehe Seite 22) binden. • In einem feuerfesten Tontopf oder einem gußeisernen Topf das Wasser zum Kochen aufsetzen. Wenn das Wasser kocht, die Gemüse, die Kartoffeln und das Gewürzsträußchen hineingeben. Salzen, pfeffern. Die Knoblauchzehe schälen und dazugeben, ebenso die Pfefferschote. • Während das Gemüse kocht, den Kohl in schmale Streifen schneiden. Nach 1 Stunde Kochzeit die Kohlstreifen hinzufügen. Nach 30 Minuten das Gänse- oder Entenconfit zufügen. Weitere 30 Minuten kochen lassen. • Die Brotscheiben in eine Suppenterrine legen. Den Eintopf daraufgießen. Das Fleisch extra dazu reichen.
Dazu gibt es kräftigen Land-Rotwein aus Béarn, zum Beispiel Madiran oder Corbières. Von diesem Wein geben die Béarner gern einen kräftigen Schuß auch in ihre Suppe.

Varianten: Je nach Saison können Sie auch gegrillte Eßkastanien oder Möhren in den Eintopf geben. Auch gewürfelter Speck, Würstchen, Schinken oder ein Schweineschwanz bringen Abwechslung und sind echte Bestandteile dieses wahrhaft »urigen« Gerichts.

Pot-au-feu

Huhn-Rindfleisch-Topf

Pot-au-feu bedeutet zunächst einmal nichts anderes als Kochtopf. Doch gilt das Wort heute sowohl für das Gericht mit Fleisch und Gemüse als auch für das Stück vom Rindfleisch, das man dafür benötigt.

1 kleines küchenfertiges Suppenhuhn von etwa 750 g · 500 g Suppenfleisch vom Rind · Suppenknochen
5 Lorbeerblätter · Salz · 500 g Möhren
350 g weiße Rübchen · 4 kleine oder 2 große Zwiebeln · 350 g Lauch (Porree)
Pfeffer · 1 Schnapsglas Cognac (2 cl)
1 Bund krause Petersilie

Zubereitungszeit: 30 Minuten
Garzeit: 3 Stunden

Einen großen Topf mit etwa 3 l Wasser zum Kochen bringen. Das Huhn, das Rindfleisch mit dem Knochen und die Lorbeerblätter hineingeben, salzen und 2½ Stunden bei geringer Hitze kochen lassen. Die Brühe ab und zu abschäumen. • Inzwischen die Möhren, wenn notwendig, schaben, waschen und der Länge nach vierteln oder achteln. Die weißen Rübchen schälen und vierteln, wenn sie sehr klein sind, ganz lassen. Die Zwiebeln schälen und je nach Größe vierteln oder ganz lassen. Den Lauch putzen und gründlich waschen. • Die Gemüse nacheinander in die kochende Fleischbrühe geben: zuerst die Möhren, dann die weißen Rübchen und die Zwiebeln, zum Schluß den Lauch. Sieden lassen, bis alle Gemüse weich sind. • Nach Beendigung der Garzeit das Suppenfleisch mit dem Schaumlöffel herausheben und auf einer Platte anrichten. Das Suppenhuhn in Portionsstücke zerlegen und auf die Platte geben. Die Gemüse nach Sorten getrennt um das Fleisch herum anordnen. • Die Brühe mit Pfeffer und Salz abschmecken, mit dem Cognac parfümieren und in eine Suppenschüssel geben. Die Petersilie hacken und darüberstreuen. • Jeder Gast legt sich nach Geschmack Fleisch und Gemüse in einen tiefen Teller, löst das Fleisch von den Knochen und gießt die Fleischbrühe darüber. Der Reiz dieser Art, Eintopf zu servieren, liegt darin, daß jeder Teilnehmer die Zusammensetzung, die ihm am besten schmeckt, selbst wählen kann.
Dazu passen in Butter geröstete Weißbrotscheiben und ein einfacher roter Landwein.

Variante: Statt der weißen Rübchen lassen Sie einen kleinen ganzen Wirsing oder Weißkohl mitkochen. Auch mit Petersilienwurzeln oder Kohlrabi können Sie das Gericht abwandeln.

Baeckeofe

Elsässischer Fleischtopf

Der Name dieses berühmten elsässischen Fleischeintopfs stammt von »Backofen«. Man garte es früher ganz langsam im Backofen, nachdem das Brot daraus entfernt war. So gut wie unerläßlich ist der feuerfeste Keramiktopf mit Deckel. Doch ist im Prinzip auch nichts gegen eine feuerfeste Porzellan- oder Glasform einzuwenden.

400 g Schweinehalsgrat
400 g Hammelschulter
1,5 kg Kartoffeln · 500 g Zwiebeln
Salz · Pfeffer · 2 Messerspitzen geriebene Muskatnuß · 2 Eßl. Butter
½ l elsässischer Weißwein

Zubereitungszeit: 40 Minuten
Garzeit: 2 Stunden

Das Fleisch von den Knochen lösen und in grobe Würfel schneiden. Die Kartoffeln schälen und würfeln. Die Zwiebeln schälen und feinhacken. • Die Hälfte der Kartoffeln in den Topf geben. Salzen, pfeffern und mit der Muskatnuß

würzen. Das Fleisch darauflegen. Die Zwiebelwürfel darauf verteilen. Salzen, pfeffern. Den Rest Kartoffeln darauf schichten. Mit Butterflöckchen bestreuen. Nochmals salzen und pfeffern. Den Wein angießen. Den Deckel aufsetzen. • Im Backofen bei 200 °C (Gas Stufe 3) in 2 Stunden garen. • Im Topf auf den Tisch bringen.
Dazu schmeckt ein kräftiger Elsässer Weißwein, zum Beispiel ein Riesling oder ein Edelzwicker.

Varianten: Weniger Zwiebeln und dafür 1–2 Stangen Lauch verwenden.
Zum Fleisch noch 1 Schweinefuß und 1 Schweineschwanz geben.

Mein Tip: Wer es ganz perfekt machen will, rührt aus 1–2 Eßlöffeln Mehl, Wasser und Salz einen zähen Teig und klebt damit den Deckel fest auf den Topf. Auf diese Weise bleibt das Gericht noch saftiger.

Bourride

Provenzalische Fischsuppe mit Knoblauchmayonnaise

Manche Provencekenner ziehen die Bourride sogar noch der Bouillabaisse vor. Da es bei uns immer häufiger Mittelmeerfische zu kaufen gibt, schlage ich sie in der Originalzusammensetzung vor.

Zutaten für 6 Personen:
etwa 1,5 kg Fisch: Seeteufel, Seehecht, Merlan · 1 Zwiebel · ½ Teel. getrockneter Thymian · ½ Teel. getrockneter Fenchel
1 Lorbeerblatt · 1 Stück Schale von einer unbehandelten Orange · Pfeffer · Salz
12 Scheiben Weißbrot, etwa 1 cm dick
Aioli (siehe Rezept Seite 106)
12 Eigelbe · ½ Bund Petersilie

Zubereitungszeit: 1½ Stunden

Die Fische, soweit notwendig, schuppen, ausnehmen, säubern, Köpfe, Schwänze und Flossen abtrennen. Die Fische in portionsgerechte Stücke schneiden. • Die Zwiebel schälen und feinhacken. Die Zwiebelwürfel, den Thymian, den Fenchel, das Lorbeerblatt und die Orangenschale in einen großen Topf geben. Die Fische darauflegen. So viel heißes Wasser angießen, daß es etwa 1–2 Finger breit über den Fischen steht. Pfeffern, salzen und bei sehr großer Hitze etwa 10 Minuten kochen lassen. • Während die Fische kochen, das Brot in einer großen, flachen Schüssel oder einer vertieften Servierplatte auslegen. Den Topf nach Beendigung der Garzeit vom Herd nehmen. Mit einem Schöpflöffel etwas Fischbrühe über die Brotscheiben gießen, so daß diese sich vollsaugen, aber nicht schwimmen. 12 Eßlöffel Aioli in eine feuerfeste Form oder einen Topf geben. Die Eigelbe unter die Aioli mischen und mit einem Holzlöffel gut verrühren. Unter Umrühren nach und nach die gesamte Fischbrühe zugeben. Die Fische warm stellen. • Wenn sich die Aioli vollkommen in der Fischbrühe aufgelöst hat, die Suppe ganz langsam erwärmen, aber keinesfalls kochen lassen, bis sie eindickt. Wahrscheinlich ist die kleinste Gasflamme schon zu heiß. Stellen Sie den Topf sicherheitshalber in ein Wasserbad (siehe Seite 23), damit die Flüssigkeit keinesfalls stockt. Sie ist genügend eingedickt, wenn sich der Holzlöffel mit einer leichten Schicht überzieht. Die cremige Suppe jetzt über die Brotscheiben gießen. Eventuell etwas gehackte Petersilie darüberstreuen. Die Fische auf einer Platte anrichten und je nach Wunsch der Gäste zur Suppe oder danach servieren.
Dazu schmecken Brot, Aioli und vor allen Dingen ein leichter herber Rosé aus der Provence.

Bouillabaisse

Mittelmeer-Fischsuppe

Diese berühmte Fischsuppe aus Südfrankreich gibt es in zahlreichen Varianten. Zu den klassischen Fischen gehören Drachenkopf, Petersfisch, Knurrhahn und Seeteufel. Krabben, Langusten und Muscheln können Sie außerdem hineingeben – doch sind sie entbehrlich. Vor ein paar Jahren noch wäre der Plan, eine Bouillabaisse in unseren nördlichen Breiten herzustellen, zum Scheitern verurteilt gewesen. Heute gibt es dank der steigenden Nachfrage nach ausländischen Produkten Fische aus südlichen Meeren in größerer Auswahl zu kaufen.

1 kg tiefgefrorene Mittelmeerfische
1 Zwiebel · 4 gekochte Kartoffeln
4 große Tomaten · 4 Eßl. Olivenöl
4 Knoblauchzehen · ½ Bund Petersilie
4 Lorbeerblätter · 4 Päckchen Safran (à 125 mg) · Salz · Pfeffer · 1 l Wasser
8 kleine Scheiben Weißbrot

Auftauzeit für die Fische:
etwa 2 Stunden
Zubereitungszeit: 1 Stunde
Garzeit: 15–20 Minuten

Die Fische auftauen lassen. Sorgfältig waschen, und, wenn notwendig, schuppen und ausnehmen. Die Köpfe und Schwänze abschneiden, die Flossen mit den daranhängenden Gräten entfernen. Größere Fische in Portionsstücke schneiden. • Die Zwiebel schälen und feinhacken. Die gekochten Kartoffeln schälen und in Scheiben schneiden. Die Tomaten in kochendheißes Wasser tauchen, abziehen und kleinschneiden. • In einen großen Topf das Olivenöl und die Zwiebelstückchen geben, bei großer Hitze leicht anbräunen lassen. Die Tomaten zufügen. Die Knoblauchzehen schälen und hineinpressen. Die Gewürze und die Kartoffelscheiben zufügen. Die Hitze reduzieren. • Während die Mischung sanft köchelt, in einem anderen Topf das Wasser zum Kochen bringen. • Die Fische nach etwa 10 Minuten in den Topf mit der Kartoffel-Tomaten-Mischung legen, kurz ziehen lassen, dann das kochende Wasser angießen. • Die Hitze wieder auf die höchste Stufe stellen und die Suppe 15–20 Minuten kochen lassen. • Inzwischen die Brotscheiben ohne Fett in einer Pfanne rösten. • Nach Beendigung der Garzeit die Fische vorsichtig aus der Suppe heben und auf eine vorgewärmte Platte legen. Die Kartoffelscheiben um die Fische herum anrichten. • Die gebackenen Brotscheiben in eine Suppenterrine legen und den Sud darübergießen. • Jeder Gast bekommt einen Suppenteller und einen flachen Teller. Zuerst reichen Sie den Fisch, den sich jeder auf dem flachen Teller zurechtmacht und dann in den tiefen Teller legt. Die Kartoffelscheiben dazulegen und die Suppe mit den Brotscheiben darübergießen. Dazu gehört eine Rouille (scharfe Pfeffersauce, Rezept Seite 104), Weißbrot und trockener Weißwein aus der Provence, zum Beispiel ein Cassis.

Kalte Vorspeisen und Salate

Kalte Vorspeisen und Salate

Im französischen Menü steht das Hors-d'œuvre als erster Gang anstelle der Vorsuppe, die zum Beispiel in der Provence der traditionelle Auftakt eines Mahles ist. *Hors-d'œuvre* heißt wörtlich übersetzt: »außerhalb des Werkes«, also ein Nichts am Rande. Als solches werden die kalten Vorspeisen in Frankreich in keiner Weise angesehen. Niemand möchte auf den frischen Vorspeisensalat oder die Rohkostplatte vor dem Hauptgang verzichten. Und wenn die berufstätige Hausfrau sich nur darauf beschränkt, ein paar Dosen mit Ölsardinen, Oliven oder ähnlichem zu öffnen und gefällig auf Tellern anzurichten ... Die Vorspeise kann vieles: den Appetit anregen, ein etwas zu spärlich geratenes Hauptgericht anreichern oder den Linienbewußten vor den kalorienreicheren Fleischgerichten vorsättigen – alle Möglichkeiten aufzuzählen, dazu reicht der Platz nicht. Die Vorspeise ist also unentbehrlich. Im folgenden habe ich Ihnen traditionelle Vorgerichte zusammengestellt, die dem Geschmack unserer Zeit entgegenkommen und die größtenteils aus frischen Zutaten bestehen.
Zu den meisten Salaten paßt kein Wein. Wir trinken manchmal den Aperitif zur Vorspeise aus, wenn er dazu paßt.

Crudités

Rohkostplatte

Vor einem großen reichhaltigen Menü sollten Sie Crudités als Vorspeise servieren. Der Rohkostteller belastet nicht, er stimmt einen im Gegenteil auf die zu erwartenden Genüsse ein. Man kann so eine Platte endlos variieren. Im Anschluß finden Sie ein paar Tips, wie Sie die Gemüse schmackhaft anmachen können.

◁ Der Franzosen liebste Kinder. Oben: Hors-d'œuvre varié (Gemischte Vorspeise) mit Melonenbällchen, Schinken, Oliven und Fisch; unten: Crudités (Rohkostplatte), appetitlich angerichtet und pikant angemacht.

Möhren
Die Wurzeln waschen, wenn notwendig schaben und auf der Rohkostreibe raspeln. Mit Zitronensaft und 1 Prise Zukker anmachen. Sie können die Möhren auch in folgender Sauce anmachen: 1 hartgekochtes Ei in Eigelb und Eiweiß trennen, das Eigelb mit 1 Teelöffel Senf, Salz und Pfeffer verrühren. Das Eiweiß hacken und mit dem Eigelb mischen. 3 Eßlöffel Öl unterrühren. Die Eiersauce über die Möhren geben und unterheben.

Knollensellerie
Die Knolle schälen und raspeln. Mayonnaise mit Zitrone und Senf, Salz und Pfeffer würzen und unter den Sellerie mischen.

Weiße Rüben
Die Wurzeln schälen und raspeln. Mayonnaise mit Senf, Zitrone, Salz und Pfeffer mischen und unter die weißen Rüben heben. Gehackten Schnittlauch darüberstreuen.

Rote Beten
Sie sind fertig angemacht in Gläsern erhältlich. Gut schmecken aber auch rohe rote Beten geraspelt, mit einer Sauce aus Crème fraîche, 1 Prise Zucker, etwas Salz und weißem Pfeffer angemacht.

Frische Wurzeln und Blätter wie Radieschen, Rettiche, Stangensellerie, Chicorée und Endivien ergänzen die Platte je nach Jahreszeit und Geschmack.

Rohkostplatte mit Anchovissauce
In der Provence macht man Bleichsellerie, Fenchel, rote oder grüne Paprikaschoten, Chicorée, Kopfsalatherzen, aber auch zarte Artischocken, kleine Zwiebelchen oder zarte grüne Bohnenkerne mit folgender warmer Sauce an: 1 kleine Dose Anchovisfilets abtropfen lassen und in einer Kasserolle bei allergeringster Hitze im Wasserbad langsam garen. 4–5 Knoblauchzehen je nach Geschmack schälen und aufkochen lassen. Zu den Anchovisfilets geben. Salzen, pfeffern. 2–3 Eßlöffel Öl dazugeben. Das Ganze gut verrühren. Mit der Gabel die Filets leicht zermusen. Warm zu den Rohkostsalaten servieren.

Die angegebenen Mengen für die Sauce je nach Umfang der Rohkostplatte vergrößern oder verkleinern.

Hors-d'œuvre varié

Gemischte Vorspeise

Ein allgemein verbindliches Rezept für Hors-d'œuvre varié gibt es nicht. Diese Art von Vorspeise variiert von Landschaft zu Landschaft, von Restaurant zu Restaurant, von Familie zu Familie. Ich möchte Ihnen hier nur einige Elemente nennen, aus denen Sie einen Vorspeisenteller lecker und appetitanregend zusammenstellen können.

Salami
Sie gehört sehr häufig zum Hors-d'œuvre. Auch bei uns gibt es jetzt schon französische Salami gepfeffert oder ungepfeffert zu kaufen.

Schinken
Ein guter roher Schinken, ob aus Bayonne oder nicht, bereichert die Vorspeisenplatte auf jeden Fall.

Gänseleberpastete oder Räucherlachs
Beides gehört zu einem festlichen Hors-d'œuvre.

Oliven
Ob schwarz oder grün, gefüllt oder natur – sie wirken appetitanregend und schmecken zum ersten Schluck Wein.

Fisch
Ölsardinen und Makrelenfilets in Weißwein oder andere pikante Fischkonserven – sie alle sind in Frankreich als Vorspeise sehr beliebt.

Melone mit rohem Schinken
Schinkenscheiben in Quadrate von etwa 15 cm Seitenlänge schneiden. 1 Melone halbieren, die Kerne entfernen, das Fruchtfleisch mit einem Kugelausstecher herausholen. Wer keinen Kugelausstecher hat, nimmt einen Teelöffel. Die Melonenstücke mit den Schinkenscheiben in die Schalenhälften zurückgeben, mit Portwein übergießen. Gut gekühlt servieren.

Melone mit Portwein
Jeder Gast bekommt eine kleine Portionsmelone. Oben einen Deckel abschneiden, die Kerne herauskratzen und die Höhlung jeweils mit 1 Gläschen Portwein füllen. Vor dem Servieren mindestens 30 Minuten in den Kühlschrank stellen.

Tapénade

Olivenpaste mit Kapern

Der Name dieser Paste stammt von dem provenzalischen Wort für Kapern, *tapénos*. Sie ist die Schöpfung eines Marseiller Gastronomen aus dem vorigen Jahrhundert, man nennt sie auch »provenzalischer Kaviar«.

300 g schwarze Oliven · 1 Dose Anchovisfilets (100 g) · 1 Dose Thunfischfleisch (100 g) · 1 Teel. scharfer Senf · 200 g Kapern · 0,2 l bestes Olivenöl · Pfeffer · 1–2 Schnapsgläser Cognac (2–4 cl)

Zubereitungszeit: 45 Minuten

Die Oliven entsteinen. Die Anchovisfilets und den Thunfisch aus der Dose nehmen, abtropfen lassen. Alles zusammen in einen Mörser geben und zerreiben oder mit dem elektrischen Rührstab zerkleinern. • Den Senf unter das Püree rühren. Die Kapern abtropfen lassen, sehr fein hacken. • Das Öl in dünnem Strahl dazugeben und mit dem Schneebesen darunterschlagen. Mit reichlich Pfeffer würzen, jedoch nicht salzen, da die Anchovisfilets schon genügend Salz enthalten. Nach Geschmack mit dem Cognac parfümieren. • Die fertige Paste in ein verschließbares Glas geben und im Kühlschrank aufbewahren.
Dazu paßt Toast.

Variante: Gut schmeckt auch folgende Zubereitung: Hartgekochte Eier pellen, halbieren, die Eigelbe herauslösen, mit der Paste mischen und die Mischung wieder in die Eihälften füllen.

Avocats farcis

Gefüllte Avocados

Bei uns sind Avocados schon lange keine unbekannten Früchte mehr. Meistens schneidet man sie einfach durch, entfernt den Kern und füllt die Höhle mit Senf-Zitronen-Sauce. Hier eine etwas anspruchsvollere Variante, die Ihnen bei einem festlichen Mahl sicherlich Ehre einbringen wird.

Salz · 1 knappe Tasse Reis (etwa 100 g) · 3 Eier · 50 g tiefgekühlte Erbsen · 1 Döschen Maiskörner · 6–8 schwarze Oliven · ½ Bund Petersilie · 1 kleiner Kopf grüner Salat · 50 g gegarte Nordseekrabbenschwänze · 2 Avocados · 1 Teel. scharfer Senf · 3 Eßl. Olivenöl · 2 Teel. Weinessig · Pfeffer · 6–8 gegarte Shrimps

Zubereitungszeit: 40 Minuten
Garzeit: 20 Minuten

In einem Topf Salzwasser zum Kochen bringen. Den Reis hineingeben. Etwa 18–20 Minuten, je nach Sorte, garen. Zur gleichen Zeit die Eier hart kochen, abschrecken und schälen. 2 Eier halbieren, das dritte Ei feinhacken. • Den gegarten Reis in ein Sieb geben, kalt abbrausen und abtropfen lassen. Die tiefgefrorenen Erbsen nach Vorschrift auf der Packung garen, kalt abbrausen und abtropfen lassen. • Die Maiskörner aus der Dose in ein Sieb geben, abtropfen lassen. Die Oliven entkernen und in Scheibchen schneiden. Die Petersilie sehr fein hakken. Die Blätter vom grünen Salat lösen, waschen und in einem Küchentuch abtrocknen. Die Krabbenschwänze, wenn notwendig, pellen, tiefgefrorene Krabben abspülen. • Die Avocados längs halbieren, die Kerne entfernen. Mit einem Teelöffel das Fleisch herausholen, dabei die Schalen nicht verletzen. Das Avocadofleisch würfeln und mit den restlichen Krabbenschwänzen mischen. • In einer Salatschüssel den Senf mit 2 Eßlöffeln Öl und 1 Teelöffel Essig verrühren. Salzen, pfeffern. Den Reis, die Erbsen, den Mais und die Oliven mit der Salatsauce mischen. • Den Rest Öl und Essig in einer zweiten Schüssel verrühren, salzen, pfeffern. Die gehackte Petersilie daruntermischen. Diese Salatsauce über die Krabben und Avocadostückchen gießen. • Die Schalen der Avocados mit dem Avocado-Krabben-Salat füllen. Mit dem gehackten Ei bestreuen. • Eine große Anrichteplatte mit den Kopfsalatblättern auslegen. Den Reissalat in der Mitte aufhäufen. Die Eihälften abwechselnd mit den gefüllten Avocadoschalen ringsherum anordnen. • Die Shrimps pellen. Je ein Shrimp auf die Eihälften legen, mit dem Rest den Reissalat garnieren.
Dazu schmeckt ein trockener Weißwein, zum Beispiel Chablis.

Asperges à la sauce aux crevettes

Spargel mit Krabbensauce

Spargel ißt man in Frankreich selten warm, sondern eher als Vorspeise mit einer pikanten kalten Sauce.

Salz · 750 g Spargel · 3 Eier · Saft von 1 Zitrone · 1 Handvoll gemischte Kräuter, zum Beispiel Estragon, Kerbel, Petersilie · 75 g Crème fraîche · Salz Pfeffer · 10–12 gegarte, gepellte Nordseekrabbenschwänze

Zubereitungszeit: 25 Minuten
Garzeit: etwa 20 Minuten

Reichlich Salzwasser in einem großen flachen Topf zum Kochen aufsetzen. • Inzwischen die Spargel schälen, die harten Enden abschneiden. • Die Spargel in das kochende Wasser legen und in etwa 15–20 Minuten, je nach Stärke, weich kochen. • Inzwischen die Eier hart kochen, abschrecken, schälen und feinwürfeln. • Die garen Spargel in ein Sieb geben, abtropfen lassen und anschließend mit Küchenkrepp trockentupfen. • Den Zitronensaft in eine Salatschüssel geben. Die Kräuter waschen, abtupfen, hacken und unterrühren. Die Crème fraîche und die Eiwürfel dazugeben und mit der Sauce mischen. Salzen, pfeffern. Zum Schluß die Krabbenschwänze bis auf 3–4 Stück in die Sauce geben. • Die Spargel auf einer Platte anrichten und mit der Sauce bedecken. Die zurückbehaltenen Krabbenschwänze zum Garnieren verwenden. • Kühl servieren; eventuell vor dem Auftragen noch kurz kühl stellen.

Artichauts à la vinaigrette

Artischocken mit Vinaigrette

Sie können für jede Person 1 Artischokke kochen, es genügt aber auch, wenn Sie im Familienkreis 1–2 große Artischocken für 4 Personen anbieten. Die Vorspeise soll ja nicht sättigen. Das empfiehlt sich vor allem, wenn Hauptgericht und Nachspeise sehr reichhaltig sind.

Salz · 1–2 große oder 4 kleine Artischocken · 2 Eier · 1 Bund Schnittlauch · 1 Teel. scharfer Senf 2 Eßl. Weinessig · 6 Eßl. gutes Olivenöl Pfeffer

Zubereitungszeit: 10 Minuten
Garzeit: etwa 35 Minuten
Zeit zum Abkühlen: etwa 15 Minuten

Einen großen Topf mit Salzwasser zum Kochen aufsetzen. • Die Stengel der Artischocken abreißen, so daß die harten Fäden, die in den Boden hineinragen, mit entfernt werden. • Die Artischocken im Salzwasser weich kochen. Das dauert etwa 35 Minuten, je nach Größe der Früchte. • Während die Artischocken garen, die Eier hart kochen, abschrekken, schälen und feinwürfeln. Den Schnittlauch waschen und in Röllchen schneiden. • In einer kleinen Schüssel den Senf, den Essig und das Öl miteinander verrühren. Salzen, pfeffern. Die Eiwürfel und die Schnittlauchröllchen unter die Essig-Öl-Sauce mischen. • Die Artischocken aus dem Kochwasser heben, abtropfen und abkühlen lassen. • Die Artischocken Blatt für Blatt in die Sauce tauchen. Die weiche Blattbasis mit den Zähnen abziehen. • Zum Schluß den Artischockenboden mit Sauce beträufeln und verzehren.

Champignons crus à la crème

Rohe Champignons mit Sahne

Für diese Vorspeise müssen die Champignons tagfrisch sein.

350 g Champignons · 1 Knoblauchzehe Saft von 1 Zitrone · 100 g Sahne ½ Teel. süßes Paprikapulver · Salz Pfeffer · ½ Bund Petersilie

Zubereitungszeit: 25 Minuten

Die Pilze putzen, kalt abbrausen, gut abtrocknen. Die Knoblauchzehe schälen. • In einer Salatschüssel den Zitronensaft mit der Sahne, dem Paprikapulver, dem Salz und dem Pfeffer mit dem Schneebesen gut durchmischen. Den Knoblauch daranpressen. Nochmals gut umrühren. • Die Pilze in Scheibchen schneiden und unter die Salatsauce heben. Die Petersilie waschen, abtrocknen, feinhacken und über den Salat streuen. • Sofort servieren.

Oignons à la niçoise

Zwiebelsalat

350 g kleine Zwiebeln, am besten Frühlingszwiebeln · 4 sehr reife Tomaten · 3–4 Eßl. Weinessig ¼ l Wasser · 3 Eßl. Olivenöl · Salz 1 Stengel Petersilie · 2 Eßl. Rosinen ½ Teel. geschroteter schwarzer Pfeffer 1 Zweig Thymian · 1 Lorbeerblatt 1 gestrichener Eßl. Puderzucker

Zubereitungszeit: 20 Minuten
Garzeit: 1½ Stunden
Abkühlzeit: etwa 2 Stunden

Die Zwiebeln schälen. Die Tomaten in kochendheißes Wasser tauchen, abziehen. • Den Essig mit dem Wasser in einen Topf geben. Das Öl in dünnem Strahl dazugeben. Die Zwiebeln darin bei geringer Hitze glasig dünsten. Die Tomaten in Scheiben schneiden und dazugeben. Salzen. • Die Petersilie und die Rosinen waschen und in den Topf geben. Den geschroteten Pfeffer, den Thymian und das Lorbeerblatt sowie den Zucker daruntermischen. • Den Topf zudecken und das Zwiebelgemisch bei geringer Hitze in 1½ Stunden garen. Ab und zu umrühren. • Die Zwiebeln in eine Salatschüssel geben, die Kräuterstengel und das Lorbeerblatt herausfischen. • Den Salat 2 Stunden kühl stellen. • Abschmecken, eventuell nachwürzen. • Kalt servieren.

Pissenlits au lard

Löwenzahn mit Speck

Löwenzahnblätter nicht in der Nähe von befahrenen Straßen oder von künstlich gedüngten Wiesen pflücken. Wenn Sie einen Garten haben, können Sie dieses Wildkraut selbst ziehen. Es gibt auf den Märkten auch ab und zu schöne knackig frische Löwenzahnblätter zu kaufen.

300 g frische Löwenzahnblätter 100 g durchwachsener Speck · 3 Eßl. Öl Pfeffer · 2 Eßl. Weinessig

Zubereitungszeit: 30 Minuten

Den Löwenzahn putzen, kalt waschen und mit dem Küchentuch abtrocknen. • Den Speck würfeln. Das Öl in eine Pfanne geben und erhitzen. Die Speckstückchen hineingeben und in etwa 10 Minuten knusprig braun braten. • Die Löwenzahnblätter in eine Salatschüssel geben. Mit der Pfeffermühle darübergehen. • Die Pfanne vom Herd nehmen, den Essig hineingeben, schnell umrühren. Die Sauce noch einmal aufkochen lassen und heiß über die Blätter gießen.

Mein Tip: Wärmen Sie die Salatschüssel an, bevor Sie die Löwenzahnblätter hineingeben, sonst gerinnt die Specksauce.

Salade frisée aux chapons

Krause Endivie mit Knoblauchkruste

Krauser Endiviensalat wird bei uns auch als Frisée angeboten. Er sieht aus wie Endivie, hat nur stärker ausgefranste Blätter. Dieses Rezept stammt aus der Provence und enthält entsprechend viel Knoblauch.

1 Kopf krause Endivie oder Frisée 3–4 Knoblauchzehen · 2 Brotkanten 1 Teel. scharfer Senf · 2 Eßl. Essig 5 Eßl. Olivenöl · Salz · Pfeffer

Zubereitungszeit: 15 Minuten

Die Salatblätter abtrennen, waschen, mit einem Küchentuch abtrocknen. Die Knoblauchzehen schälen. • Die Salatschüssel mit 1 Knoblauchzehe ausreiben. Die Brotkanten mit dem restlichen Knoblauch einreiben. Aus dem Senf, dem Essig und dem Öl eine Salatsauce rühren. Salzen, pfeffern. • Den Salat und die Brotkanten in die Schüssel geben. Die Sauce darübergießen und gut durchmischen. • Sofort servieren.

Salade poitevine

Vorspeisenplatte mit Reis, Tomaten und Champignons

100 g Reis · Salz · 125 g Champignons
4 kleine feste reife Tomaten
1 Frühlingszwiebel oder kleine blaue Zwiebel · Pfeffer · 2–3 Stengel Estragon

Zubereitungszeit: 30 Minuten

Den Reis in Salzwasser körnig kochen, in ein Sieb geben, kalt abbrausen und abtropfen lassen. • Währenddessen die Champignons putzen, kalt abbrausen, etwa 7 Minuten in Salzwasser kochen, nochmals kalt abbrausen und abtropfen lassen. Große Pilze vierteln, kleine Pilze halbieren. • Die Tomaten in feine Scheiben schneiden. Die Zwiebel schälen und in feine Ringe schneiden. • Den Reis, die Pilze, die Tomatenscheiben und die Zwiebelringe nicht miteinander vermengen, sondern hübsch auf vier Salattellern anrichten. Mit Pfeffer übermahlen. Den Estragon hacken und darüberstreuen. • Servieren.

Salade de betteraves

Rote-Bete-Salat

Dieser Salat wird nach provenzalischer Art mit Anchovissauce serviert.

500 g frische rote Beten · 2 Zwiebeln
3 Eßl. Olivenöl · 1 kleine Dose Anchovisfilets · ½ Teel. scharfer Senf
1 Teel. Weinessig · Pfeffer

Garzeit der roten Beten: etwa 1 Stunde
Zubereitungszeit: 30 Minuten
Zeit zum Abkühlen: 30 Minuten

Das Kraut von den roten Beten abschneiden. Die Wurzeln abbürsten und in etwa 1 Stunde in Wasser gar kochen. • Die roten Beten abgießen und abkühlen lassen. Während die roten Beten abkühlen, die Zwiebeln schälen und feinhakken. • 1 Eßlöffel Öl in einem kleinen Topf erhitzen, die Zwiebelstückchen bei geringer Hitze darin goldbraun schmoren. • Die roten Beten schälen und in Würfel schneiden. In eine Salatschüssel geben. • Die Anchovisfilets mit dem Öl aus der Dose in einen Mörser geben und zermusen. Das Püree mit den gedünsteten Zwiebeln mischen. Den Rest des Öls unterrühren, ebenso den Senf und den Essig. Pfeffern. Die Sauce über die roten Beten gießen, unterheben. • Den Salat vor dem Servieren 30 Minuten kühl stellen.

Saladier lyonnais

Salatschüssel aus Lyon

Ein frischer, schon etwas sättigender Vorspeisensalat – oder Mitternachtssalat – aus der Metropole der Gourmets.

2 Zwiebeln · 1½ l trockener Weißwein
1½ l Wasser · geschroteter weißer Pfeffer · 1 Hammelfuß
1 Hühnerleber · 1 Teel. Butter · 3 Eier
2 Filets von Bismarckheringen
4 Eßl. Olivenöl · 1 Eßl. Weinessig
1 Teel. scharfer Senf · Pfeffer · Salz
½ Bund Schnittlauch · je 1 Stengel Estragon und krause Petersilie
1 Büschel Kerbel

Zubereitungszeit: 15 Minuten
Garzeit: 2 Stunden

Die Zwiebeln schälen und in Scheiben schneiden. Aus dem Weißwein, dem Wasser, den Zwiebeln und dem weißen Pfeffer eine Court-Bouillon (siehe Seite 22) herstellen und den Hammelfuß darin in etwa 2 Stunden garen. • Das Fleisch auslösen. Abkühlen lassen. Inzwischen die Geflügelleber in Butter braten. Abkühlen lassen. • Die Eier hart kochen. Abschrecken, schälen und ebenfalls abkühlen lassen. • Die abgekühlten Salatzutaten würfeln. Die Heringsfilets kleinschneiden. • Aus dem Öl, dem Essig, dem Senf, Pfeffer und Salz eine Salatsauce rühren. Über die Salatzutaten gießen. Gut durchmischen. • Die Kräuter waschen, abtropfen lassen und abtrocknen. Den Schnittlauch in Röllchen schneiden, den Estragon und die Petersilie sowie den Kerbel feinhacken. Die Kräuter über den Salat streuen. • Servieren.

Salade niçoise

Nizza-Salat

Nizza-Salat ist auch bei Nichtkennern der französischen Küche bekannt, er wird sogar hie und da an Imbißständen bei uns angeboten. Doch oft hat er dann mit dem südfranzösischen Nationalgericht nicht mehr viel gemeinsam. Natürlich gibt es Nizza-Salat auch in Frankreich in mannigfachen Varianten, eine davon möchte ich Ihnen hier vorstellen.

1 Kopf grüner Salat oder Endiviensalat
2 gelbe Paprikaschoten · 2 Stangen Bleichsellerie · 2 Tomaten
2 hartgekochte Eier · 4 Anchovisfilets
1 kleine Dose Thunfisch (50 g)
10–12 schwarze Oliven · ½ Bund Petersilie · 2–3 Zweige frisches oder 1 Teel. getrocknetes Basilikum · 5–6 Eßl. Olivenöl · 2 Eßl. Weinessig · Salz Pfeffer

Zubereitungszeit: 30 Minuten

Den Blattsalat waschen, abtrocknen und in mundgerechte Stücke reißen. Die Blattstücke in eine Salatschüssel geben. Die Paprikaschoten waschen, die Kerne entfernen, die Schoten in Ringe schneiden und auf den Salatblättern verteilen. Die Selleriestangen waschen und in etwa 3 cm lange Stücke schneiden. Ebenfalls in die Schüssel geben. Die Tomaten waschen und vierteln. Die Eier schälen, halbieren und zusammen mit den Tomaten auf den Salat legen, die Anchovisfilets und die Thunfischstücke mit ihrem Öl auf den Salat anrichten. Die Oliven darüber verteilen. Die Petersilie und das frische Basilikum hacken, getrocknetes Basilikum zwischen den Fingern zerreiben. Die Kräuter über den Salat streuen. • Aus dem Olivenöl, dem Essig, Salz und Pfeffer eine Salatsauce rühren und über den Salat träufeln. • Den Salat erst bei Tisch durchmischen.

Eine der zahlreichen Varianten von Salade niçoise (Nizza-Salat), dessen Hauptbestandteile immer Thunfisch und Oliven sind – alles andere können Sie nach Belieben hinzufügen. ▷

Kalte Vorspeisen und Salate

Jambon du Morvan aux œufs durs

Schinken in Gelee mit harten Eiern

Der Schinken aus Morvan, dem nordöstlichen Teil des Zentralmassivs bei Dijon, ist zwar nicht so bekannt wie der aus Bayonne, aber mindestens ebenso gut. Es eignet sich selbstverständlich für dieses Rezept auch ein anderer guter Knochenschinken.

1 kg roher Schinken · 1 Kalbsfuß
1 Zwiebel · 4–5 Gewürznelken
2 Möhren · 2 Stangen Lauch (Porree)
10 schwarze Pfefferkörner
5 Wacholderbeeren · 1–2 Zweige Thymian · 3–4 Roggenstrohhalme
4 Eier · 1 Bund Schnittlauch

Zeit zum Wässern des Schinkens: 12 Stunden
Zubereitungszeit: 20 Minuten
Garzeit: insgesamt 3 Stunden
Zeit zum Abkühlen: 3–4 Stunden

Den Schinken 12 Stunden wässern, dabei das Wasser öfter erneuern. • Den Schinken aus dem Wasser nehmen, abtropfen lassen. Den Kalbsfuß in kochendem Wasser blanchieren (siehe Seite 22). Die Zwiebel schälen und mit den Gewürznelken spicken. Die Möhren, wenn notwendig, schaben, junge Wurzeln nur waschen. Den Lauch gründlich waschen, das Grün entfernen. • In ein Mullbeutelchen den schwarzen Pfeffer, die Wacholderbeeren und den Thymian stecken und, um dem Ganzen einen speziellen Geschmack zu geben, wenn möglich, das Roggenstroh hinzufügen. Das Säckchen mit einem Faden zubinden. Die Zutaten zusammen mit dem abgetropften Schinken in einen Suppentopf geben. Nicht salzen! • Den Topf zudekken. Bei großer Hitze das Wasser zum Kochen bringen, dann auf eine kleine Stufe zurückschalten und den Schinken etwa 2 Stunden kochen lassen. • Inzwischen die Eier hart kochen, abschrecken und schälen. Das Eiweiß mehrmals mit einer Gabel einstechen, damit der Geschmack der Brühe eindringt. • Die Eier zu dem Schinken in den Suppentopf geben und noch 30 Minuten mitsieden lassen. Nach insgesamt 2½ Stunden Kochzeit mit einem Schaumlöffel den Schinken und die Eier herausheben. Den Schinken in vier dicke Scheiben schneiden. Abwechselnd Schinken und Eier in eine nicht zu tiefe Schüssel füllen. Den Schnittlauch waschen, abtropfen lassen, in Röllchen schneiden und darüberstreuen. • Den Sud entfetten (siehe Seite 22) und noch etwa ½ Stunde einkochen lassen. Durch ein feines Sieb über den Schinken und die Eier gießen. Kühl stellen, bis der Sud geleeartig fest geworden ist. • Als kalte Vorspeise oder Partygericht servieren.

Pâté de Pâques du Berry

Osterpastete aus dem Berry

Eine kalte Vorspeise aus dem Berry in Mittelfrankreich. Sie können sie schon am Tag vorher zubereiten.

Für den Pastetenteig:
400 g Mehl · 170 g Butter · 3 Eßl. Öl
1 Prise Salz · 2 Eier · 0,1 l kaltes Wasser
Für die Füllung:
4 Eier · Salz · Pfeffer · 500 g feines Brät (Wurstfleisch) · 1 Eigelb

Zubereitungszeit: 45 Minuten
Ruhezeit für den Teig: 2 Stunden
Garzeit: 1 Stunde
Zeit zum Abkühlen: etwa 3 Stunden

Nach dem Rezept für Steinpilzpastete auf Seite 49 einen Pastetenteig bereiten und 2 Stunden ruhen lassen. • Die Eier hart kochen, abschrecken, schälen und der Länge nach halbieren. Salzen, pfeffern. • Den Teig 5 mm dick zu einem Rechteck ausrollen. Die Ecken schräg abschneiden. • Die Hälfte des Bräts in die Mitte der Teigplatte setzen, so daß sie in etwa zu einem Drittel in jeder Richtung bedeckt ist. Darauf die Eihälften mit der Schnittfläche nach unten legen. Mit dem Rest des Bräts bedecken. Die Teigkanten hochschlagen und fest zusammendrücken. Den Teig mehrmals einritzen, damit der Dampf entweichen kann. Das Eigelb verquirlen und den Teig damit bestreichen. • Auf ein Blech setzen und im auf 220 °C (Gas Stufe 4) vorgeheizten Backofen in etwa 1 Stunde goldbraun backen.

Quiche touloise

Mohnquiche

Eine salzige Mohnquiche als Vorspeise – für uns ungewöhnlich, aber durchaus probierenswert. Sie stammt übrigens aus der Heimat der berühmten Quiche lorraine (Rezept siehe Seite 46).

Für den Teig:
300 g Mehl · 150 g weiche Butter · 1 Ei
1 Prise Salz · 2 Eßl. Wasser
Für den Belag:
400 g Mohn · etwa 0,3 l Milch
6–7 gestrichene Eßl. Grieß · Salz
2 Eier · 150 g Crème fraîche

Zubereitungszeit: 45 Minuten
Ruhezeit für den Teig: 2 Stunden
Backzeit: 45 Minuten
Zeit zum Abkühlen: etwa 1 Stunde

Aus dem Mehl, der Butter, dem Ei, dem Salz und dem Wasser einen Teig kneten. • Den Teig 2 Stunden ruhen lassen. • Inzwischen den Mohn mahlen. Die Milch erwärmen. Den gemahlenen Mohn mit etwa einem Drittel der Milch befeuchten. • Den Grieß in dem Rest der Milch aufkochen, salzen. Mit der Mohnmasse mischen. Die Eier und die Crème fraîche darunterziehen. • Den Teig in zwei nicht ganz gleiche Hälften teilen. Beide Hälften ausrollen, die etwas größere als Boden, die etwas kleinere als Deckel verwenden. • Die Teigplatte für den Boden in eine Springform legen, die Ränder hochziehen. Die Mohnmasse daraufgeben. Mit der zweiten Teigplatte abdecken. Die Ränder zusammenfügen. Einen »Schornstein« (siehe Seite 23) machen. • Bei 190 °C (Gas Stufe 2–3) 45 Minuten backen. • Abkühlen lassen, als Vorspeise servieren.
Dazu schmeckt ein Lothringer Rosé.

Besonders hübsch sieht die Quiche touloise (Mohnquiche) aus, wenn Sie aus den Teigresten Verzierungen formen und diese auf dem Deckel anordnen. ▷

Diese Art von Vorspeisen, eigentlich schon kleine Gerichte, heißen Entrées. Ich habe sie in einer extra Kategorie zusammengefaßt, denn man kann sie fast alle zu einer leichten Abendmahlzeit machen – und je nach Geschmack eine Suppe oder eine kalte Vorspeise davor reichen. Einige der Gemüse-Vorspeisen eignen sich auch als Beilage, obwohl es in Frankreich kaum üblich ist, zum Hauptgang eine ausführliche Beilage zu servieren.
Im Menü steht das Entrée anstelle des Hors-d'œuvre. Als Vorspeise kann man auch Krustentiere oder Fisch reichen, wenn man nicht überhaupt einen eigenen Fischgang plant, etwa bei einem Festessen. Fische, Schal- und Krustentiere sind wegen ihrer vielfältigen Verwendungsmöglichkeiten jeweils in einem eigenen Kapitel zusammengefaßt (siehe Seite 54 ff. und 62 ff.).
Die Weinempfehlungen in diesem Abschnitt sind unverbindlicher gehalten als bei den Hauptspeisen, denn oft wird man den Wein nicht wechseln. Wenn zum Beispiel ein Rotwein zur Vorspeise paßt, wird man die Sorte dem Hauptgericht anpassen.

Beignets d'aubergines

Fritierte Auberginen in Teig

Beignets sind im Fett-Topf gebackene Krapfen. Wir kennen sie hauptsächlich in süßer Form, zum Beispiel mit Äpfeln. Salzige Gemüsebeignets eignen sich sehr gut als Vorgericht.

2 mittelgroße Auberginen · Salz
250 g Mehl · 2 Eier · 4 Eßl. Milch oder Wasser · 1 große Prise Natron
1 Eßl. Öl · Fett zum Fritieren

Ruhezeit für die Auberginen: 30 Minuten
Zubereitungszeit: 40 Minuten

Die Auberginen schälen, in knapp ½ cm dicke Scheiben schneiden, salzen. 30 Minuten Saft ziehen lassen. • Die Auberginen mit Küchenkrepp trockentupfen. • Aus dem Mehl, den Eiern, der Milch oder dem Wasser, dem Natron und dem Öl einen Teig rühren. • Das Fett in einer Friteuse erhitzen. • Die Auberginenscheiben nacheinander in den Teig tauchen und in dem heißen Fett goldgelb backen. • Warm servieren.
Dazu schmeckt ein frischer Rotwein, zum Beispiel Beaujolais.

Varianten: Verwenden Sie statt der Auberginen Zucchini, Stangensellerie oder auch große frische Champignons.

◁ Morilles à la crème (Morcheln in Sahnesauce) schmecken nicht nur als Vorspeise oder Zwischengericht, sie ergeben auch eine delikate Spätmahlzeit für Zwei.

Œufs en meurette

Eier in roter Sauce

Meurette heißt die rote Sauce, die man ebensogut auch zu Fisch essen kann. Das Gericht stammt aus Lyon. Es schmeckt besonders gut als kleiner Abendimbiß, wenn es Beaujolais zu trinken gibt. Doch es ergibt auch eine feine Vorspeise.

1 Zwiebel · 1 Knoblauchzehe
100 g magerer frischer durchwachsener Speck · 3 Eßl. Butter · 1 gestrichener Eßl. Mehl · 1½ Gläser Beaujolais (0,3 l)
1 Südweinglas Fleischbrühe (5 cl) · Salz
Pfeffer · 1 Lorbeerblatt · 2 Stengel Petersilie · 4 Scheiben Weißbrot

Zubereitungszeit: 20 Minuten
Kochzeit der Sauce: 25 Minuten

Die Zwiebel schälen und feinwürfeln. Die Knoblauchzehe schälen. Den Speck würfeln und mit den Zwiebelwürfeln in 1 Eßlöffel Butter ausbraten. Ein kleines Stückchen von der Knoblauchzehe mitbraten. Das Mehl anstäuben. Mit dem Wein ablöschen. Die Fleischbrühe dazugießen. Salzen, pfeffern • Aus dem Lorbeerblatt und der Petersilie ein Bouquet garni (siehe Seite 22) binden und in die Sauce legen. • Die Sauce etwa 25 Minuten bei geringer Hitze köcheln lassen, ab und zu umrühren. • Die Sauce durch ein Sieb in einen großen, flachen Topf gießen. Die Speckwürfel aufbewahren und warm stellen. • Von den Weißbrotscheiben die Rinden entfernen. Das Innere in dem Rest Butter kroß braten. Auf vier Tellern anrichten. • Die Sauce wieder zum Sieden bringen. Die Eier nacheinander darin pochieren (siehe Seite 23) und auf den Weißbrotscheiben anrichten. Die Speckwürfel wieder in die Sauce geben. Die Sauce über die Eier gießen. • Heiß servieren.

Variante: Wenn Sie mit dem Pochieren nicht zurechtkommen, kochen Sie die Eier wachsweich, schneiden sie der Länge nach vorsichtig durch, legen sie mit dem Eigelb nach unten auf die Brotscheiben und gießen die Sauce darüber.

Morilles à la crème

Morcheln in Sahnesauce

Für dieses delikate Vorgericht verwenden Sie am besten frische oder getrocknete Spitzmorcheln. Sie gehören zu den feinsten Speisepilzen überhaupt und sind eine Spezialität sowohl des französischen wie des Schweizer Jura. Für die Umhüllung verwenden Sie am besten fertige Blätterteigformen, es sei denn, Sie machen sich den Blätterteig nach dem Rezept auf Seite 53 selbst.

500 g frische oder etwa 50 g getrocknete Spitzmorcheln · eventuell ½ l Milch
3–4 Eßl. Butter · 1 Glas Weißwein, am besten Gelbwein (vin jaune) aus Arbois (0,2 l) · 125 g Crème fraîche · 4–8 fertige Blätterteigförmchen, je nach Größe

Einweichzeit für die getrockneten Pilze: 6 Stunden
Zubereitungszeit: 15–20 Minuten

Die Morcheln mehrmals waschen, da sie fast immer Sand enthalten. Getrocknete Morcheln 6 Stunden in Wasser oder Milch einweichen. • Nach dieser Zeit die Pilze abtropfen lassen. Die Butter in einer Kasserolle schmelzen lassen, die Pilze hineingeben und kurz anschmoren. Mit dem Wein löschen. Die Sauce etwas einkochen lassen, die Crème fraîche zufügen. Umrühren. Salzen, pfeffern. • Die Morcheln in die Blätterteigförmchen füllen. • Warm servieren.
Dazu paßt ein Gelbwein *(vin jaune)* aus Arbois.

Le papeton d'aubergines

Auberginengericht des Papstes

Dies ist ein sehr altes provenzalisches Gericht aus der Zeit, als der Papst noch in Avignon herrschte. Der Überlieferung nach soll der Koch des Papstes das folgende Gericht zubereitet haben, als der Papst in Avignon nicht glauben wollte, daß die provenzalische Küche ebenso gut sei wie die römische.

4–6 Auberginen · Salz · 0,1 l Olivenöl
½ Glas Milch (0,1 l) · 2 Eier · Öl für die Form

Zubereitungszeit: 1 Stunde
Ruhezeit für die Auberginen: etwa 30 Minuten

Die Auberginen schälen und in dicke Scheiben schneiden. Die Scheiben mit Salz bestreuen und »weinen« lassen. • Das Öl in einen Schmortopf geben. Die Auberginenscheiben abtupfen und in dem offenem Topf bei nicht zu starker Hitze weich schmoren. • Die garen Auberginenscheiben durch ein Sieb passieren. Die Milch und die Eier in die Masse rühren. Eventuell noch etwas nachsalzen. • Die Masse in eine leicht geölte feuerfeste Form geben. Die Form in ein Wasserbad stellen (siehe Seite 23) und die Auberginenfarce in etwa 10 Minuten garen. • Das Gericht in der Form auf den Tisch bringen.
Dazu passen eine kräftig mit Knoblauch gewürzte Tomatensauce (Rezept siehe Seite 105) und Brot sowie ein roter Côtes-de-Provence.

Courgettes au gratin

Überbackene Zucchini

Eine provenzalische Vorspeise, die auch sehr gut als Beilage zu gegrillten Lammkoteletts paßt.

500–600 g junge kleine Zucchini · 2 Eßl. Butter · 1 gestrichener Teel. Mehl
eventuell 1 kleines Gläschen trockener Weißwein (4 cl) · 100 g Sahne · Pfeffer
Salz · 1 Messerspitze geriebene Muskatnuß · 100 g geriebener Greyerzer Käse (Gruyère)

Zubereitungszeit: 45 Minuten

Die Zucchini schälen und in etwa 1½ cm dicke Scheiben schneiden. Einen Topf Wasser zum Kochen bringen, die Zucchinischeiben in das kochende Wasser geben und 2–3 Minuten darin kochen lassen. Sie sollen auf Fingerdruck nachgeben, aber nicht zu weich werden. • Die Zucchinischeiben aus dem Wasser nehmen und abtropfen lassen. • 1 Eßlöffel Butter in einer Pfanne zum Schmelzen bringen. Die Zucchinischeiben in der geschmolzenen Butter einzeln wenden und leicht anbräunen lassen. • Für die Béchamelsauce die restliche Butter in einem kleinen Topf zum Schmelzen bringen, mit dem Mehl anstäuben und mit etwa 0,1 l Wasser, eventuell gemischt mit Weißwein, löschen. Die Sahne dazugeben. Pfeffern, salzen. Nach Geschmack mit der geriebenen Muskatnuß würzen. • Die gebratenen Zucchinischeiben in eine flache feuerfeste Form geben, die Béchamelsauce darübergießen und das Ganze mit dem geriebenen Käse bestreuen. • Im auf 260 °C (Gas Stufe 7) vorgeheizten Backofen auf der mittleren Schiebeleiste 5–10 Minuten überbacken, bis sich der Käse leicht bräunt. • Heiß servieren.

Variante: Zum Bestreuen der Zucchini eignet sich auch ein geriebener Parmesan oder ein anderer fester Schnittkäse.

Pivarunata

Paprikaschoten korsisch

Eine einfache, doch köstliche und aromatische Art, reife Paprikaschoten zuzubereiten. Die Menge der Füllung richtet sich nach der Größe der Paprikaschoten. Bei sehr kleinen oder sehr großen Früchten die Menge in den angegebenen Proportionen vergrößern beziehungsweise verkleinern.

4 große rote oder gelbe Paprikaschoten
4 Eigelbe · 4 Teel. weiche Butter
4 gestrichene Eßl. gegarter Reis
Pfeffer · Salz

Zubereitungszeit: 40 Minuten
Garzeit: etwa 30 Minuten

Die Paprikaschoten waschen, quer halbieren und aushöhlen. • Die Eigelbe mit der weichen Butter und dem Reis mischen. Nach Belieben pfeffern und salzen. • Die Masse in die Schoten füllen. • Die Schoten in eine feuerfeste Form setzen und bei etwa 200 °C (Gas Stufe 3) überbacken. • Wenn die Füllung goldgelb ist, das Gericht servieren.
Dazu passen ein helles Landbrot mit Butter und ein kräftiger korsischer Rotwein.

Knepfi

Elsässische Teigklößchen

Dies ist eine recht sättigende warme Vorspeise, nach der es nicht mehr allzu große Mengen zu essen geben sollte. Die Tomatensauce bereiten Sie am besten nach dem in diesem Buch angegebenen südfranzösischen Rezept zu, lassen aber Knoblauch und Kräuter weg.

500 g Mehl · 3 Eier · ¼ l Milch
4 Scheiben Weißbrot · 2 Eßl. Butter
125 g Greyerzer Käse (Gruyère)
Tomatensauce nach dem Rezept auf Seite 105

Zubereitungszeit: 40 Minuten
Ruhezeit für den Teig: 2 Stunden

Das Mehl in eine Schüssel sieben. Die Eier unterrühren. Die Milch langsam zugießen und untermischen, so daß ein halbfester Teig entsteht. Salzen. • Den Teig etwa 2 Stunden ruhen lassen. • Während dieser Zeit die Tomatensauce bereiten. Warm stellen. • In einem großen Topf Wasser zum Kochen bringen. Mit einem Teelöffel Teigportionen abstechen, in der Hand zu Bällchen formen und in das siedende Wasser legen. • Die Klößchen etwa 10 Minuten ziehen lassen, dann mit einem Schaumlöffel herausheben und abtropfen lassen. • Inzwischen die Brotscheiben in der Butter knusprig hellbraun braten. • Die Scheiben auf einer Platte ausbreiten und die Klößchen darauf verteilen. Den Käse reiben und darüberstreuen. Mit der Tomatensauce übergossen warm servieren.

Ballottine de canard

Entengalantine Burgunder Art

Im Gegensatz zur Terrine, die in einer Auflaufform im Wasserbad gegart wird, und der Pastete, die man in Teig bäckt, wird die Füllung der Galantine in einem natürlichen Behälter, zum Beispiel in entbeintem Geflügel, einem Geflügelhals, in Schweinsfüßen oder ähnlichem auf den Tisch gebracht. Hier ein Rezept für Bastler, das in einer Sammlung wie der vorliegenden nicht fehlen sollte. Das Gericht ergibt eine Vorspeise, kann aber auch Bestandteil eines Buffets sein.

Zutaten für 8–10 Personen:
1 große küchenfertige Ente von etwa 2 kg · 2 große Zwiebeln · 3 Eßl. Butter
2 Knoblauchzehen · 300 g Wurstbrät
Pfeffer · Salz · 200 g durchwachsener Speck · 1 Bund Frühlingszwiebeln oder 200 g kleine Zwiebeln
200 g Champignons · 0,1 l Öl
2 Eßl. gemischte frische Kräuter
1 Flasche Burgunder Rotwein (0,75 l)
½ l Fleischbrühe · 1–2 gestrichene Eßl. Kartoffelstärke

Zubereitungszeit: 1–1½ Stunden
Garzeit: 1½ Stunden

Die Ente wie folgt entbeinen: Zuerst mit einem spitzen Messer die Haut auf der Rückenseite vom Hals bis zum Bürzel einritzen. Das Fleisch entlang der Wirbelsäule ablösen. Den Schenkel lösen: Die Messerspitze in das Gelenk einführen und das Gelenk kurz abdrehen. Die Sehnen durchschneiden. Das Fleisch unter dem Schenkel entlang dem Gerippe lösen. Mit dem Flügel auf derselben Seite ebenso verfahren. Darauf achten, daß die Haut nicht verletzt wird. Das Fleisch bis zum Brustbein ablösen. Mit der zweiten Hälfte der Ente ebenso verfahren. Das Gerippe herausnehmen. Die Schenkel und Flügel von innen her herausnehmen. Die Haut muß dabei heil bleiben. Die Fleischteile der Brust ebenso herauslösen. Die Haut ist jetzt fertig für die Aufnahme der Füllung. • Die Leber von Fäden und Häutchen befreien und feinhacken. Die großen Zwiebeln schälen und feinhacken. Die Butter in einer Kasserolle erhitzen, die Zwiebelwürfel hineingeben und glasig schmoren, ohne sie zu bräunen. Die Zwiebelmasse abkühlen lassen. Den Knoblauch schälen und durch die Presse an die Zwiebelmasse drücken. • In einer Schüssel das Brät mit der Zwiebelmasse mischen. Pfeffern, salzen. Gut durchrühren, damit eine homogene Farce entsteht. • Die entbeinte Ente auf einer Arbeitsplatte ausbreiten. Die Füllung in die Mitte legen. Die Ente über der Füllung zusammenrollen und mit Küchengarn binden. • Den Speck würfeln, die kleinen Zwiebelchen schälen, ganz lassen. Die Champignons putzen, kalt abbrausen, vierteln. • Das Öl in einem für die Galantine ausreichend großen Topf erhitzen. Die Ente und die Speckwürfel darin scharf anbraten. Die Hitze reduzieren. Die Champignons dazugeben, etwas Farbe annehmen lassen. Die Kräuter dazugeben. Den Wein angießen und um die Hälfte einkochen lassen. Jetzt die Fleischbrühe angießen. Salzen, pfeffern. • Den Topf zudecken und das Gericht bei geringer Hitze in 1½ Stunden garen. • Die Ente, die Champignons und die Frühlingszwiebeln aus der Sauce nehmen und warm stellen. • Die Sauce entfetten (siehe Seite 22), durch ein Sieb gießen und noch einmal um ein Drittel einkochen lassen. Die Kartoffelstärke in etwas kaltem Wasser anrühren, an die Sauce geben. Abschmecken, eventuell nachwürzen. In eine Saucenschüssel geben. • Die Ente vom Küchengarn befreien und sofort servieren.
Dazu schmeckt ein roter Burgunder.

Rigodon

Schinkenfladen

Ein Gebäck aus dem Burgund, das gut zu einem leichten Rotwein, zum Beispiel von der Côte Chalonnaise, paßt.

6 Eier · 5 gestrichene Eßl. Mehl
¾ l Milch · Salz · Butter für die Kuchenform · 200 g Reste vom Schweinebraten oder gekochter Schinken

Zubereitungszeit: 20 Minuten
Backzeit: 30 Minuten

Die Eier mit dem Mehl schlagen. • Die Milch leicht salzen, aufkochen lassen und dazugießen. • Eine runde Kuchenform buttern. Das Schweinefleisch oder den Schinken würfeln. Gleichmäßig in der Form verteilen. Den Teig darübergießen. Ein paar Butterflöckchen auf den Teig setzen. • Den Fladen bei 210 °C (Gas Stufe 3–4) etwa 30 Minuten backen. • Lauwarm oder kalt servieren.

Gougère

Käsegebäck

Dieses Käsegebäck stammt aus Niederburgund, ist aber auch in der Champagne bekannt. Gruyère-Käse gibt es auch in Frankreich. Er hat im Gegensatz zu seinem berühmten Schweizer Bruder keine Löcher. Man bekommt ihn allerdings nur im Produktionsgebiet in Ostfrankreich. Gougère schmeckt zwar auch allein zum Wein, wird aber gern als warme Vorspeise gegessen.

0,3 l Wasser · 100 g Butter
1 Teel. Salz · 200 g Mehl · 5 Eier
120 g Greyerzer Käse (Gruyère)
Pfeffer · 1 Eigelb

Zubereitungszeit: 30 Minuten
Backzeit: 30 Minuten

In einer Stielkasserolle das Wasser zum Kochen bringen. Wenn das Wasser kocht, 100 g Butter hineingeben, mit dem Salz würzen. Wenn die Mischung wieder kocht, den Topf vom Herd nehmen. • Das Mehl hineinsieben, kräftig unterrühren. Die Kasserolle wieder auf den Herd stellen und mit einem Holzlöffel den Teig durcharbeiten. Wenn der Teig so trocken ist, daß er sich von den Wänden des Topfes löst, das Gefäß wieder vom Herd nehmen und die Eier nacheinander hineinschlagen. Gut durchmischen. • 100 g vom Greyerzer Käse in hauchdünne Scheiben hobeln. Unterrühren. Mit Pfeffer übermahlen. • Den Teig in Form eines Kranzes in eine Springform legen. Mit einem Löffel die Oberfläche glätten. Mit dem Eigelb bepinseln. Den Rest Käse in Würfelchen schneiden und auf den Teig streuen. • Den Kranz bei 200 °C (Gas Stufe 3) etwa 30 Minuten backen.
Dieses Gebäck schmeckt lauwarm oder kalt besonders gut zu Chablis, aber auch zu einem guten trockenen Roséwein.

Tarte aux oignons à l'alsacienne

Elsässischer Zwiebelkuchen

Wie im benachbarten Baden wird auch im Elsaß der Zwiebelkuchen gern gegessen – nicht nur zum neuen Wein, sondern auch als Vorspeise.

Für den Teig:
250 g Mehl · 125 g weiche Butter · 1 Ei
1 Prise Salz · 1½ Eßl. kaltes Wasser
Für den Belag:
1 kg Zwiebeln · 2 Eßl. Gänseschmalz oder Butter · 1 Messerspitze geriebene Muskatnuß · Pfeffer · Salz
1 gestrichener Eßl. Mehl · 100 g Crème fraîche · 2 Eier

Zubereitungszeit: 1½ Stunden
Ruhezeit für den Teig: 1 Stunde
Backzeit: 30 Minuten

In das Mehl eine Mulde drücken. Die Butter, das Ei, das Salz und das Wasser hineingeben. Mit den Fingerspitzen vorsichtig unter das Mehl arbeiten. Nicht zu sehr kneten. Mit dem Handballen zum Schluß den Teig zweimal kräftig durchwalken. • Den Teig 1 Stunde ruhen lassen. • In dieser Zeit die Zwiebeln schälen und sehr fein hacken. Die Zwiebelstückchen in einen Topf geben, ½ Glas Wasser angießen. Die Zwiebel bei geringer Hitze glasig schmoren, aber nicht bräunen lassen. Das Fett zufügen. Mit Muskatnuß, Pfeffer und Salz würzen. Das Mehl hineingeben. Alles gut durchrühren. Die Crème fraîche hinzufügen. Noch ein paar Minuten unter Umrühren köcheln lassen. Den Topf vom Herd nehmen. Die Eier verquirlen und hineinrühren. • Den Teig ausrollen, in eine Springform geben und mehrmals mit einer Gabel einstechen. Die Zwiebelmasse auf den Teig legen. Den Kuchen etwa 30 Minuten im Ofen bei 220 °C (Gas Stufe 4) backen. • Abkühlen lassen und lauwarm servieren.
Dazu schmeckt ein Elsässer Weißwein, zum Beispiel ein Sylvaner oder ein Edelzwicker.

Quiche lorraine

Lothringer Schinken-Käse-Torte

Quiche ist in Frankreich überall so beliebt, daß man sie fast überall fertig zu kaufen bekommt.

Zutaten für 6 Personen:
Für den Teig:
125 g weiche Butter · 200 g Mehl
3 Eßl. kaltes Wasser · Salz · Pfeffer
1 Eßl. geriebener Emmentaler Käse
1 Knoblauchzehe
Für den Belag:
500 g gekochter Schinken in etwa ½ cm dicken Scheiben · 100 g milder roher Schinken · 3–4 Zwiebeln · reichlich frische Kräuter nach Jahreszeit
3 Knoblauchzehen · 8 Eier · Pfeffer
Salz · 200 g geriebener Emmentaler Käse · 200 g Sahne

Zubereitungszeit: 50 Minuten
Ruhezeit für den Teig: 1 Stunde
Backzeit: 1 Stunde und 10 Minuten

Die weiche Butter in einer Teigschüssel mit dem Mehl verkneten. Das kalte Wasser zugeben, salzen, pfeffern und den geriebenen Käse untermischen. Den Knoblauch in den Teig quetschen. Den Teig 1 Stunde an einem kühlen Ort ruhen lassen. • Inzwischen für den Belag die beiden Schinkenarten feinwürfeln, die Zwiebeln schälen und hacken, die Kräuter hacken und die Knoblauchzehen schälen und zerquetschen. Die Zwiebeln, den Schinken, die Kräuter und den Knoblauch in einer Schüssel vermengen und beiseite stellen. • Die Eier aufschlagen und in eine andere Schüssel geben. Salzen, pfeffern. Den Käse dazugeben und verrühren. Die Sahne unterziehen. • Den Teig nach der Ruhezeit mit den Fingern ganz flach drücken und in eine Springform legen. Einen Rand hochziehen. Die Form auf der mittleren Schiene in den Backofen schieben und den Teig bei 200 °C (Gas Stufe 3) 10 Minuten vorbacken. • Die Schinken-Kräuter-Mischung darauflegen, die Eier mit dem Käse und der Sahne darübergießen. Auf der mittleren Schiene wieder in den Ofen schieben und bei 250 °C (Gas Stufe 5–6) 1 Stunde lang backen. • Warm servieren.

Gratin dauphinois

Kartoffelauflauf mit Käse

Die Dauphiné ist vor allem wegen ihrer Gratins, ihrer Aufläufe, kulinarisch berühmt. Der Gratin dauphinois ist unter den Aufläufen der bekannteste und ebenso einfach wie köstlich.

1 kg Kartoffeln · Salz · Pfeffer
eventuell 1 Messerspitze geriebene Muskatnuß · 1 Knoblauchzehe
3–4 Eßl. Butter · 100 g Greyerzer Käse (Gruyère) · 2 Eier · ½ l Milch

Zubereitungszeit: 35 Minuten
Garzeit: 45 Minuten

Die Kartoffeln schälen, nicht waschen, sondern nur mit Küchenkrepp kräftig abreiben. Die so gesäuberten Kartoffeln in feine Scheibchen schneiden. Salzen, pfeffern und nach Geschmack mit der geriebenen Muskatnuß würzen. Die Gewürze gut untermischen. • Die Knoblauchzehe schälen. Eine Auflaufform mit der Knoblauchzehe ausreiben, mit Butter ausstreichen. Die Kartoffelscheiben gleichmäßig in die Auflaufform schichten. Die Schicht sollte nicht zu dick sein (4–5 cm). Den Käse reiben und auf den Kartoffeln verteilen. Die Eier mit der Milch verquirlen und über die Kartoffeln gießen. Die Flüssigkeit soll die Kartoffelschicht nicht ganz bedekken. Ein paar Butterflöckchen auf dem Auflauf verteilen. • Den Backofen auf 200 °C (Gas Stufe 3) vorheizen. Den Auflauf auf dem Herd kurz aufkochen lassen und im Backofen in 45 Minuten fertig garen. • Nach Belieben vor dem Servieren mit weiteren Butterflöckchen bestreuen. In der Form auf den Tisch bringen.

Variante: Spiegeleier braten und auf der Kartoffelschicht verteilen. Mit Semmelbröseln bestreut überbacken.

Bei dieser Variante des Gratin dauphinois (Kartoffelauflauf mit Käse) werden mit Semmelbröseln bestreute Spiegeleier obenauf gelegt und mit überbacken. ▷

Tavel

Pâté de cèpes à la solognote

Steinpilzpastete

Wenn Ihnen das Glück lacht und Sie Steinpilze finden läßt, sollten Sie unbedingt diese köstliche Pastete aus Mittelfrankreich probieren.

Für den Teig:
400 g Mehl · 170 g Butter
3 Eßl. Olivenöl · 1 Teel. Salz · 2 Eier
0,1 l kaltes Wasser
Für die Füllung:
1 kg feste junge Steinpilze · 150 g mildgeräucherter Schinken in dünnen
Scheiben · 1 Zwiebel · 1 Knoblauchzehe
3 Eßl. Butter · 1 Eßl. Mehl · Pfeffer
1 Südweinglas Madeira (5 cl) oder
Kalbsjus (siehe Seite 23)

Zubereitungszeit: 30 Minuten
Ruhezeit für den Teig: 2 Stunden
Garzeit: 50 Minuten

Für den Teig das Mehl in eine Schüssel sieben, in die Mitte eine Mulde drücken. Die weiteren Teigzutaten hineingeben und zuerst unter sich und dann mit dem Mehl mischen. Das Wasser abmessen und allmählich unter den Teig kneten, bis der Teig fest und dennoch geschmeidig ist. Den Teig in ein Tuch schlagen und 2 Stunden an einem kühlen Platz ruhen lassen. • Die Pilze putzen, die Hüte von den Stielen trennen. Die Hüte im Backofen bei niedrigster Hitze leicht trocknen lassen. • Vom Schinken so viele Scheiben beiseite legen, daß sie den Boden Ihrer Springform zweimal bedekken. Die Stiele und den Rest vom Schinken feinhacken oder im Fleischwolf zerkleinern. Die Zwiebel schälen und sehr fein hacken. Die Steinpilze, den Schinken und Zwiebelwürfel mischen. Den Knoblauch schälen und hineinpressen. • Die Butter in einer Pfanne schmelzen lassen, die Masse hineingeben, mit dem Mehl überstäuben und mit der Pfeffermühle übermahlen. Nicht salzen! Die Masse soll fest werden. • Den Teig teilen, eine Hälfte ausrollen und eine Springform damit auslegen. Eine oder mehrere Scheiben Schinken darauflegen, so daß der Boden bedeckt ist, die Hälfte der Pilz-Schinken-Masse darauf verteilen. Darauf die Steinpilzhüte anordnen und diese wieder mit Füllung bedecken. Den Rest Schinkenscheiben darauf verteilen. Die zweite Hälfte vom Teig ausrollen und als Deckel auf die Pastete legen. Die Ränder andrücken und dabei anfeuchten. Einen »Schornstein« (siehe Seite 23) in die Mitte stecken. • Die Pastete im Backofen bei etwa 220 °C (Gas Stufe 4) 50 Minuten backen. • Den Madeira in das Loch in der Mitte gießen, wenn vorrätig auch Kalbsjus.

◁ Wie eine Pizza wirkt Pissaladière (Anchovisfladen), und doch ist es eine echte südfranzösische Spezialität von der Côte d'Azur.

Cèpes à la bordelaise

Steinpilze mit Schinken

Sicherlich schmecken Steinpilze naturell am besten. Doch wenn der Sommer öfter diese Köstlichkeit spendet, dann möchte man gern einmal Abwechslung. Dieses Gericht erhält den Eigengeschmack der Pilze besonders gut.

1 kg Steinpilze · 200 g magerer roher
Schinken · 6 Schalotten
1 Knoblauchzehe · 2 Bund krause
Petersilie · Butter für die Form · Salz
Pfeffer · 6 Eßl. Öl · 1 Glas Weißwein
(0,2 l) · 2 Zitronen

Zubereitungszeit: 30 Minuten
Garzeit: 2 Stunden

Die Steinpilze putzen, nicht waschen. Stiele und Hüte trennen. Die Stiele sehr fein hacken, ebenso den Schinken. Die Schalotten schälen und kleinschneiden, die Knoblauchzehe schälen und zerdrücken, die Petersilie hacken. Die zerkleinerten Zutaten miteinander mischen. • Die Masse in eine gebutterte Auflaufform schichten. Darauf die Pilzhüte legen. Salzen, pfeffern. Mit dem Öl und dem Weißwein übergießen. • Die Form zudecken und bei geringstmöglicher Hitze in 2 Stunden im Backofen garen. In der Form servieren. • Zitronenschnitze dazu reichen, damit sich jeder nach Geschmack sein Gericht mit Zitronensaft beträufeln kann.

Pissaladière

Anchovisfladen

Ein echt provenzalisches Rezept. *Pissala* heißt ein gewürztes Anchovispüree im Glas, eine Nizzaer Spezialität.

Für den Teig:
250 g Mehl · 10 g Bäckerhefe
⅛ l lauwarmes Wasser · 1 Teel. Salz
Mehl zum Bestäuben
Für den Belag:
750 g Zwiebeln · ½ Glas Olivenöl (0,1 l)
12 Anchovisfilets · 3 Knoblauchzehen
3 Tomaten · 12 schwarze Oliven

Zubereitungszeit: 20 Minuten
Ruhezeit für den Teig: 6½ Stunden
Backzeit: 40 Minuten

Das Mehl in eine Schüssel sieben. Eine Vertiefung hineindrücken, die Hefe in die Mulde bröckeln. Das Wasser daraufgießen, etwas Mehl daraufstäuben. • Den Vorteig 20–30 Minuten gehen lassen. • Die Zutaten mischen. Den Teig salzen, schlagen, bis er Blasen wirft und sich von der Schüssel löst. Dann mit Mehl bestäuben und noch einmal 5–6 Stunden bei Raumtemperatur gehen lassen. • 1½ Stunden vor Ende der Ruhezeit für den Teig die Zwiebeln schälen und feinhacken. Das Öl bis auf 1 Teelöffel und die Zwiebelstücke in eine Kasserolle geben und bei geringster Hitze 1 Stunde lang garen, ohne daß diese bräunen. • Die Zwiebeln in ein Sieb geben, die Flüssigkeit, die sich beim Kochen gebildet hat, abtropfen lassen; die Flüssigkeit auffangen. • Den Bratsaft von den Zwiebeln unter den Teig kneten. Den Teig ausrollen und eine mittlere Springform damit auslegen. • Die Zwiebelmasse gleichmäßig auf den Teig verteilen. Die Anchovisfilets sternförmig darauf anordnen. Die Knoblauchzehen schälen, der Länge nach vierteln. Die Tomaten vierteln. Die Knoblauchstifte, die Tomatenviertel und die Oliven zwischen den Anchovisfilets dekorativ anordnen. • Den Fladen mit noch etwas Öl beträufeln und im auf 180 °C (Gas Stufe 2) vorgeheizten Backofen 40 Minuten backen.
Dazu schmeckt ein provenzalischer Land-Rotwein, zum Beispiel ein Côtes-de-Provence.

Cervelas truffé en brioche

Trüffelwurst im Teigmantel

Eine Spezialität aus Lyon, der Feinschmeckerstadt. Kaufen Sie eine möglichst feine, getrüffelte Kalbfleischwurst. Sie entspricht etwa einer Lyoner Cervelas. Den Teig am Abend für den nächsten Morgen oder am Morgen für den Abend vorbereiten.

Für den Teig:
250 g Mehl · 5 g Bäckerhefe
0,1 l lauwarmes Wasser · 2 Eier
1 gestrichener Teel. Salz · 1 gestrichener Teel. Puderzucker · 120 g Butter
Für die Füllung:
400 g Kalbfleischwurst, wenn möglich mit Trüffeln · 1 Eigelb

Zubereitungszeit: 20 Minuten
Ruhezeit für den Teig: insgesamt 11 Stunden
Backzeit: etwa 45 Minuten

Mit 50 g von dem Mehl den Vorteig bereiten. Das Mehl durchsieben. Die Hefe in dem lauwarmen Wasser lösen und mit den Fingerspitzen mit dem Mehl leicht verkneten. Einen kleinen Teigkloß formen. Den Teigkloß in eine mit ½ l Wasser gefüllte Schüssel geben. Die Schüssel zudecken und den Vorteig an einen warmen Ort gehen lassen. Nach etwa 1 Stunde soll er das doppelte Volumen haben. • Während der Vorteig geht, den eigentlichen Teig vorbereiten: Das restliche Mehl in eine Schüssel sieben. In die Mitte eine Mulde drücken. Die Eier aufschlagen und in diese Vertiefung geben. 1 Eßlöffel lauwarmes Wasser dazugeben. Den Teig gut durchkneten, bis er elastisch ist. Salz und Zucker in ein paar Tropfen Wasser lösen und zugeben. Nochmals durchkneten. Der Teig darf nicht an den Fingern kleben. Die Butter weich drücken und unter den Teig kneten. • Den Vorteig vorsichtig aus dem Wasser nehmen und mit Küchenkrepp abtupfen. Den Teig auf einem Brett ausbreiten. Den Vorteig in die Mitte legen und untermischen. Den gesamten Teig nochmals in einer zugedeckten Schüssel an einem warmen Platz 3 Stunden gehen lassen. • Nach dieser Zeit den Teig auf ein Brett legen und mit der flachen Hand so daraufschlagen, daß der Teig wieder zusammensackt. Den Teig wieder in die Schüssel legen, zudecken und dieses Mal an einem kühlen Ort aufbewahren. Der Teig geht noch einmal. Nach 6 Stunden den Teig wieder auf ein Brett legen und nochmals mit der flachen Hand zusammenschlagen. • Den Teig zu einem Rechteck ausrollen. Die Wurst von der Schale befreien und in die Mitte des Vierecks legen. Den Teig um die Wurst wickeln, die Ränder mit Wasser befeuchten, damit die »Nähte« halten. Die eingewickelte Wurst nochmals 1 Stunde mit der Nahtstelle nach oben an einen warmen Ort stellen, damit der Teig nochmals geht. • Danach die Teigrolle mit dem Eigelb bestreichen und im vorgeheizten Backofen bei etwa 200 °C (Gas Stufe 3) etwa 45 Minuten backen. • In Scheiben schneiden. Auf einer Papierserviette servieren.
Dazu schmeckt ein Châteauneuf-du-Pape.

Ratatouille niçoise

Nizzaer Gemüseragout

Strohwitwer und Junggesellen aufgepaßt: Ratatouille können auch Anfänger in der Kochkunst mühelos zubereiten. Erfolg garantiert, und dieses Gericht schmeckt immer, ob als Beilage oder Vorspeise, heiß oder kalt serviert.

Zutaten für 6 Personen:
3 mittelgroße Auberginen · 3 große reife Fleischtomaten · 3 Zucchini
3 Paprikaschoten · 0,1 l Öl · Salz
Pfeffer · 2 Knoblauchzehen
1 Lorbeerblatt · 2 Zweige Thymian
2–3 Stengel Petersilie

Zubereitungszeit: 30 Minuten
Garzeit: 1½ Stunden

Die Auberginen schälen und in Würfel schneiden. Die Tomaten in kochendheißes Wasser tauchen, abziehen und ebenfalls in Würfel schneiden. Die Zucchini waschen und in grobe Scheiben schneiden. Die Paprikaschoten waschen, entkernen und in mundgerechte Stücke schneiden. • Die Gemüse in einen schweren Schmortopf geben. Das Olivenöl angießen. Salzen, pfeffern. Die Knoblauchzehen schälen und in das Gemüse pressen. Das Lorbeerblatt dazugeben. Den frischen Thymian und die Petersilie zu einem Bouquet garni (siehe Seite 22) binden und in den Topf geben. 1–2 Tassen kaltes Wasser angießen. Den Topf zudecken und das Gericht zum Kochen bringen. • Die Hitze reduzieren und die Ratatouille auf niedrigster Schaltstufe 1½ Stunden köcheln lassen. • Heiß oder kalt servieren.

Pipérade

Paprika mit Schinken

4 rote Paprikaschoten
4 Fleischtomaten · 3 Eßl. Olivenöl
Salz · Pfeffer · 1 Knoblauchzehe
6 Eier · 1 Bund Petersilie · 1 Teel. Schweineschmalz · 250 g roher Schinken

Zubereitungszeit: 20 Minuten
Garzeit: 30 Minuten

Die Paprikaschoten waschen, entkernen und in dünne Ringe schneiden. Die Tomaten kurz in kochendheißes Wasser tauchen, die Haut abziehen. Die Tomaten kleinschneiden. • Das Olivenöl in einem Schmortopf erhitzen. Zuerst die Paprikaringe und nach ein paar Minuten die Tomatenstücke in das heiße Öl geben. • Das Ganze etwa 25 Minuten bei geringer Hitze köcheln lassen. • Salzen, pfeffern. Die Knoblauchzehe schälen, zerquetschen und zugeben. • Die Eier in eine Schüssel schlagen und mit dem Schneebesen gut verrühren. Die Petersilie waschen, hacken und zugeben. • Wenn das Gemüse zu Brei zerkocht ist, die Eimasse unter Rühren dazugeben. Die Eier kurz stocken lassen. Das Ganze muß jedoch weich bleiben und darf nicht die Konsistenz einer Omelette annehmen. Das Schmalz in einer Pfanne erhitzen. Die Schinkenscheiben kurz darin braten. • Das Fett abgießen und den Schinken zusammen mit dem Gemüse servieren.

Dunkelrote, reife Tomaten und einen milden geschmackreichen Schinken brauchen Sie für die Pipérade (Paprika mit Schinken) aus dem schönen Baskenland. ▷

Tavel

Les omelettes

Omeletten-Grundrezept mit Varianten

Omeletten sind leicht und schnell herzustellen und ergeben variationsreiche warme Vorspeisen. Ihrer Phantasie sind keine Grenzen gesetzt. Dennoch sollten Sie sich bei der Zubereitung an einige Regeln halten. Das folgende Grundrezept bezieht sich auf die provenzalische Variante. Im übrigen Frankreich brät man Omeletten oft nur auf einer Seite und schätzt dabei *l'omelette baveuse,* das heißt die nicht ganz gare, weiche Form.

8 Eier · Pfeffer · Salz · 2 Eßl. Milch
4 Eßl. Olivenöl oder 2 Eßl. Olivenöl und
2 Eßl. Erdnußöl oder die gleiche Menge
Butter oder Margarine

Zubereitungszeit: 15 Minuten

Die Eier erst kurz vor Gebrauch aufschlagen und in eine flache Schüssel geben. 4–5mal mit der Gabel schlagen, nicht öfter, sonst wird die Masse zu schaumig. Pfeffern, salzen. Die Milch unterrühren. • Die Pfanne, am besten eine dicke, nicht zu schwere Pfanne von etwa 25 cm Durchmesser, die nur zu diesem Zweck verwendet wird, auf die voll aufgedrehte Gasflamme oder eine hoch erhitzte Elektrokochplatte stellen. Das Fett hineingeben und erhitzen. Wenn das Fett sehr heiß ist (bei Butter aufpassen, daß sie nicht bräunt), die Eimasse schnell in die Mitte der Pfanne gießen. Mit der Gabel von außen zur Mitte hin ruhig und gleichmäßig ein paar Minuten umrühren. Dann die Pfanne leicht schütteln. Wenn die Eimasse gestockt, aber noch halbflüssig ist, noch 4–5 Sekunden bei reduzierter Hitze auf dem Herd stehen lassen. • Die echt provenzalische Omelette wird umgedreht und kurz auf der anderen Seite gebraten. Am besten verwenden Sie zum Wenden einen Topfdeckel in der passenden Größe oder noch einfacher einen Pfannenwender. • Die Omelette auf der anderen Seite noch 4–5 Sekunden braten und auf die Servierplatte gleiten lassen.

Variante: Zwiebelomelette
500 g Zwiebeln schälen und sehr fein hacken. 4 Eßlöffel Olivenöl in einer Pfanne nicht zu stark erhitzen. Die Zwiebeln hineingeben. Salzen. Die Pfanne zudecken und die Zwiebeln bei geringer Hitze mindestens 1 Stunde schmoren lassen. Während dieser Zeit die Zwiebelmasse immer wieder umrühren, damit sie nicht braun wird. Nach einer Stunde die Herdplatte ausschalten. Wie im Grundrezept angegeben, die Eier schlagen, salzen und pfeffern. Die Zwiebeln aus der Pfanne nehmen und dabei das Öl abtropfen lassen. Die Zwiebelmasse unter die Eier mischen. Kurz schlagen. Das Fett in die Omelettepfanne geben und die Omelette, wie im Grundrezept beschrieben, braten. • Heiß oder kalt verzehren.

Variante: Spinatomelette
500 g Spinat putzen und waschen. Die Blätter in reichlich kochendem Wasser 5 Minuten blanchieren (siehe Seite 22), abtropfen lassen und grobhacken. Tiefgefrorenen Spinat nach Anweisung auf der Packung auftauen. • 2 Eßlöffel Öl in einer Pfanne erhitzen, den Spinat hineingeben und etwa 5 Minuten unter Umrühren durchschmoren lassen. 2 Knoblauchzehen schälen und feinhacken. 3 Stengel Petersilie und 2 Stengel frisches Basilikum waschen, hacken und mit dem Knoblauch mischen, getrocknetes Basilikum zwischen den Fingern verreiben und einstreuen. 8 Eier, wie im Grundrezept angegeben, schlagen. Die Kräuter-Knoblauch-Mischung nun mit 2 Teelöffeln Parmesan mischen, unterrühren, am Schluß den Spinat dazugeben. Alles gut mischen, salzen und pfeffern. Fett in die Omelettepfanne geben und die Omelette, wie im Grundrezept angegeben, braten.
Zu allen Varianten paßt entweder ein frischer Rosé oder ein kräftiger Rotwein.

Crêpes de sarrasin

Echt bretonische Crêpes

Crêpes bekommt man bei uns schon an der Straßenecke wie warme Würstchen, und in vielen Haushalten ist eine heizbare Crêpe-Platte vorhanden, eine gußeiserne Bratpfanne tut's jedoch auch. Crêpes sind heute in vielen Ländern Europas so beliebt, weil man sie mit allen nur erdenklichen Füllungen versehen kann. Hier das Originalrezept:

Zutaten für 18 hauchdünne Crêpes:
250 g Buchweizenmehl · 2 Eier · Salz
0,5 l Vollmilch · 1 Speckschwarte oder
1 Teel. Butter

Zubereitungszeit: 30 Minuten

Das Mehl sorgfältig mit den Eiern verrühren, salzen. Die Milch unterrühren, dem Teig mit etwas Wasser die notwendige flüssige Konsistenz geben. Die Wassermenge richtet sich nach der Größe der Eier. • Die Pfanne erhitzen und mit einer Speckschwarte oder Butter einfetten. Mit einem Teigschaber schnell eine sehr dünne Schicht auf die heiße Fläche verteilen. Mit einem Pfannenwender schnell umdrehen. Flach auf einen Teller legen und warm stellen. Die übrigen Crêpes schnell backen und ebenfalls warm stellen. • Original bretonisch mit Butter oder Dickmilch verzehren.
In der Bretagne trinkt man süßen Cidre (Apfelwein) dazu.

Varianten: Crêpes kann man süß oder salzig füllen. Hier nur einige Beispiele: Champignons, Krabben, Krebsschwänze, alle Arten von gedünstetem Obst, Marmelade. Die berühmten Crêpes Suzette (Rezept Seite 113) sind nicht bretonisch, sondern ursprünglich eine Pariser Restaurant-Spezialität.

Petits pâtés à la ciboulette

Schnittlauchküchlein

Sicherlich ist es etwas umständlich, Blätterteig selbst herzustellen. Vielleicht reizt es Sie dennoch, es einmal zu versuchen. Deshalb gebe ich Ihnen das Rezept mit an. Wenn Sie sich das nicht zutrauen, verwenden Sie tiefgefrorenen Blätterteig, von dem ein Päckchen (300 g) genügen müßte.

Für den Teig:
250 g Mehl · 0,2 l Wasser · Salz · etwa
200 g Butter · Mehl zum Bestäuben
Für die Füllung:
300 g Schnitzelfleisch vom Kalb · Salz
Pfeffer · 1 Messerspitze geriebene

Muskatnuß · 3 Eier · 200 g Sahne
1–2 Eßl. Milch · 1 Bund Schnittlauch

Zubereitungszeit für den Teig: 45 Minuten
Zubereitungszeit für die Füllung: 45 Minuten
Ruhezeit für den Teig:
insgesamt 1¼ Stunden
Ruhezeit für die Füllung: etwa 1 Stunde
Backzeit: 15–20 Minuten

Sie können den Teig während der Ruhezeit für die Füllung beginnen, aber auch die Füllung erst während der ersten Ruhezeit für den Teig bereiten. Es bleibt sich etwa gleich. Bedenken Sie, daß der Teig nach Fertigstellung bald verarbeitet werden sollte, die Füllung dagegen auch etwas länger ruhen darf. Ich gebe Ihnen die Arbeitsvorgänge für beide Teile getrennt an, damit Sie selbst disponieren können.
Zunächst der Teig: Das Mehl in eine Schüssel sieben, eine Mulde hineindrükken. Das Wasser abmessen, salzen. Nach und nach mit den Fingerspitzen das Salzwasser, je nach Aufnahmefähigkeit des Mehls, hineinkneten. Das Wasser nicht zu schnell zugeben, sonst wird der Vorteig nicht fest genug. Aus dem Vorteig eine Kugel formen und 20 Minuten kühl stellen. • Die Butter aus dem Kühlschrank nehmen, durchkneten, damit sie Wasser verliert und wieder kühl stellen. • Den Vorteig abwiegen und genau das halbe Gewicht in Butter abwiegen. Die Butter mit dem Handballen zu einem Quadrat von etwa 20 cm Seitenlänge kneten. Den Vorteig auf dem leicht bemehlten Backbrett zu einer runden Platte von etwa 25 cm Durchmesser ausrollen. Die Butter in die Mitte legen. Die freien Ränder der Teigplatte über der Butter unter leichtem Ziehen zusammenschlagen. Der Teig darf nicht überlappen, sondern er soll die Butter gerade eben bedecken. • Den Teig wieder 15 Minuten kühl stellen. • Dann den Teig auf das so leicht wie möglich bemehlte Brett legen und zu einem langen Streifen ausrollen, bis man die Butter sieht. Den Streifen dreimal einschlagen, das heißt, das rechte Drittel zur Mitte hin umschlagen, dann das linke Drittel über das rechte legen. Dieser Vorgang muß insgesamt sechsmal wiederholt werden: Den Teig um eine Vierteldrehung (90°) im Uhrzeigersinn drehen, wieder zu einem Streifen ausrollen, den Streifen wie oben falten. Die nächste Drehung im entgegengesetzten Uhrzeigersinn ausführen. Den Vorgang wiederholen. • Den Teig jetzt noch einmal 20 Minuten kühl stellen. • Den Vorgang wiederholen, einmal im Uhrzeigersinn, einmal entgegengesetzt. • Dann den Teig nochmals 20 Minuten kühl stellen. • Den Vorgang ein drittes Mal wiederholen. • Den Teig jetzt nicht mehr ruhen lassen, sonst verliert er seine Elastizität.
Die Füllung bereiten Sie so zu: Das Fleisch durch den Fleischwolf drehen. Salzen, pfeffern, mit der geriebenen Muskatnuß würzen. 2 Eier nacheinander hineinschlagen. Ein weiteres Eiweiß zufügen. Das letzte Eigelb aufbewahren. • Die Masse 1 Stunde sehr kühl stellen. • Nach der Ruhezeit die ebenfalls gut gekühlte Sahne zufügen. Den Schnittlauch in Röllchen schneiden und unterkneten. Den fertigen Blätterteig knapp 1 cm dick ausziehen; etwa 10 Kreise mit etwa 7 cm Durchmesser ausstechen. Die Reste des Teigs zusammenfassen. Etwa ½ cm dick ausziehen. Die gleiche Zahl kleinerer Kreise mit etwa 5 cm Durchmesser ausstechen. Die kleinen Kreise auf ein gebuttertes Backblech setzen. Die Fleischfüllung darauf verteilen. Die größeren Teigplättchen darauf legen. Die Ränder anfeuchten und gut festdrücken. Das restliche Eigelb mit der Milch verklöppeln. Die Küchlein mit dem Ei bestreichen und im Backofen bei 250° (Gas Stufe 5–6) 15–20 Minuten backen.
Dazu schmeckt ein trockener Weißwein von der Loire.

Mein Tip: Den Blätterteig in einem nicht zu warmen Raum bereiten, sonst wird die Butter zu weich.
Damit der Teig zum Backen gut aufgeht, darf die Butter nicht vollständig in den Teig gemischt werden. Daher den Teigstreifen nicht zu lang ausrollen.

Escargots au gratin

Weinbergschnecken überbacken

Weinbergschnecken gehören zu den Lieblingsvorspeisen der Franzosen. Zur Abwechslung sollten Sie einmal dieses Rezept aus der Provence ausprobieren.

2–3 Schalotten · ½ Bund Petersilie
4 Knoblauchzehen · 50 g Champignons
4 Dutzend Weinbergschnecken aus der Dose mit Häuschen · 2–3 Eßl. Olivenöl
Salz · Pfeffer · 1½ Gläser trockener Weißwein (0,3 l) · 2–3 Stengel Fenchelkraut · 1½ Teel. Semmelbrösel
2 Eigelbe · Öl zum Beträufeln

Zubereitungszeit: 45 Minuten
Garzeit: 30 Minuten
Gratinierzeit: 5–8 Minuten

Die Schalotten schälen und sehr fein hacken. Die Petersilie waschen, die Knoblauchzehen schälen, zusammen mit der Petersilie zerkleinern. Die Champignons putzen, kalt abbrausen und feinhacken. • Die Schnecken aus der Dose nehmen und abtropfen lassen. Den Saft auffangen. • Das Öl in einen Topf geben, erhitzen, die Schnecken hineingeben und ein paar Minuten anschmoren lassen. Die Hitze reduzieren. Die Schalotten, die Hälfte der Petersilien-Knoblauch-Mischung und die Champignons unter Umrühren dazugeben. Salzen, pfeffern. Mit dem Wein und dem Saft aus der Dose ablöschen. Das Fenchelkraut zusammenbinden und hineinlegen. • Den Topf zudecken und das Ragout bei geringer Hitze 30 Minuten köcheln lassen. • Wenn die Masse zu dünnflüssig ist, bei offenem Topf etwas einkochen lassen. • 1 Teelöffel Semmelbrösel einstreuen. Die Eigelbe verquirlen und an die Sauce geben. Umrühren. Den Topf sofort vom Herd nehmen. Das Fenchelsträußchen entfernen. Das Ragout muß jetzt die Konsistenz einer Füllung haben. • Die Schneckenhäuschen mit je 1 Schnecke und der Sauce füllen. Auf feuerfesten Schneckentellern mit Vertiefungen oder in einer Auflaufform anordnen, eventuell die Form dick mit Salz beschichten, so daß die Häuschen mit der Öffnung nach oben stehen. • Dann die restliche Petersilien-Knoblauch-Mischung mit dem Rest der Semmelbrösel mischen und auf die Öffnungen streuen. Je 1 Tropfen Öl auf jede Schnecke träufeln. • Die Schnecken auf höchster Schaltstufe im Backofen oder im Grill etwa 5–8 Minuten überbacken.
Dazu schmecken Brot und Rosé aus der Provence.

Fischgerichte stehen im großen französischen Menü nach der Vorspeise und vor dem Fleischgang. Sie können jedoch auch Vorspeise oder Hauptgericht selbst sein.
Frankreich ist nicht umsonst das Land der leidenschaftlichen Sonntagsangler – seine zahlreichen Flüsse und Seen beherbergen einen besonderen Artenreichtum an Fischen. Dazu kommen die Atlantik- und Mittelmeerfische, die wiederum sehr verschiedene Gerichte ergeben. Dieses Kapitel soll einen kleinen Ausschnitt aus der Vielfalt widerspiegeln. Ich habe mich dabei auf Fische beschränkt, die es auch hier, ob frisch oder tiefgekühlt, zu kaufen gibt.

Matelote de sole

Seezungentopf

Ein Fischgericht aus der Normandie, das man auch aus anderen feinen Seefischen bereiten kann. Typisch für den Norden Frankreichs ist die Verwendung von Cidre statt Wein und von Calvados statt Cognac.

2 Seezungen zu je 600 g · Salz · Pfeffer
1 Zwiebel · 100 g Champignons
1,5 kg Miesmuscheln · 100 g Butter
½ l Cidre (Apfelwein) · 1 Teel. Calvados
100 g Sahne

Zubereitungszeit: 1 Stunde

Einen großen Topf mit etwa 2 l Wasser zum Kochen aufsetzen. • Die Flossen und Köpfe der Seezungen entfernen. Die Fische häuten und filetieren. Die Filets in große Stücke schneiden. Salzen und pfeffern. Die Zwiebel schälen und feinhacken, die Pilze putzen, kalt abbrausen und blättrig schneiden. • Die Muscheln verlesen, halbgeöffnete Tiere aussondern, die »Bärte« entfernen. • Die Muscheln in das kochende Wasser geben. Wenn sich die Schalen geöffnet haben, die garen Muscheln in ein Sieb geben und abtropfen lassen. Das Muschelwasser auffangen. • Die Butter in einem schweren, flachen Schmortopf zum Schmelzen bringen. Die Zwiebelstücke in der Butter glasig schmoren, jedoch nicht bräunen lassen. Die Fischstücke in dem Fett ein paar Minuten unter Umrühren erhitzen, die Pilze zugeben. Mit dem Cidre ablöschen, den Calvados angießen. Das Gericht in 15 Minuten ohne Deckel bei mittlerer Hitze garen. • Während die Fischstücke garen, die Muscheln aus den Schalen lösen. Im Kreis auf einer flachen, breiten Platte anrichten. • Die garen Fischstücke mit einem Schaumlöffel aus der Sauce heben und in der Mitte der Platte anordnen. • Einen Teil des Muschelwassers durchseihen und an den Fischsud geben. Einmal aufkochen lassen. Mit der Sahne binden. Die Sauce über den Fisch und die Muscheln gießen.
Dazu in Butter gebratene Brotscheiben reichen. Ein herber Cidre oder ein Muscadet von der Loire passen gut dazu.

◁ Eine unvergleichliche Harmonie: frischer kühler, spritziger Muscadet und feiner Fisch in würziger Zubereitung, hier als Matelote de sole (Seezungentopf).

Cotriade de maquereaux

Junge Makrelen auf bretonische Art

Dieses typisch bretonische Fischgericht wird in Frankreich oft mit einer in der Bretagne häufigen Pilzart, etwa unseren Schnecklingen entsprechend, hergestellt.

4 junge, kleine Makrelen
250 g Wiesenchampignons, ersatzweise auch Zuchtchampignons oder Egerlinge
1 Schalotte · 3 Stangen Lauch (Porree)
4 Eßl. Butter · 4 Eßl. Erdnußöl oder ein anderes geschmacksneutrales Öl
1 Bund Petersilie · 2 Stengel Fenchelgrün · Salz · weißer Pfeffer
2 große Zwiebeln · 1 Teel. Mehl
3 Gläser Wasser (0,6 l) · 2 Gläser trockener Weißwein, am besten Muscadet (0,4 l) · 2 Knoblauchzehen
1 Lorbeerblatt · ¼ Teel. Currypulver
Saft von 1 Zitrone · 4 Scheiben Weißbrot

Zubereitungszeit: 1½ Stunden

Die Fische, wenn notwendig, ausnehmen, die Köpfe abtrennen, filetieren. Die Köpfe und die Filets getrennt beiseite stellen. • Die Pilze putzen und je nach Größe ganz lassen oder halbieren. Die Schalotte schälen und feinhacken, eine Lauchstange waschen und sehr fein schneiden. • In einer feuerfesten Ton- oder Porzellanform 2 Eßlöffel Butter und 1 Eßlöffel Öl bei geringer Hitze miteinander vermengen, die Schalotte und den gehackten Lauch zugeben und erhitzen, ohne daß die Mischung Farbe annimmt. Die Pilze, je 1 Stengel Petersilie und Fenchel hinzufügen. Salzen, pfeffern. • Bei großer Hitze etwa 5–6 Minuten schmoren lassen, dann die Form zudecken, die Hitze reduzieren und die Mischung noch 10–12 Minuten köcheln lassen. • Inzwischen die beiden restlichen Lauchstangen säubern und in dikke Scheiben schneiden. Die Zwiebeln schälen und grobhacken. In einem gußeisernen Schmortopf den Rest des Öls und der Butter miteinander mischen, die Lauchstücke und die Zwiebelwürfel dazugeben und goldgelb anbraten. Das Mehl anstäuben und das Ganze gut miteinander vermengen. Das Pilzgemisch aus der Tonform dazugeben. Das Wasser und den Wein angießen. Die Fischköpfe in den Topf geben, mit Salz und Pfeffer nachwürzen und den Topf zudecken. • Den Sud bei sehr geringer Hitze etwa 15 Minuten köcheln lassen. • Die Fischköpfe entfernen und wegwerfen. Die Fischfilets im Ganzen oder in Portionsstücke geteilt in den Sud legen. Die Knoblauchzehen schälen und hineinpressen. Das Lorbeerblatt zufügen, nach Geschmack noch je 1 Stengel Petersilie und Fenchel hineinlegen. Das Currypulver anstäuben und untermischen. Den Zitronensaft darüberträufeln. • Den Deckel lose aufsetzen und das Gericht bei großer Hitze etwa 15 Minuten kochen lassen. Dabei soll sich die Flüssigkeit um etwa ein Drittel verringern. • Die Brotscheiben inzwischen im Backofen antrocknen lassen, dann in eine flache Schüssel geben. Den Sud mit den Pilzen über die Brotscheiben gießen, Lorbeerblatt und Kräuterstengel entfernen. • Den Rest Petersilie waschen und feinhacken. Die Fischfilets in einer zweiten, gut vorgewärmten Schüssel anrichten. Mit der gehackten Petersilie überstreuen. • Sehr heiß servieren.
Dazu paßt ein spritziger Muscadet.

Turbot au beurre blanc

Steinbutt mit Buttersauce

Beurre blanc ist sowohl eine Spezialität von Angers im Loiretal als auch von Nantes an der Mündung der Loire in den Atlantik. Sie paßt nicht nur zu Steinbutt, sondern genausogut auch zu Flußhecht.

Für die Court-Bouillon:
½ Glas Weinessig (0,1 l) · 1 Glas Weißwein (0,2 l) · Salz · Pfeffer
2 Möhren · 2 Zwiebeln
1 Knoblauchzehe · 3–4 Gewürznelken
2 Stengel Fenchelkraut · 1 kleiner Steinbutt von etwa 1,5 kg
Für die Buttersauce:
6 Schalotten · 4 Eßl. guter Weinessig
Salz · Pfeffer · 250 g Butter

Zubereitungszeit: etwa 1½ Stunden

Für die Court-Bouillon (siehe Seite 22) etwa 2 l Wasser in einen Topf geben. Den Essig und den Weißwein angießen. Salzen, pfeffern. Die Möhren schaben und in Scheibchen schneiden. Die Zwiebeln und die Knoblauchzehe schälen. 1 Zwiebel mit den Gewürznelken spikken, die andere feinschneiden. Das Fenchelkraut waschen. Den Fenchel, die gespickte Zwiebel und die Knoblauchzehe mit Küchengarn zu einem Bouquet garni (siehe Seite 22) binden. Zusammen mit der gehackten Zwiebel in die Court-Bouillon legen. • Den Sud 30 Minuten sieden, dann abkühlen lassen. • In dieser Zeit den Steinbutt vorbereiten, wenn notwendig, ausnehmen. • Den Fisch in den abgekühlten Sud legen und je nach Größe 30–40 Minuten bei sehr geringer Hitze pochieren (siehe Seite 23). • Während der Fisch gart, die Buttersauce bereiten. • Die Schalotten schälen und sehr fein hacken, im Mörser oder mit dem elektrischen Rührstab zermusen. Die Masse in eine Saucenkasserolle geben. Den Essig, Salz und Pfeffer zufügen. Bei mittlerer Hitze die Flüssigkeit reduzieren. Die Schalotten dürfen nicht braun werden. Die Butter allmählich unterrühren. (Die Arbeitsweise erinnert ein wenig an die Zubereitung von Mayonnaise.) Die Kasserolle immer wieder vom Herd nehmen. Wer ganz sicher gehen möchte, stellt den Topf ins Wasserbad (siehe Seite 23). Die Sauce muß heiß bleiben, darf aber nicht kochen! • Die Saucenschüssel anwärmen. • Den Steinbutt auf einer Platte anrichten. Die Buttersauce getrennt dazu in der vorgewärmten Schüssel reichen.
Dazu ißt man in Frankreich Brot, aber auch Salzkartoffeln schmecken gut dazu. Da dieses Gericht von der Loire kommt, paßt ein spritziger Muscadet besonders gut.

Pain de saumon

Lachspastete

Eine Pastete, die warm oder kalt gut schmeckt und sowohl an der Stelle der Vorspeise als auch des Fischgangs stehen kann. Die Fischköpfe und Gräten lassen Sie sich beim Fischändler geben, der Ihnen vielleicht auch gleich den Lachs filetiert.

Für die Pastete:
0,1 l Wasser · Salz · 275 g Butter
8 gestrichene Eßl. Mehl · 500 g Filet von frischem Lachs · weißer Pfeffer
1 Messerspitze geriebene Muskatnuß
2 Eier · 4 Eigelbe
Für die Champignonsauce:
Fischköpfe und -gräten
500 g Champignons · 5 Eßl. und 200 g Butter · weißer Pfeffer · Salz
2 Eigelbe · Saft von 2 Zitronen
3–4 gestrichene Eßl. Mehl

Zubereitungszeit für die Pastete: 1 Stunde
Ruhezeit für den Teig: 30 Minuten
Garzeit für die Pastete: 45 Minuten

Die Fischköpfe und -gräten kalt abbrausen. In etwa ½ l Wasser aufkochen lassen, abschäumen und so lange weiterkochen lassen, bis der Sud auf etwa ⅛ l eingekocht ist. Den Sud durchseihen und kühl stellen. • Inzwischen den Teig für die Pastete bereiten: Das Wasser salzen und mit 25 g Butter zum Kochen bringen. Den Topf vom Herd nehmen, das Mehl hineinrühren und mit einem Holzlöffel zu einem Kloß verarbeiten. Den Topf wieder aufsetzen und den Teigkloß rühren, bis er geschmeidig ist. Den Teig auf ein Stück Butterbrotpapier oder Alufolie legen. • Die Lachsfilets würfeln, dann im Mörser zermahlen. (Sie können auch einen elektrischen Rührstab oder einen Mixer verwenden. Dann etwas Wasser zufügen.) Das Mus salzen, pfeffern und mit der geriebenen Muskatnuß würzen. Zuerst den Teig, dann den Rest Butter unterrühren. Die Eier und die Eigelbe nach und nach daruntermischen. Die Mischung durch ein Sieb treiben. • Etwa 30 Minuten kühl stellen. • Die Masse in eine gebutterte Kastenform geben, die Form in ein Wasserbad (siehe Seite 23) stellen und im Backofen bei 250 °C (Gas Stufe 5–6) in 35 Minuten garen. • Während die Pastete gart, die Champignons putzen, kalt abbrausen und in Scheibchen schneiden. • Die Pilzscheiben mit etwa 5 Eßlöffeln Wasser und 2 Eßlöffeln Butter bei geringer Hitze etwa 10 Minuten köcheln lassen. Pfeffern, salzen. • In einem zweiten Topf die Eigelbe mit der Sahne, dem Zitronensaft und Pfeffer verrühren. • In einem dritten Topf eine Béchamelsauce (siehe Seite 104) aus 3 Eßlöffeln Butter, dem Mehl und dem Fischsud bereiten. • Den zweiten Topf auf den Herd setzen und bei geringer Hitze unter kräftigem Schlagen die Béchamelsauce unterrühren. Die Hitze erhöhen und die gegarten Champignons mit ihrer Flüssigkeit hineinrühren. Kurz aufkochen lassen. • Den Rest Butter nach und nach mit dem Schneebesen darunterschlagen. Abschmecken, eventuell nachwürzen. • Die Pastete aus dem Backofen nehmen, noch 10 Minuten im warmen Wasserbad stehen lassen, stürzen. Die Sauce darübergießen. • Die Pastete kann warm oder kalt serviert werden, die Sauce muß in jedem Fall warm sein.
Dazu schmecken Toast und ein trockener »Fisch«-Wein, zum Beispiel Chablis.

Variante: Die Pastete mit Seezunge zubereiten.

Soles meunière

Seezungen Müllerin

Ein klassisches Rezept, das in einem Buch über französische Küche nicht fehlen darf. Seezunge ist zwar nicht gerade billig, doch unvergleichlich im Geschmack.

2 große oder 4 kleine Seezungen · Salz
Pfeffer · Mehl zum Bestäuben
180 g Butter · Saft von 1 Zitrone
1 Bund Petersilie · 2 Zitrone

Zubereitungszeit: 30 Minuten
Garzeit: etwa 15 Minuten

Die Flossen der Fische mit einer Schere abschneiden, die Köpfe abtrennen. Die dunkle Haut ab Schwanz mit einem spitzen Messer einritzen, den Fisch mit einem Tuch greifen und die Haut nach vorne abziehen. Die weiße Haut schuppen, aber nicht abziehen. • Die Fische ausnehmen, kalt waschen und abtupfen. Salzen, pfeffern. In Mehl wenden, überschüssiges Mehl abklopfen. • 100 g Butter in einer oder zwei Pfannen zum Schmelzen bringen. • Die Seezungen in der heißen Butter auf jeder Seite etwa 7 Minuten braten. • Inzwischen die Anrichteplatte wärmen. Den Rest Butter in einem Saucentopf schmelzen, aber nicht bräunen lassen. Den Zitronensaft zufügen. Die Petersilie waschen und hacken. Die beiden Zitronen vierteln. • Die Fische auf der vorgewärmten Platte anrichten. Mit der Zitronenbutter begießen. Die Petersilie darüberstreuen. Mit den Zitronenschnitzen servieren.
Dazu schmecken in Butter geschwenkte Salzkartoffeln und ein feiner Weißwein, zum Beispiel Riesling d' Alsace oder Condrieu von den Côtes-du-Rhône.

La migourée de Matata

Gemischte Seefische in würziger Sauce

Für dieses Gericht aus der Charente in Westfrankreich braucht man eigentlich gemischte Atlantikfische, doch schmeckt das Gericht auch mit Nordseefischen.

2 Zwiebeln · 2 Knoblauchzehen
3 Schalotten · 1¼ l trockener Weißwein
1 l Wasser · 1 Bund Petersilie
4–5 Zweige Thymian · 2 Stengel
Estragon · 1 Lorbeerblatt · Salz
Pfeffer · 1,5 kg Seefische
150 g Butter · 8 Eßl. Öl · 1 Teel. Mehl

Zubereitungszeit: 20 Minuten
Garzeit der Sauce: 3 Stunden
Garzeit der Fische: 25 Minuten

Die Zwiebeln, die Knoblauchzehen und die Schalotten schälen und feinhacken. Den Wein und das Wasser in einen Topf geben. Die Zwiebel und die Schalottenstückchen dazugeben. Die Petersilie, den Thymian, den Estragon und das Lorbeerblatt zu einem Bouquet garni (siehe Seite 22) binden. Salzen, pfeffern. Die Mischung 3 Stunden köcheln lassen. • Die Fische kalt abbrausen, abtupfen. 8 Eßlöffel Butter in einer großen Pfanne zum Schmelzen bringen, das Öl dazugeben. Die Fische in dem Fett bei geringer Hitze Farbe annehmen lassen. • Dann die Fische in die Sauce legen und den Rest Butter hineingeben. Das Mehl anstäuben. Die Fische in der Sauce etwa 20 Minuten bei geringer Hitze ziehen, aber nicht kochen lassen. Das Gewürzsträußchen entfernen. Heiß servieren.
Dazu schmeckt außer Brot ein trockener weißer Bordeaux.

Sardines à l'oseille

Sardinen in Sauerampfer

Sauerampfer zu pflücken ist nicht leicht, denn die meisten Wiesen sind gedüngt oder liegen in der Nähe von Straßen. Doch gibt es auch in unserer Zeit immer noch unberührte Ecken, wo man Wildkräuter sammeln kann ... und sei es im eigenen Garten.

1 kg Sardinen, frisch oder tiefgefroren
Sauerampferblätter nach Anzahl der
Sardinen · 1 große Zwiebel
5 Eßl. Olivenöl · ½ Glas Weißwein
(0,1 l) · weißer Pfeffer · Salz · 1 Bund
gemischte frische Kräuter, zum Beispiel
Rosmarin, Bohnenkraut, Petersilie, wilder
Majoran

Zubereitungszeit: 1 Stunde
Garzeit: insgesamt 30–35 Minuten

Die Sardinen, wenn notwendig, auftauen lassen. • Die Fische ausnehmen, die Köpfe abschneiden und dabei die Mittelgräten mit herausziehen. Gut abwaschen. • Die Sauerampferblätter verlesen, kalt abbrausen und abtropfen lassen. • Die Zwiebel schälen und feinhakken, die Zwiebelstückchen in eine Auflaufform streuen. • Die Sardinen mit je 1, größere Fische mit 2 Sauerampferblättern umwickeln und dicht an dicht in die Form auf die Zwiebelwürfel legen. Das Öl mit dem Weißwein verrühren. Salzen, pfeffern. Die frischen Kräuter waschen, trockentupfen und hacken. Die Kräuter in die Öl-Weißwein-Mischung geben. Die Sauce über die Fische gießen. • Die Form zudecken und das Gericht bei 220 °C (Gas Stufe 4) in 20 Minuten im Backofen garen. Ausschalten und noch 10–15 Minuten ziehen lassen. • In der Auflaufform servieren. Die Fische am besten einfach aus der Hand ohne Besteck verzehren.
Dazu schmecken Brot und herber Weißwein, zum Beispiel Cassis.

Salade de harengs à la chalutière

Heringssalat nach Art der Fischer

Dieser Salat stammt aus Nordfrankreich, wo ihn die Fischer gern an Bord ihrer Kutter mitnehmen. Sie essen den Salat mit heißen Pellkartoffeln.

4 Räucherheringe (Milchner)
½ l Vollmilch · 1 Tasse Olivenöl
4–5 Teel. Senf · weißer Pfeffer aus der
Mühle · etwa 5 Eßl. neutral
schmeckendes Öl, wie Erdnußöl oder
Sonnenblumenöl · 5–6 eingelegte
Gürkchen (Cornichons)

Zubereitungszeit: 1 Stunde
Einweichzeit für die Fische: 1¾ Stunden

Die Heringe filetieren. Die Heringsmilch beiseite stellen. Die Heringsfilets 45 Minuten in die Vollmilch einlegen. • Danach die Filets aus der Milch nehmen, abtropfen lassen und mit Küchenkrepp trockentupfen. Den Fisch auf einer flachen Anrichteplatte ausbreiten, mit dem Olivenöl übergießen und nochmals 1 Stunde durchziehen lassen. • Inzwischen die Heringsmilch durch ein Haarsieb streichen. Den Senf unterrühren, pfeffern. Das Öl tropfenweise unterrühren, so daß eine mayonnaiseartige dicke Sauce entsteht. • Die Heringsfilets abtropfen lassen. Auf der Sauce anrichten. Die Gürkchen in feine Scheiben schneiden und ringsherum anordnen.

Truites Mont-Dore

Forellen in weißem Vermouth

Ein köstliches Fischgericht, aus der Auvergne, wo es Wild und Fische in Überfülle gibt. Es eignet sich auch vorzüglich als Vorspeise eines Festmenüs.

4 Forellen · 3 Eßl. Butter · 1 Glas weißer Vermouth (0,2 l) · Salz · Pfeffer
2 Eigelbe · 100 g Sahne · 120 g Greyerzer Käse (Gruyère)

Zubereitungszeit: 30–40 Minuten
Garzeit: 10–15 Minuten

Die Forellen, wenn notwendig, ausnehmen, vorsichtig mit kaltem Wasser abspülen, abtupfen und auf einer feuerfesten flachen Schüssel anordnen. Die Butter in Flöckchen auf der Platte verteilen, den Vermouth angießen. Salzen, pfeffern. • Die Forellen im Backofen bei geringster Hitze und offener Ofentür in etwa 10–15 Minuten, je nach Größe, garen. • Die Eigelbe mit der Sahne verquirlen. Die Flüssigkeit von den Fischen angießen und gut unterrühren. Die Fische mit der Sauce bedecken. Den geriebenen Greyerzer Käse über die Forellen streuen, so daß diese bedeckt sind. • Im Ofen bei großer Hitze 3–4 Minuten überbacken. Sehr heiß servieren.
Dazu paßt ein trockener Weißwein, zum Beispiel Côtes-du-Rhône, zum Auftunken der Sauce reichen Sie Brot.

Pauchouse mâconnaise

Süßwasserfisch in Weißwein

Ein Fischgericht aus dem Mâconnais, dem Weinland im südlichen Burgund.

1–1,5 kg Süßwasserfische, zum Beispiel Aal, Hecht, Renke, Felchen, Schleie
125 g durchwachsener Speck
5 Knoblauchzehen · je 2 Stengel Petersilie, Thymian und Estragon
Salz · Pfeffer · 1 Flasche weißer Mâcon, am besten Pouilly-Fuissé · 175 g Butter
4 Scheiben Weißbrot oder helles Landbrot

Zubereitungszeit: 40 Minuten
Garzeit: 30 Minuten

Die Fische säubern, Köpfe, Schwänze und Flossen abschneiden, eventuell schuppen, dann in Portionsstücke teilen. • Den Speck in kochendem Wasser kurz blanchieren (siehe Seite 22), dann in Würfel schneiden. • Die Speckwürfel auf dem Boden eines großen dickwandigen Topfes verteilen. 3 Knoblauchzehen schälen, hineinpressen. Die Petersilie, den Thymian und den Estragon waschen und dazugeben. Die Fischstücke auf dieser Schicht anordnen. Salzen, pfeffern. Den Wein angießen, so daß er die Fische bedeckt. Den Topf auf den Herd setzen und das Gericht bei großer Hitze 10 Minuten angaren. Die Hitze auf die unterste Stufe reduzieren. Etwa 3 Eßlöffel Butter dazugeben. • Das Gericht noch 20 Minuten köcheln lassen. • Inzwischen die Brotscheiben mit den restlichen Knoblauchzehen einreiben und im Rest der Butter braten. • Die Brotscheiben in eine flache Servierschüssel legen. Die Fischstücke mit dem Schaumlöffel aus dem Sud heben und auf den Brotscheiben anrichten. Den Sud durch ein Sieb über das Gericht gießen.
Dazu schmeckt ein Pouilly-Fuissé, ein sehr trockener Weißwein der Gegend, aber auch ein einfacher guter Mâcon Blanc.

Variante: Den Sud mit 1 Eigelb und 100 g Crème fraîche binden.

Quenelles de brochet

Hechtklößchen

Quenelles ist abgeleitet vom deutschen Wort Knödel. Das Gericht stammt ursprünglich aus Burgund, ist jedoch überall bekannt. Es gibt sogar schon Quenelles de brochet in Dosen. Dennoch sollten Sie sie unbedingt selbst herstellen. Lassen Sie sich den Hecht nach Möglichkeit schon beim Fischhändler filetieren. Er sollte Ihnen jedoch Gräten, Haut und Kopf mitgeben.

1 Zwiebel · 1,5 kg Flußhecht
¼ l Weißwein · 1 Lorbeerblatt · 4 Eier
Salz · weißer Pfeffer · 1 Prise geriebene Muskatnuß · 150 g Butter · ⅛ l Milch
100 g Mehl

Zubereitungszeit: etwa 1 Stunde
Kochzeit für den Sud: 40 Minuten
Ruhezeit für den Teig: 30 Minuten
Garzeit: 15 Minuten

Die Zwiebel schälen. Die Gräten, den Kopf und die Haut des Fischs mit der Zwiebel, dem Wein und dem Lorbeerblatt etwa 40 Minuten kochen lassen. Die Flüssigkeit soll etwa auf die Hälfte einkochen. Den Sud durch ein Sieb gießen. • Die Fischfilets im Mörser oder mit dem elektrischen Rührstab pürieren. • Das Fischfleisch darf beim Zerkleinern nicht warm werden, wenn notwendig daher 2 Eiswürfel in die Masse geben. • Die Eier trennen. Die Eigelbe beiseite stellen. Die Eiweiße steif schlagen, unter die Fischmasse ziehen und die Masse weiter schaumig schlagen. Salzen, pfeffern, mit der geriebenen Muskatnuß würzen. • Den Schaum 30 Minuten kühl stellen. • Die Butter in einer Kasserolle zum Schmelzen bringen. Die Hälfte der Butter abgießen und warm stellen. Die andere Hälfte mit der Milch aufkochen, das Mehl durch ein Sieb dazugeben und die Masse bei niedrigster Schaltstufe auf dem Herd mit dem Holzlöffel zu einem dicken Kloß verarbeiten. • Den Teig aus dem Topf nehmen und abkühlen lassen. Den abgekühlten Teig mit der Fisch-Eischaummasse und den Eigelben mischen, eventuell einen elektrischen Rührstab zu Hilfe nehmen. Die restliche Butter dazugießen und hineinarbeiten. • Den Sud mit 1–2 Tassen Wasser verlängern und erhitzen, aber nicht kochen lassen. Einen Eßlöffel immer wieder in kaltes Wasser tauchen und Klößchen aus dem Teig abstechen. • Die Klößchen etwa 15 Minuten im Sud pochieren (siehe Seite 23). Darauf achten, daß das Wasser niemals kocht! Die Hechtklößchen in einer Schüssel anrichten.
Sie können zu diesem köstlichen Gericht Krebssauce Nantua (Rezept Seite 103) oder eine Champignonsauce (Rezept Seite 56) reichen oder sie auf einem Spinatbett servieren.

Quenelles de brochet (Hechtklößchen) kann man in verschiedener Form servieren. Auf dem Spinatbett sehen sie besonders appetitlich aus. ▷

Suprêmes de brochet

Hechtfilets in Rosé aus der Champagne

Rosé de Riceys ist ein sehr seltener, dafür sehr feiner Rosé aus der Champagne. Wenn Sie ihn nicht bekommen, verwenden Sie für dieses Gericht stillen weißen Wein aus der Champagne.

1 großer Hecht von etwa 1,5 kg · etwa 100 g frischer Speck · 2 Zwiebeln 4 Schalotten · 1 Flasche Rosé de Riceys oder Weißwein · ¼ l Wasser · 3 Stengel Petersilie · 2 Zweige Thymian 1 Lorbeerblatt · Salz · Pfeffer 3 Gewürznelken · 250 g Champignons 5 Eßl. Butter und Butter für die Form 2 Eßl. Mehl

Zubereitungszeit: insgesamt 1 Stunde
Kochzeit für den Sud: 30 Minuten

Den Hecht, wenn notwendig, schuppen. Mit kaltem Wasser abbrausen, trockentupfen, Kopf und Schwanz abtrennen. An der Mittelgräte von Kopf bis Schwanz einschneiden. Die Filets durch einen Schnitt hinter den Kiemen vom Rücken bis zum Bauch lösen und von den Gräten trennen. Die Filets mit der Haut nach unten auf ein Brett legen und mit dem Messer behutsam die Haut abtrennen. In vier gleiche Stücke teilen. • Den Speck in lange Streifen schneiden. Den Hecht damit spicken. • Die Zwiebeln und die Schalotten schälen und hacken. ¼ l Wein mit einem ¼ l Wasser mischen und in einen großen Topf schütten. Die Hälfte der Zwiebel- und der Schalottenstückchen sowie die Gräten, die Haut, den Kopf und den Schwanz des Hechts in den Sud legen. Mit der Petersilie, dem Thymian, dem Lorbeerblatt, Salz, Pfeffer und den Gewürznelken würzen. • 30 Minuten kochen lassen. • Inzwischen die Champignons kalt abbrausen, mit Küchenkrepp abtupfen und sehr fein würfeln. • Einen dickwandigen flachen Topf ausbuttern, die Filets darauflegen. Den Sud durch ein Sieb gießen. Den restlichen Wein im Verhältnis 2:1 mit dem Sud mischen und über den Fisch gießen. Den Fisch einlegen. • Den Topf zudecken und den Hecht bei geringer Hitze 10 Minuten pochieren (siehe Seite 23). • Während der Fisch gart, die Champignonstückchen mit 3 Eßlöffeln Butter und den restlichen Zwiebel- und Schalottenwürfeln in einer Stielkasserolle ohne Flüssigkeitszugabe garen. Immer wieder umrühren, um jede Färbung zu vermeiden. • Den Boden einer Auflaufform gleichmäßig mit der Champignonsauce bedecken. Die Fischfilets darauflegen. • Die Flüssigkeit um die Hälfte einkochen lassen. Aus 2 Eßlöffeln Butter und 2 Eßlöffeln Mehl einen Kloß kneten. Den Mehlkloß in den Sud geben und das Ganze über die Fischfilets gießen. • Die Auflaufform in den auf 280 °C (Gas Stufe 7) vorgeheizten Backofen schieben und 2–3 Minuten überbacken.
Dazu schmeckt der gleiche Wein, den Sie für die Sauce verwendet haben.

Anguille au vin rouge

Aal in Rotwein

Bei uns kennt man kaum Fischzubereitungen mit Rotwein. Daher zum Ausprobieren hier ein Rezept von der Loire mit *frischem*, möglichst erst beim Kauf getötetem Aal.

1 mittelgroßer Aal von gut 1 kg 2 Zwiebeln · 2 Schalotten 1 Lorbeerblatt · 2 Stengel Petersilie Salz · Pfeffer · etwa ½ l guter Rotwein, zum Beispiel Chinon · 1 Schnapsglas Cognac (2 cl) · 1 Eßl. Butter 1 Eßl. Mehl

Zubereitungszeit: 25 Minuten
Garzeit: 20 Minuten

Den Aal waschen und in etwa 5 cm lange Portionsstücke schneiden. • Die Zwiebeln und die Schalotten schälen und feinschneiden. Aus dem Lorbeerblatt und der Petersilie ein Bouquet garni (siehe Seite 22) binden. Die Zwiebel- und die Schalottenstückchen sowie das Gewürzsträußchen in einen Topf legen. Salzen, pfeffern. Die Fischstücke auf das Zwiebel-Schalotten-Bett legen. Den Rotwein angießen, bis der Aal bedeckt ist. • Bei großer Hitze zum Kochen bringen. Wenn die Flüssigkeit kocht, die Hitze reduzieren. Den Cognac in einen Löffel gießen, anwärmen, anzünden und brennend in den Topf geben. Bei geringer Hitze noch etwa 20 Minuten gar ziehen lassen. • Die Butter mit dem Mehl verkneten. Zum Schluß den Butterkloß unterrühren und die Sauce damit binden. Das Bouquet garni entfernen.
Mit in Butter gebratenen Brotscheiben servieren. Ein kräftiger Rotwein, zum Beispiel ein Chinon – am besten der gleiche, der zum Kochen verwendet wurde – schmeckt gut dazu.

Lotte à la bordelaise

Quappe Bordelaiser Art

Die Quappe, auch Aalquappe oder Aalrutte genannt, ist ein aalähnlicher Süßwasserfisch mit sehr schmackhaftem Fleisch. Es gibt ihn auch in unseren Geschäften zu kaufen.

750–800 g Quappe · 4–5 Eßl. Öl 500 g sehr reife, geschmackreiche Tomaten · 2 Schalotten · 2 Zweige Thymian · 1 Lorbeerblatt · 2 Stengel Petersilie · ½ Glas trockener Graves-Weißwein (0,1 l) · Salz Pfeffer · 8 Scheiben Weißbrot

Zubereitungszeit: 30 Minuten
Garzeit: 30 Minuten

Den Fisch kalt abspülen und in 2 cm dicke Scheiben schneiden. • In einem flachen Topf oder einer tiefen Pfanne 2–3 Eßlöffel Öl sehr heiß werden lassen und die Fischstücke darin anbraten. Herausnehmen und beiseite stellen. • Die Tomaten kurz in kochendheißes Wasser tauchen, abziehen. Die Kerne entfernen, den Saft leicht herausdrücken und das Fruchtfleisch in Stücke schneiden. Die Schalotten schälen und vierteln. Aus dem Thymian, dem Lorbeerblatt und der Petersilie ein Bouquet garni (siehe Seite 22) binden. • Die Tomatenstückchen in dem Bratöl der Fische anschmoren, die Schalotten und das Bouquet garni zugeben. Den Wein angießen. Salzen, pfeffern. Ein paar Minuten bei großer Hitze kochen lassen. Die Fischscheiben in die Sauce geben. Die Hitze reduzieren und den Fisch bei geringer Hitze in etwa 30 Minuten fertig garen. Das Bouquet herausnehmen. • Die Brotscheiben in dem restlichen Öl knusprig braun braten. Zu dem Fischgericht reichen.

Bar au fenouil

Barsch mit Fenchel

Ein Rezept fürs Holzkohlenfeuer an einem warmen Sommerabend.

1 Barsch von etwa 1 kg · Salz · Pfeffer
5–6 Stengel getrockneter Fenchel
1 Eßl. Fenchelsamen · 3 Eßl. Olivenöl
3–4 Eßl. Butter · 1 Zitrone

Zubereitungszeit: 20 Minuten
Garzeit: etwa 40 Minuten

Den Fisch von den Flossen befreien und schuppen, wenn das der Fischhändler nicht schon getan hat. Ausnehmen. Den Fisch mit viel kaltem Wasser waschen. Mit Küchenkrepp abtupfen. • Die Haut des Fischs auf beiden Seiten je einmal kreuzweise einritzen. Den Fisch innen und außen salzen und pfeffern. 2 Stengel Fenchel in die Bauchöffnung stecken. Den Barsch in der Hälfte der Fenchelsamen wälzen. Mit dem Öl bestreichen. • Den Fisch auf den Grill über die Holzkohlenglut legen. Während der Garzeit von 40 Minuten öfters vorsichtig umdrehen. • Inzwischen den Rest der Fenchelsamen in einem Mörser zerstoßen. Mit der Butter, Salz und Pfeffer verkneten. Die Butter zu einer Rolle formen und in Alufolie wickeln. Im Kühlschrank fest werden lassen. Die Zitrone in Scheiben schneiden. • Kurz vor Ende der Garzeit die restlichen Fenchelstengel in die Glut werfen. • Den Fisch auf einer vorgewärmten Platte anrichten. Mit den Zitronenscheiben garnieren. Die Butter in Scheiben schneiden und um den Fisch legen.
Dazu schmecken Brot, Salat und ein weißer Côtes-du-Rhône.

Brêmes à la mode du Loing

Gegrillte Brachsen mit feiner Sauce

Der Loing ist ein Nebenfluß der Seine. Hier gibt es auch viele Brachsen (Brassen), sehr wohlschmeckende, wenn auch grätenreiche Fische. Dies ist ein Rezept für Angler, denn Brassen gibt es bei uns selten zu kaufen.

2 kg Brachsen · 4 Eßl. Öl · Saft von
1 Zitrone · 1 Bund Petersilie
1 Lorbeerblatt · 2 Zweige Thymian
Salz · Pfeffer · 2 Eier · 3 Schalotten
½ Glas Weißwein (0,1 l) · 1 Teel. scharfer
Senf · 75 g Butter

Marinierzeit: 1 Stunde
Zubereitungszeit: etwa 45 Minuten

Die Fische, wenn notwendig, ausnehmen und schuppen. • Aus dem Öl, dem Zitronensaft, 3–4 Stengeln Petersilie, dem Lorbeerblatt, dem Thymian, Salz und Pfeffer eine Marinade rühren. Die Fische einlegen. 1 Stunde darin ziehen lassen. • Die Eier hart kochen. Die Schalotten schälen und feinhacken. In dem Weißwein glasig dünsten. Den Senf einrühren. Die Butter zum Schmelzen bringen und zufügen. Die Eier abschrecken, schälen, die Eigelbe zermusen. Mit der Senfbutter verrühren. Den Rest Petersilie waschen, feinhacken und hineingeben. Salzen, pfeffern. Die Fische aus der Marinade nehmen, abtupfen, mit Öl bepinseln und je nach Größe und Intensität der Glut 10–20 Minuten auf dem Elektro- oder Holzgrill grillen. • Die Sauce im Wasserbad etwa 15 Minuten garen. Dann über die fertigen Fische gießen. Servieren.
Dazu schmecken Brot und ein weißer Loirewein.

Variante: Diese Zubereitungsart eignet sich auch für andere kleinere Süßwasserfische.

Carpe à l'oseille

Karpfen mit Sauerampfersauce

Dieses Rezept aus Südfrankreich ist insofern reizvoll, als das fettreiche Karpfenfleisch durch den Sauerampfer eine angenehm frische Geschmacksnote erhält.

1 Karpfen von etwa 1,5 kg · 100 g
Butter · 1 große milde Zwiebel · 3 junge
Möhren · 2 Stangen Bleichsellerie
2 Stengel Petersilie · 1 Lorbeerblatt
1 Zweig Thymian · 2 Gläser trockener
Weißwein (0,4 l) · Salz · Pfeffer
2 Handvoll Sauerampfer · 300 g Sahne
3 Eigelbe · je 1 Messerspitze geriebene
Muskatnuß und Cayennepfeffer

Zubereitungszeit: 1½ Stunden

Den Karpfen filetieren. Die Filets mit der Haut nach unten auf ein Brett legen und das Fleisch mit einem spitzen Messer abtrennen. Etwa verbleibende Gräten herausziehen. • Eine feuerfeste Auflaufform buttern. • Die Zwiebel schälen und in Scheiben schneiden, diese in Ringe trennen. Die Möhren, wenn notwendig, schaben, sonst nur waschen und in feine Scheibchen hobeln. Den Bleichsellerie waschen und in Scheiben schneiden. Die Petersilie, das Lorbeerblatt und den Thymian zu einem Bouquet garni (siehe Seite 22) binden. Die Gemüsescheiben und das Bouquet auf dem Boden der Form verteilen. • Die Filets auf das Gemüsebett legen. Den Weißwein angießen. Salzen, pfeffern. Butterbrotpapier buttern. Die Filets damit bedekken. • Den Fisch im Backofen bei 190 °C (Gas Stufe 2–3) in etwa 30 Minuten gar dünsten. • Inzwischen den Sauerampfer kalt abbrausen und feinhacken. • Den Rest der Butter in einer Saucenkasserolle zum Schmelzen bringen. Den Sauerampfer hineingeben und die austretende Flüssigkeit etwas verdampfen lassen. Die Sahne angießen und um etwa die Hälfte einkochen lassen. • Die Filets auf einer Platte anrichten. Warm stellen. • Die Kochflüssigkeit der Fische unter die Sauce rühren. • Die Eigelbe verquirlen und die Sauce damit binden. Mit der geriebenen Muskatnuß und dem Cayennepfeffer würzen. • Die Sauce über die Filets gießen. • Servieren.
Dazu paßt ein trockener Weißwein, zum Beispiel Cassis, oder ein südfranzösischer Rosé.

Muscheln gehören zu den preiswertesten Zutaten überhaupt, dafür Hummer und Langusten zu den teuersten. Gemeinsam ist all diesen Meeresbewohnern, daß man sie ohne Reue für die schlanke Linie genießen kann, daß sie Abwechslung in den Speiseplan bringen und sehr frisch sein sollten. (Hummer, Langusten und Jakobsmuscheln gibt es auch tiefgefroren.)
In allen französischen Rezepten werden Hummer, Langusten und Flußkrebse lebend zerschnitten. Das ist unnötige Tierquälerei und in Deutschland, der Schweiz und Österreich verboten. Am Geschmack ändert sich nichts, wenn man die Tiere vor der Zubereitung in kochendem Wasser schnell tötet.

Homard à l'américaine

Hummer klassisch

Über den Namen streiten sich die Geister. Einige meinen, es müßte »à l'armoricaine« heißen, was auf eine Herkunft aus der Bretagne schließen ließe. Dagegen spricht aber, daß dort sowohl Olivenöl wie Tomaten in früheren Zeiten unbekannt waren. Halten wir uns daran, daß der Name im 19. Jahrhundert der Phantasie eines Pariser Gastronomen entsprungen sein soll.

2 lebende oder tiefgekühlte Hummer von zusammen etwa 1,4 kg · Pfeffer · Salz
4 Eßl. Olivenöl · 1 Zwiebel
1 Schalotte · 2 reife Tomaten
1 Knoblauchzehe · je 2–3 Stengel Petersilie und Estragon · 1 Glas Weißwein (0,2 l) · 2 Schnapsgläser guter Cognac (4 cl) · 1 Prise Cayennepfeffer
6 Eßl. Butter

Zubereitungszeit: 1 Stunde
Garzeit: 20 Minuten

Einen großen Topf mit Wasser zum Kochen aufsetzen. Die Hummer in das sprudelnd kochende Wasser geben. Nach 10 Minuten herausnehmen und abkühlen lassen. Tiefgekühlte Hummer auftauen lassen. • Die Hummerschwänze den Panzergliedern entsprechend in Scheiben schneiden. Den Brustpanzer längs aufschneiden. Den Beutel mit sandiger Substanz herausnehmen. Die weißen, cremigen Innereien zusammen mit dem Corail (dem grünen Rogen) aus der Mitte des Schwanzfleisches beiseite stellen. Scheren und Beinpanzer zerschlagen, damit man das Fleisch später besser auslösen kann. • Die Zwiebel und die Schalotte schälen und sehr fein hacken. Die Tomaten kurz in kochendheißes Wasser tauchen und abziehen. Die Kerne herausdrücken. Das Fruchtfleisch würfeln. • In einem Schmortopf das Olivenöl erhitzen. Die Hummerteile in das heiße Fett geben, anbraten, dann wieder herausnehmen. Die Schalotten- und Zwiebelstücke in den Topf geben und bei geringer Hitze glasig schmoren. Mit dem Holzlöffel gut umrühren. Das Tomatenfleisch zu den Zwiebeln geben, umrühren. Die Knoblauchzehe schälen und hineinpressen. • Die Petersilie und den Estragon waschen, hacken und hineinrühren. Die Hummerstücke auf die aromatische Masse betten. Den Weißwein angießen. Den Cognac zufügen und abbrennen (siehe Seite 22). Mit dem Cayennepfeffer schärfen. • Den Deckel schließen und das Ganze 20 Minuten köcheln lassen. • Das Hummerfleisch herausnehmen. Die Schwanzstücke vom Panzer befreien. Bein- und Scherenfleisch auslösen. Alles zusammen mit den halbierten Brustpanzern auf einer Anrichteplatte anordnen. Warm stellen. • Den Kochsud etwas einkochen lassen. Das grüne Mark und die weißlichen Innereien zerstoßen und mit der Hälfte der Butter verkneten. Unter die Sauce rühren. Das Corail wird beim Erhitzen rot. Die Sauce mit dem Schneebesen kräftig schlagen und 2–3mal aufkochen lassen. Den Topf vom Herd nehmen. • Den Rest der Butter in kleinen Flöckchen hineinschneiden. Die Sauce über das Hummerfleisch gießen. Sofort servieren.
Dazu paßt edelster Wein, zum Beispiel Meursault oder Corton-Charlemagne, aber auch Rosé de Sancerre.

Écrevisses à la nage

Flußkrebse im würzigen Sud

Ein Rezept aus der Dauphiné. Achten Sie darauf, daß die Krebsschwänze auch nach dem Kochen fest am Körper anliegen, sonst ist das Tier schon vorher krank gewesen und daher ungenießbar. Lebende Krebse nach dem Einkauf nie auf Eis setzen, sondern im Einkaufskorb mit nassem Papier bedecken und so bald wie möglich zubereiten.

4 Zwiebeln · 5–7 Schalotten
2 Möhren · je 2 Stengel Thymian, Petersilie und Kerbel · 1 Flasche trockener Weißwein · 1 Eßl. schwarze Pfefferkörner · Salz · eventuell
1 Messerspitze Cayennepfeffer
24 Krebse

Zubereitungszeit: 20 Minuten
Kochzeit des Suds: 45 Minuten
Garzeit der Krebse: 10–12 Minuten

Die Zwiebeln und die Schalotten schälen und in Scheiben schneiden. Die Möhren schaben und ebenfalls in Scheiben schneiden. Aus Thymian, Petersilie und Kerbel ein Bouquet garni (siehe Seite 22) binden. • Den Wein in einen großen, schweren Topf geben. Die Zwiebel, die Schalotten- und die Möhrenscheiben sowie die Kräuter dazugeben. Pfeffer, Salz und nach Belieben Cayennepfeffer zufügen. Den Sud zum Kochen bringen und bei offenem Topf etwa auf die Hälfte einkochen lassen. • Die Krebse mit reichlich Wasser waschen und mit dem Kopf voran in den sprudelnd kochenden Sud geben. Darauf achten, daß der Sud kocht und nicht nur siedet, wenn Sie die Krebse hineingeben. • Die Krebse je nach Größe in 10–12 Minuten garen. • Danach die Krebse mit dem Schaumlöffel aus dem Sud heben und in einer Terrine oder Schüssel anrichten. Den Sud durch ein Haarsieb darübergießen.
Dazu schmecken frisches Weißbrot und ein trockener Weißwein, am besten Hermitage, der aus der Heimat dieses Rezepts stammt.

Ein Grund zur Freude für viele Feinschmekker: Auch bei uns leben wieder mehr Flußkrebse. In der Zubereitung als Écrevisses à la nage (Flußkrebse in würziger Sauce) kommt ihr Eigengeschmack gut zur Geltung. ▷

Schal- und Krustentiere

Gratin de queues d'écrevisses

Krebsschwänze überbacken

Das Rezept stammt aus der Dauphiné, der Heimat berühmter, mehr oder weniger aufwendiger Aufläufe.

Für die Court-Bouillon (siehe Seite 22):
2 Zwiebeln · 1 Schalotte · 1 Möhre
1 Stange Lauch (Porree) · 1 Stück Sellerieknolle · 1 Zweig Thymian
1 Lorbeerblatt · 1 Teel. Pfefferkörner
1 l Weißwein · 1½ l Wasser · Salz
Für die Füllung:
24 Krebse oder Krebsschwänze
125 g Butter · 2 Eßl. Mehl
100 g Sahne · Salz · weißer Pfeffer
4 Eier · 125 g Greyerzer Käse (Gruyère)

Zubereitungszeit: etwa 2 Stunden
Kochzeit für die Court-Bouillon: 20 Minuten
Gratinierzeit: etwa 20 Minuten

Die Zwiebeln und die Schalotte schälen und feinhacken, die Möhre schaben, den Lauch putzen, beides kleinschneiden, die Sellerieknolle abbürsten und würfeln. Die Gemüse mit dem Wasser und dem Wein in einen Topf geben. • 20 Minuten kochen lassen. • Die Krebse nacheinander in die Court-Bouillon tauchen. Darauf achten, daß das Wasser jedesmal wieder sprudelnd kocht. Nie zuviele Krebse auf einmal in die Court-Bouillon geben. Die Krebse 10 Minuten ziehen, dann abkühlen lassen. Die Krebsschwänze auslösen. • Aus 2 Eßlöffeln Butter, dem Mehl und der Sahne eine Béchamelsauce (siehe Seite 104) rühren, salzen, pfeffern, mit den Eiern binden. Die restliche Butter hineingeben. Eventuell nachwürzen. • Die Krebsschwänze in die Sauce legen. 1–2 Eßlöffel von der Court-Bouillon angießen. Die Krebsschwänze mit der Sauce in eine Auflaufform geben. Den Käse reiben und darüberstreuen. • Im auf 270 °C (Gasstufe 6–7) vorgeheizten Backofen überbacken, bis der Käse goldgelb ist.
Dazu paßt ein weißer Mâcon, zum Beispiel Pouilly-Fuissé.

Civet de langouste

Langusten in Rotwein

Civet ist eigentlich ein Ragout mit Rotwein und frischem Blut. Doch letzteres bekommt man kaum. Es lohnt sich dennoch, Krustentiere einmal in Rotwein zuzubereiten, auf eine Art, wie man sie sonst nur von Wild oder dunklem Fleisch gewöhnt ist.

1 Languste von 1 kg · 6 Zwiebeln
2 Schalotten · 1 Knoblauchzehe
4 Eßl. Butter · 1 kleines Glas Cognac (0,1 l) · 1 Flasche guter Rotwein
1 Lorbeerblatt · 2 Stengel Petersilie
2 Zweige Thymian · 1 Teel. Mehl

Zubereitungszeit: 30 Minuten
Garzeit: 20 Minuten

Die Languste, wenn notwendig, auftauen lassen. In Scheiben schneiden. Den Corail (den grünen Rogen) beiseite stellen. • Die Zwiebeln schälen und feinhacken. Die Knoblauchzehe und die Schalotten ebenfalls schälen, hacken und beiseite stellen. • Die Hälfte der Butter in einem Topf zum Schmelzen bringen, die Zwiebelstückchen darin glasig dünsten. Die Langustenstücke dazugeben, umrühren. Den Cognac angießen, abbrennen (siehe Seite 22). Mit dem Rotwein löschen. Die Schalotten- und Knoblauchwürfel dazugeben. Aus dem Lorbeerblatt, der Petersilie und dem Thymian ein Bouquet garni (siehe Seite 22) binden und hineinlegen. • 20 Minuten köcheln lassen. • Das Langustenfleisch herausnehmen und warm stellen. • Den Corail in die Sauce rühren, das Bouquet entfernen. Das Mehl anstäuben und unterrühren. Einmal aufkochen lassen. • Die restliche Butter dazugeben und die Sauce über die Langusten gießen.
Dazu paßt ein guter Rotwein aus dem Languedoc, woher auch dieses Gericht stammt.

Coquilles Saint-Jacques à la bordelaise

Jakobsmuscheln in Weißwein

Früher kannte man bei uns nur die attraktive Schale der Jakobsmuschel, bei den Tankstellen als Shell-Zeichen und vom Ragout fin, das gern darin serviert wird. Heute gibt es die Muscheln tiefgefroren fast überall zu kaufen – ob mit oder ohne Schale. Frische Jakobsmuscheln werden mit dem Messer geöffnet wie Austern.

Fleisch von 12–16 Jakobsmuscheln
1 Möhre · 1 Zwiebel · 1 Schalotte
1 Tomate · 4 Eßl. Butter · 1 Schnapsglas Cognac (2 cl) · 1 kleine Knoblauchzehe
1 Glas Weißwein (0,2 l)

Zubereitungszeit: 40 Minuten

Das Muschelfleisch, wenn notwendig, auftauen lassen. Die Möhre schaben und würfeln, die Zwiebel und die Schalotte schälen und feinhacken. Das Muschelfleisch in Scheiben schneiden. Die Tomate in kochendheißes Wasser tauchen, abziehen, ausdrücken und vierteln. • Die Butter in einem Schmortopf erwärmen. Die Möhre mit der Zwiebel und den Schalotten dazugeben, etwas anschmoren lassen. Das Muschelfleisch und den Rogen ebenfalls dazugeben. Unter Umrühren goldbraun werden lassen. Den Cognac angießen und anzünden (siehe Seite 22). Salzen, pfeffern. Die Knoblauchzehe schälen und daranpressen. Die Tomatenviertel dazugeben. Den Weißwein angießen und das Ragout bei großer Hitze 10 Minuten kochen lassen. Das Muschelfleisch herausnehmen und warm stellen. • Den Sud etwas einkochen lassen. Abschmecken, eventuell nachwürzen und durch ein Sieb über das Muschelfleisch gießen.
Dazu schmecken trockener Graves-Weißwein sowie Brot oder Reis.

Variante: Sie können Muschelragout auch in den Schalen der Jakobsmuschel servieren. Wenn Sie das Muschelfleisch ohne Schalen gekauft haben, besorgen Sie sich die Schalen im Haushaltsgeschäft. Sie können sie immer wieder verwenden.

Les aspics de moules

Muscheln in Aspik

Ein originelles Vorgericht aus Südfrankreich.

etwa 30 Muscheln · 2 Gläser herber Weißwein (0,4 l) · 2–3 Cornichons 1 Röhrchen Kapern · 1 Bund Petersilie 1 kleines Glas Mayonnaise (125 g) 1 Päckchen Aspikpulver · schwarze Oliven aus dem Glas

Zubereitungszeit: 1 Stunde
Ruhezeit: 30 Minuten

Die Muscheln unter kaltem Wasser abbürsten, die »Bärte« entfernen. • Den Wein in einen schweren Topf gießen. Die Muscheln hineingeben. Den Topf zudecken, aufsetzen, und die Muscheln sich bei großer Hitze öffnen lassen. • Die Muscheln herausnehmen, aus den Schalen lösen und beiseite stellen. • Die Cornichons, die Kapern und die Hälfte der Petersilie feinhacken und unter die Mayonnaise rühren. • Das Aspikpulver nach Vorschrift auf der Packung anrühren. Lieber etwas weniger Wasser verwenden als angegeben. Das Gelee unter Umrühren erhitzen. • Das Muschelfleisch unter die Remoulade mischen. Dann die heiße Aspikmasse schnell unterrühren, sonst wird sie vor der Zeit steif. • Vier Förmchen mit kaltem Wasser ausspülen. Die Mischung hineingeben. • Die Förmchen 30 Minuten in den Kühlschrank stellen, so daß das Gelee erstarrt. • Die Muschelförmchen stürzen und mit schwarzen Oliven und Petersilienstengeln garniert servieren.
Dazu paßt ein trockener weißer Bordeaux.

Moules marinières

Muscheln nach Art der Seeleute

Die Muscheln für dieses provenzalische Rezept bekommen Sie in jedem Fischgeschäft. Achten Sie beim Kauf darauf, daß die Schalen fest geschlossen sind. Werfen Sie halbgeöffnete Muscheln lieber weg, sonst riskieren Sie eine Vergiftung.

3 kg Miesmuscheln · 1 Zwiebel 1 Gewürznelke · 1 Zweig Thymian 3 Lorbeerblätter · 1 Stück Schale von einer unbehandelten Zitrone · 1 Glas trockener Weißwein (0,2 l) · ½ Bund Petersilie · 1 Knoblauchzehe · 3–4 Eßl. Crème fraîche

Zubereitungszeit: etwa 1 Stunde

Die Muscheln unter kaltem Wasser sehr gut abbürsten, die »Bärte« entfernen. • Die Zwiebel schälen, mit der Nelke spikken und zusammen mit dem Thymian, den Lorbeerblättern und der Zitronenschale in einen großen Topf geben. Den Wein angießen. • Die geputzten Muscheln in den Topf legen, den Deckel aufsetzen. • Die Muscheln bei starker Hitze 5–6 Minuten in dem Sud kochen lassen. Dann müßten sich alle geöffnet haben. • Die Muscheln auf einer großen Platte anrichten. • Den Kochsud durch ein Haarsieb gießen, damit etwa verbliebene Sandkörner zurückgehalten werden. • Die Petersilie waschen und feinhacken. Den Knoblauch schälen und in die Petersilie pressen, untermischen. Das Ganze in den Sud geben. Die Crème fraîche einrühren, den Sud noch einmal kurz erhitzen, aber nicht mehr kochen lassen. • Die Sauce über die Muscheln gießen und sofort servieren.
Dazu paßt viel Weißbrot, um den Sud aufzutunken, und ein sehr trockener provenzalischer Weißwein, zum Beispiel ein Cassis.

Moules aux herbes

Muscheln mit grünen Blättern

Wer eine ungedüngte Wiese kennt, die zusätzlich fern von Autostraßen liegt, sollte sich die Mühe machen und Sauerampfer pflücken gehen. Sie können ihn aber auch im Garten selber ziehen.

1 kg Spinat · 1 kg Sauerampfer 2 Eigelbe · 100 g Crème fraîche 100 g Butter · 3 kg Muscheln 150 g durchwachsener frischer Speck 1 gestrichener Eßl. Semmelbrösel

Zubereitungszeit: 1 Stunde

Den Spinat und den Sauerampfer verlesen und waschen. Mit kochendem Wasser überbrühen und 10 Minuten kochen lassen. • Die Blätter herausnehmen und in einem Sieb abtropfen lassen. Die abgetropften Blätter feinhacken. Die Eigelbe mit Crème fraîche verklöppeln und unter die Blätter ziehen. Zwei Drittel der Butter zum Schmelzen bringen und ebenfalls daruntermischen. • Die Muscheln unter kaltem Wasser abbürsten, die »Bärte« entfernen. Die Muscheln ohne Flüssigkeit in einen Topf geben und sich bei starker Hitze öffnen lassen. Das Fleisch aus den Schalen lösen und in eine Schüssel geben. • Den Speck würfeln, in einen großen Schmortopf geben und glasig schmoren. Die Muscheln dazugeben, einmal umrühren und den Topf vom Herd nehmen. • Das Spinat- und Sauerampferpüree in eine feuerfeste gebutterte Auflaufform schichten, die Muscheln mit dem Speck darauf verteilen. Die Semmelbrösel darüberstreuen. Den Rest der Butter in Flöckchen daraufsetzen. • Die Auflaufform in den auf 280 °C (Gas Stufe 7) vorgeheizten Backofen schieben und 3–4 Minuten überbacken. • Sofort servieren.
Dazu schmecken ein einfacher kräftiger Weißwein, zum Beispiel von der Loire, und Stangenweißbrot.

Rindfleisch wird in der französischen Küche relativ viel verwendet, leider nur zu oft in der berühmten Verbindung Steak-Frites, was häufig nur eine höfliche Bezeichnung für Schuhsohlen mit fettigen Kartoffelstangen ist. Ich möchte Ihnen in diesem Kapitel Rind- und Kalbfleischgerichte aus der regionalen Küche vorstellen. Beim Kalbfleisch habe ich noch Rezepte mit Bries und Hirn angefügt, da diese in vielen Variationen in der bürgerlichen Küche Verwendung finden.

Filet de bœuf à la ficelle

Gerolltes Rinderfilet

In Frankreich binden die Metzger Braten- und Suppenfleischstücke in eine gefällige Form. Wir müssen das in den meisten Fällen selbst tun.

750 g Rinderfilet · 3 dicke Stangen Lauch (Porree) · 5 Möhren · ½ Knolle Sellerie 3–4 weiße Rüben · 1 große Gemüsezwiebel · 3–4 Gewürznelken 1 Stengel Estragon · 1 Zweig Thymian 1½–2 l Wasser · Salz · ½ Bund Schnittlauch

Zubereitungszeit: 20 Minuten
Kochzeit: 40–45 Minuten

Das Fleisch mit Küchengarn wie einen Rollbraten binden. An einem Ende eine lange Schlaufe lassen. • Den Lauch vom Grün befreien, das Weiße in dicke Scheiben schneiden und abbrausen. Die Möhren, wenn notwendig, schaben, sonst nur waschen. Die Sellerieknolle und die weißen Rüben schälen. Alles in Würfel oder Stifte schneiden. Die Zwiebel schälen und mit den Nelken spicken. Aus dem Estragon, dem Thymian und der Petersilie ein Bouquet garni (siehe Seite 22) binden. • In einem großen Topf das Wasser mit Salz zum Kochen bringen. Das Gemüse und das Bouquet hineingeben. Nach 10 Minuten Garzeit das Fleisch an einem Kochlöffelstiel in die Suppe hängen. Den Topf zudecken und in weiteren 20 Minuten Gemüse und Fleisch fertig garen. • Das Fleisch aus der Brühe heben und auf einer Platte anrichten. Das Gemüse um das Fleisch anordnen. Warm stellen. • Die Brühe noch etwas einkochen lassen. • Das Fleisch vom Küchengarn befreien und in Scheiben schneiden. • Den Schnittlauch waschen und in Röhrchen schneiden. Auf die Fleischbrühe streuen. • Dazu schmecken Aioli (Rezept Seite 106) und ein herber provenzalischer Rotwein oder Rosé.

◁ Kräftiges Rindfleisch und frisches Gemüse ergeben zusammen mit Aioli (Knoblauchmayonnaise) das beliebte Filet de bœuf à la ficelle (Gerolltes Rinderfilet).

Bœuf à la mode

Rindfleischtopf

Das, was man auf deutschen Speisekarten unter Umständen als »Böfflamotte« findet, hat mit dem französischen Originalgericht, das aus Paris stammt, allenfalls das Rindfleisch gemeinsam. Hier das Originalrezept, wie wir es aus Frankreich kennen. Da das Fleischstück nicht zu klein sein sollte, habe ich das Rezept für 6 Personen berechnet. Das Gericht schmeckt ebenso kalt wie warm, reicht also bei einem kleinerem Haushalt für zwei Tage. Lassen Sie das Fleisch am besten vom Fleischer spicken, wenn Sie keine Spicknadel besitzen, und lassen Sie sich den Kalbsfuß durchhacken.

Zutaten für 6 Personen:
1 kg gespicktes Rindfleisch (am besten Hochrippe oder Beinfleisch ohne Knochen) · 2–3 Schnapsgläser Cognac (4–6 cl) · 200 g durchwachsener Speck 350 g Möhren · 10 kleine Zwiebeln oder Frühlingszwiebeln · 2 Schalotten 1 große Zwiebel · 5 Gewürznelken 1 Kalbsfuß · 200 g Speckschwarten ½ Bund Petersilie · 2 Zweige Thymian 2 Lorbeerblätter · 1 Messerspitze geriebene Muskatnuß 2 Knoblauchzehen · Salz · Pfeffer 2 Gläser trockener Weißwein (0,4 l) ½ l Fleischbrühe · 1 Eßl. gehackte Petersilie

Marinierzeit: 2 Stunden
Zubereitungszeit: 30 Minuten
Garzeit: 5 Stunden

Das Fleisch mit dem Cognac übergießen und etwa 2 Stunden unter Umwenden marinieren. • Den durchwachsenen Speck feinwürfeln. Die Möhren schaben und in Scheiben schneiden, die kleinen Zwiebeln schälen, ganz lassen. Die Schalotten schälen und kleinschneiden. Die große Zwiebel schälen und mit den Gewürznelken spicken. • Die Speckwürfel in einen großen schweren Topf geben und bei starker Hitze anbraten. Das Rindfleisch und den Kalbsfuß dazugeben. Das Fleisch gut anbraten, alles aus dem Topf nehmen und warm stellen. Den Topf vom Herd nehmen und mit den Speckschwarten auslegen, wobei die Fettseite auf dem Topfboden aufliegen muß. • Die Möhrenscheiben auf den Speckschwarten verteilen. Das Rindfleisch, den Speck und den Kalbsfuß darauflegen. Aus der Hälfte der Petersilie, dem Thymian und dem Lorbeerblatt ein Bouquet garni (siehe Seite 22) binden. Zusammen mit den kleinen Zwiebeln, den Schalottenwürfeln und der gespickten Zwiebel in den Topf geben, mit der geriebenen Muskatnuß würzen. Die Knoblauchzehen schälen und in den Topf pressen. Salzen, pfeffern. Den Wein und die Fleischbrühe angießen. • Den Topf schließen und das Gericht in 5 Stunden bei sehr geringer Hitze und hermetisch geschlossenem Deckel garen. • Vor dem Servieren die Lorbeerblätter, den Thymian, die Petersilienstengel sowie die mit Nelken gespickte Zwiebel entfernen. Das Fleisch vom Kalbsfuß schaben und wieder in den Topf geben. Die Kochflüssigkeit entfetten (siehe Seite 22). Den Rest der Petersilie feinhacken. Das Rindfleisch im Topf servieren. • Nach Belieben mit der gehackten Petersilie bestreuen.
Dazu schmeckt ein junger Beaujolais.

Mein Tip: Kenner schätzen dieses Gericht besonders, wenn es kalt serviert wird. Dafür muß die Kochflüssigkeit besonders gut entfettet werden. Sie legen das Fleisch am besten in eine flache Schüssel, ordnen das Gemüse ringsherum an und begießen alles mit dem Sud. Das ergibt ein delikates Abendessen für Freunde, das Sie schon am Tag vorher zubereiten können.

Faux-filet à la landaise

Rindfleisch mit Gemüse und Kartoffelgratin

Ein köstliches Rindfleischgericht aus dem Südwesten Frankreichs, in dem der ganze Gemüsereichtum dieser Gegend zum Ausdruck kommt. Das Fleisch lassen Sie sich nach Möglichkeit schon von Ihrem Fleischer spicken.

1 Glas Weißwein, am besten Graves (0,2 l) · 1 Schnapsglas Armagnac (2 cl)
½ Teel. Pfefferkörner · 1 Messerspitze geriebene Muskatnuß · 1 Zweig Thymian · 1 Lorbeerblatt
800 g gespicktes Falsches Filet vom Rind
Butter für die Pfanne · 1 Aubergine
2 Zucchini · 2 Zwiebeln · 3–4 Tomaten
2 Paprikaschoten · 6–8 Kartoffeln
4 Eßl. Olivenöl · Salz · Pfeffer
2 Teel. Semmelbrösel · ½ Bund Petersilie · 1 Knoblauchzehe
1 Eßl. Butter

Marinierzeit: 5–6 Stunden
Zubereitungszeit: insgesamt 1½ Stunden

Aus dem Wein, dem Armagnac, den Gewürzen und den Kräutern eine Marinade rühren. Das Fleisch einlegen und 5–6 Stunden darin durchziehen lassen. Einmal pro Stunde das Fleisch in der Marinade wenden. • Dann das Fleisch aus der Marinade nehmen und mit Küchenkrepp abtrocknen. Die Marinade aufheben. Das Fleisch in einen gebutterten Bräter legen und im auf etwa 260 °C (Gas Stufe 6) vorgeheizten Backofen 45 Minuten braten. Während der Bratzeit ab und zu mit ein paar Teelöffeln Marinade begießen. Inzwischen die Aubergine, die Zucchini und die Zwiebeln schälen. Die Tomaten kurz in kochendheißes Wasser tauchen und abziehen. Die Gemüse ebenso wie die Paprikaschoten kleinschneiden. • Die Kartoffeln mit der Schale aufsetzen. • Das Öl in einen schweren Schmortopf geben, das Gemüse kurz darin anbraten, dann die Hitze reduzieren und das Gemüse im geschlossenen Topf in etwa 30 Minuten gar schmoren. • Die garen Kartoffeln schälen und in Scheiben schneiden. Die Petersilie hacken. Die Semmelbrösel mit der Petersilie mischen, die Knoblauchzehe durch die Presse drücken und untermischen. Die Semmelbröselmischung auf den Kartoffeln verteilen. Ein paar Butterflöckchen daraufsetzen. • Das Fleisch aus dem Ofen nehmen, auf einer Platte anrichten und warm stellen. • Die Kartoffelform in den Ofen schieben und bei 280 °C (Gas Stufe 7) etwa 10 Minuten überbacken. • Inzwischen den Bratfond mit 1 Eßlöffel Marinade loskochen. Etwas einkochen lassen und den Braten damit übergießen. • Das Gemüse um das Fleisch anrichten. Den Kartoffelgratin dazu reichen.
Dazu paßt ein guter roter Bordeaux zum Beispiel ein Saint-Émilion oder ein Pomerol.

Entrecôte à la bordelaise

Entrecôte mit Bordeaux-Sauce

Entrecôte ist das Zwischenrippenstück vom Rind. Für vier Personen empfehle ich, ein Entrecôte double zu kaufen. Auch dieses Rezept steht auf vielen Speisekarten im In- und Ausland in allen möglichen Variationen. Deshalb stelle ich Ihnen hier die Originalversion vor, wie ich sie in zahlreichen französischen Kochbüchern fand und immer wieder gern praktiziere.

800 g Entrecôte · 1 Eßl. Öl
2 Schalotten · 2–3 Rindermarkknochen
1 Eßl. Butter · 1 gestrichener Teel. Mehl
1 Glas Bordeaux-Rotwein, zum Beispiel Médoc oder Saint-Émilion · Salz Pfeffer

Zubereitungszeit: 30 Minuten
Ruhezeit: 1 Stunde

Die Sehnen der oberen Schicht im Fleisch durchschneiden, damit sich das Entrecôte beim Grillen nicht wölbt. Das Fleisch mit dem Öl einreiben und, wenn möglich, 1 Stunde ruhen lassen. • Inzwischen die Schalotten schälen und sehr fein hacken. Das Mark aus den Knochen lösen und würfeln. • Das Fleisch im Grill oder in einer schweren gußeisernen Bratpfanne je nach gewünschtem Gargrad braten (bei 8–10 Minuten pro Seite ist es medium gegart). • Während das Fleisch gart, die Butter in einer Kasserolle zum Schmelzen bringen. Die Schalottenwürfel glasig schmoren. Das Mehl anstäuben. Mit dem Wein ablöschen. Salzen, pfeffern. Kurz vor dem Servieren die Markwürfel in die Sauce geben, halb schmelzen lassen. • Das Fleisch auf einer vorgewärmten Platte anrichten, die Sauce darübergießen.
Dazu schmeckt der gleiche Wein, der für die Sauce verwendet wurde.

Varianten: Das Entrecôte mit Kräuterbutter und gehackter Schalotte ohne Sauce servieren.
Noch mehr Rindermark in Salzwasser pochieren (siehe Seite 23) und in Scheiben auf dem Fleisch anordnen.

Bœuf en daube

Rindfleisch in Rotwein

En daube, das heißt im verschlossenen Schmortopf, gart man auch Huhn oder Ente. Rindfleisch auf diese Weise in Rotwein gegart, gehört zu den Standardgerichten der französischen Küche. Es stammt im übrigen aus dem Périgord, dem Land der Trüffeln und vieler anderer feiner Spezialitäten.

750 g Rinderschmorfleisch, zum Beispiel Wadschenkel oder Schulter · einige Speckschwarten, wenn möglich von frischem Speck · 200 g durchwachsener geräucherter Speck · 2 Bund Petersilie
4 Knoblauchzehen · 6 Schalotten oder 3 Zwiebeln · Salz · Pfeffer · 1 Zwiebel
3 Gewürznelken · 1 Zweig Thymian
1 Lorbeerblatt · 1 Messerspitze Vier-Gewürze-Mischung (siehe Seite 23)
½ Flasche guter Rotwein, zum Beispiel »schwarzer« Wein aus Cahors

Zubereitungszeit: 35 Minuten
Garzeit: 5 Stunden

Das Fleisch in grobe Würfel schneiden. Die frischen Speckschwarten kurz in kochendem Wasser blanchieren (siehe Seite 22). Abtropfen lassen. • Den durchwachsenen Speck kleinschneiden. Die Petersilie, den Knoblauch und die Schalotten oder Zwiebeln feinhacken. Den Speck, die Petersilie, den Knoblauch und die Schalotten gut miteinander ver-

mengen. • Einen schweren Schmortopf mit den Speckschwarten auslegen. Die Hälfte des Rindfleisches daraufschichten. Salzen, pfeffern. Die Hälfte der Petersilie-Zwiebel-Speck-Mischung in den Topf geben, darauf eine weitere Schicht Rindfleisch. Salzen, pfeffern, darauf den Rest der Petersilie-Zwiebel-Speck-Mischung geben. Die restliche Zwiebel schälen und mit den Gewürznelken spikken. Den Thymian und das Lorbeerblatt mit der Vier-Gewürze-Mischung in den Topf geben. Den Rotwein angießen. • Den Topf fest schließen und das Ganze 5 Stunden bei kleiner Hitze garen. Eventuell Eisstücke in den Deckel legen. • Vor dem Servieren das Fett abschöpfen.
Dazu passen Weißbrot zum Sauceauftunken und ein kräftiger Rotwein, am besten der gleiche, den Sie zum Kochen verwendet haben.

Steak du Morvan

Burgundisches Rindersteak

Dieses Gericht stammt aus dem Burgund und sollte der Region entsprechend aus erstklassigen Zutaten zubereitet werden. Es ist zwar einfach, kann jedoch köstlich sein.

6 Schalotten · 4 Rumpsteaks, am besten aus der Keule (Kluft) · 2 Eßl. Butter Salz · Pfeffer · 1 Teel. Dijon-Senf ½ Glas weißer Burgunder, zum Beispiel Chablis oder Pouilly-Fuissé

Zubereitungszeit: 20–25 Minuten

Die Schalotten schälen und sehr fein hacken. • Die Fleischscheiben auf beiden Seiten je nach gewünschtem Gargrad in der Butter 4–5 Minuten braten. Salzen, pfeffern. Warm stellen. • In der gleichen Pfanne die Schalotten glasig schmoren. Den Senf mit dem Wein anrühren, auf die Schalotten gießen. Die Sauce über die Steaks geben. • Sehr heiß servieren.
Dazu passen Pommes frites und ein roter Burgunder, je edler, desto besser.

Tripes à la mode de Caen

Kutteln normannische Art

In Frankreich ist dies die bekannteste Art, Kutteln zuzubereiten, ja, man kann das Gericht heute fertig kaufen. Die Mengen in dem folgenden Rezept reichen für eine Hauptmahlzeit. Um zu lange Garzeiten zu vermeiden, kaufen Sie vorgekochte Kutteln und kochen diese nur so lange, daß sich die Aromastoffe von Gemüse und Gewürzen gut mit dem Fleisch verbinden.

*Zutaten für 6 Personen:
1 kg vorgekochte Kutteln (Netzmagen oder Pansen) · 2 kleingehackte Kalbsfüße · 125 g Speckschwarten 2 Möhren · 4 Zwiebeln · 1 Stange Lauch (Porree) · 2 Knoblauchzehen 4 Gewürznelken · 2 Lorbeerblätter 1 Zweig frischer oder ½ Teel. getrockneter Thymian · 2 Stengel Petersilie · etwa ½ Flasche herber Cidre (Apfelwein) 1 Schnapsglas Calvados (2 cl)*

Zubereitungszeit: 40 Minuten
Garzeit: etwa 2 Stunden

Die Kutteln in etwa 4 × 8 cm große Vierecke schneiden und noch einmal gut waschen. Das Fleisch von den Kalbsfüßen lösen und kleinschneiden. Die Speckschwarten kurz in kochendem Wasser blanchieren (siehe Seite 22). Die Möhren schaben und ganz lassen, die Zwiebeln schälen und vierteln, den Lauch vom Grün befreien, in dicke Scheiben schneiden und gründlich waschen. • Die Speckschwarten in einen gußeisernen Schmortopf legen, darauf die Knochen der Kalbsfüße, das zerkleinerte Gemüse, die Gewürze und die Kräuter. Zuoberst die Kutteln mit den Fleischstückchen von den Kalbsfüßen legen. Den Cidre angießen, und zwar so viel, daß die Kutteln gerade bedeckt sind. Den Calvados dazugeben. • Den Topf mit dem schweren Deckel gut verschließen. Bei geringster Hitze sieden lassen, je länger, desto besser. Wenn Sie wenig Zeit haben, genügen 2 Stunden. • Nach Beendigung der Garzeit die Knochen, das Lorbeerblatt, die Petersilie und den Thymian entfernen. Die Sauce entfetten (siehe Seite 22). Das Gericht am besten im Topf servieren, damit keine Hitze verloren geht.
Dazu passen Stangenweißbrot und viel herber Cidre aus der Normandie.

Biftecks du pays poitevin

Hacksteaks mit Weinsauce

Ein Alltagsgericht, das den Alltag bereichert. Das Hackfleisch können Sie zum Beispiel aus dem Wadschenkel vom Rind selbst herstellen. Ich verwende immer Tatar.

2 Markknochen · 500 g Tatar · Salz Pfeffer · 1 Messerspitze geriebene Muskatnuß · 3 Eier · 1 gestrichener Eßl. feiner Grieß · 3 altbackene Brötchen oder 3 dicke Scheiben Weißbrot ohne Rinde 1 Schälchen Milch · 1 Zwiebel · 5 Teel. Butter · 1 Glas trockener Weißwein (0,2 l) · Saft von 1 Zitrone · ½ Bund Petersilie

Zubereitungszeit: 45 Minuten
Ruhezeit für den Fleischteig: 1 Stunde

Das Mark mit einem spitzen Messer aus den Markknochen lösen, mit einer Gabel zerdrücken und unter das Hackfleisch mischen. Salzen, pfeffern und mit der geriebenen Muskatnuß würzen. Den Fleischteig in eine Schüssel geben, die Eier aufschlagen und darunterziehen. Den Grieß hineinkneten. Das Brot in der Milch einweichen, ausdrücken und mit dem Fleischteig mischen. • Die Zwiebel schälen, sehr fein hacken und in 1 Teelöffel Butter glasig schmoren. Unter den Fleischteig kneten. • Den Teig 1 Stunde kühl stellen. • Aus dem Fleischteig kleine, etwa 2½ cm dicke Frikadellen formen. • Den Rest der Butter in einer Bratpfanne erhitzen. Die Frikadellen hineingeben und in etwa 15 Minuten auf beiden Seiten braun braten. • Die Frikadellen auf einer Platte anrichten und warm stellen. • Den Bratfond mit dem Wein loskochen. Die Frikadellen mit dem Zitronensaft beträufeln. Die Petersilie hakken und über die Hacksteaks streuen. Das Gericht mit der Sauce übergießen und heiß servieren.

Blanquette de veau
Kalbsblankett

Ein Standardgericht der französischen bürgerlichen Küche, ein Kalbsragout in feiner weißer Sauce, bei dem das Fleisch vorher in würzigem Sud gekocht wird.

1 kg Kalbsschulter · 1 Kalbsknochen
1 Glas trockener Weißwein (0,2 l) · Salz
1 große Zwiebel · 2 Gewürznelken
2 Möhren · 1 Stange Lauch (Porree)
1 Knoblauchzehe · 2 Stengel Petersilie
1 Lorbeerblatt · 1 Zweig Thymian
10–12 Pfefferkörner · 4 Eßl. Butter
1 gestr. Eßl. Mehl · 2–3 Bund
Frühlingszwiebeln oder 20 kleine
Zwiebelchen · 150 g Champignons · Saft
von 1 Zitrone · Pfeffer · 1 Eigelb
100 g Sahne oder Crème fraîche

Zubereitungszeit: 40 Minuten
Garzeit: 1 Stunde

Das Fleisch vom Knochen lösen, in grobe Würfel schneiden. • Das Fleisch mit dem ausgelösten und dem Extra-Knochen in einen großen Topf geben. Mit Wasser bedecken. Den Wein angießen. Salzen. Zum Kochen bringen. Abschäumen. • Die Zwiebel schälen und mit den Nelken spicken. Die Möhren schaben und in Scheiben schneiden. Das Grün vom Lauch entfernen, das Weiße gründlich waschen, in Scheibchen schneiden, nochmals abbrausen. Die Knoblauchzehe schälen. Aus der Petersilie, dem Lorbeerblatt und dem Thymian ein Bouquet garni (siehe Seite 22) binden. Zusammen mit dem Gemüse in den Kalbssud geben. Die Pfefferkörner einstreuen. • Das Ganze etwa 1 Stunde bei geringer Hitze kochen lassen. • Inzwischen 2 Eßlöffel Butter in einer Kasserolle zum Schmelzen bringen. Das Mehl anstäuben. 2 Minuten unter Umrühren mit der Butter mischen. Die Einbrenne abkühlen lassen. • Die Frühlingszwiebeln schälen, ganz lassen. In einen weiteren Topf geben. 1 Eßlöffel Butter und 2 Schöpflöffel von der Kalbsbrühe dazugeben und die Zwiebelchen darin garen, bis die Flüssigkeit vollkommen verdampft ist. Die Zwiebelchen sollen keine Farbe annehmen. • Die Pilze putzen, kalt abbrausen. In einer Pfanne mit dem Rest Butter und dem Zitronensaft, Salz und Pfeffer in etwa 15 Minuten unter Umwenden garen. • Wenn das Fleisch gar ist, die Knochen aus der Brühe nehmen. Das Fleisch abtropfen lassen. Die Brühe durch ein Sieb gießen und mit der vorbereiteten, erkalteten Einbrenne aus Butter und Mehl mischen, wobei die Menge der Flüssigkeit davon abhängt, wieviel Sauce gewünscht wird. Mit dem Schneebesen unter Erhitzen durchschlagen. Bei geringer Hitze köcheln lassen. • Inzwischen das Eigelb mit der Sahne verquirlen. 2–3 Eßlöffel Sauce unterrühren und das Ganze in die Saucenkasserolle geben. Das Fleisch mit den Pilzen und den Frühlingszwiebeln wieder in den Schmortopf geben, langsam erhitzen und dabei die Sauce zugießen.
Dazu schmeckt zum Beispiel ein Beaujolais, ein trockener Loire-Weißwein oder auch ein Côtes-de-Provence. Die Weinwahl ist hier ziemlich leicht, da das Gericht an keine bestimmte Region gebunden ist.

Variante: Das gleiche Rezept eignet sich auch für Lammfleisch.

Cul de veau à la mode du vieux presbytère
Kalbsschlegel nach Art der Pfarrersköchin

Ein Rezept aus dem Anjou, der friedlichen, sanften, genußreichen Region an der Loire, aus der viele traditionsreiche Rezepte stammen.

Zutaten für 8 Personen:
50–60 getrocknete oder 500–600 g frische
Morcheln · ½ l Milch · 2 kg Kalbfleisch
aus dem Schlegel (Schnitzelfleisch)
Salz · weißer Pfeffer · insgesamt 1 Teel.
erstklassiges Currypulver · 125 g Speck
zum Umwickeln · 2 Zwiebeln
2 Möhren · 150 g frischer durchwachsener
Speck · 150 g Butter · 3–4 gestrichene
Eßl. Mehl · ¼ l Weißwein
¼ l Fleischbrühe · 1 Bund frischer oder
½ Teel. getrockneter Estragon
3 Eigelbe · 150 g Sahne

Einweichzeit für getrocknete Pilze: 4–6 Stunden
Zubereitungszeit: 25 Minuten
Garzeit: 4 Stunden

Getrocknete Morcheln 4–6 Stunden in Milch einweichen. • Das Fleisch in Form binden, salzen, pfeffern, mit etwa 1 Messerspitze Currypulver bestäuben. Mit den Speckscheiben umwickeln. Die Pilze aus der Milch nehmen, reinigen, halbieren oder vierteln. • Die Zwiebeln schälen und feinhacken. Die Möhren schaben und ebenfalls sehr fein würfeln oder hacken. Den frischen Speck würfeln. • Den Speck in einen Schmortopf geben und zusammen mit der Butter anbraten. Die Speckwürfel, wenn sie goldbraun sind, herausnehmen und zwischen zwei Tellern aufbewahren. • Das Fleisch in dem Fett ringsherum anbraten. Die Zwiebel- und die Möhrenwürfelchen in den Topf geben. Noch ½ Teelöffel Currypulver dazugeben. Mit dem Mehl bestäuben. Mit dem Wein und der Fleischbrühe löschen. Salzen. • Den Topf zudecken und das Fleisch 2½ Stunden bei geringster Hitze schmoren lassen. Ab und zu umwenden. • Die Speckwürfel wieder hineingeben. Die Pilze dazugeben. Frische Estragonblätter waschen und mit der Schere in Streifen schneiden, getrockneten Estragon zwischen den Fingern zerreiben. Auf das Fleisch streuen. Gut umrühren. • Den Topf nochmals zudecken und das Fleisch weitere 1½ Stunden garen. • Das Fleisch von Speck und Küchengarn befreien. Warm stellen, am besten dabei zudekken, damit es nicht austrocknet. • Die Eigelbe in der Sahne verquirlen. Die Sauce damit binden und bis kurz vor dem Kochen erhitzen. Den Großteil der Sauce um das Fleisch herumgießen. Den Rest direkt auf das Fleisch geben. • Sehr heiß servieren.
Dazu schmeckt ein weißer Loirewein, zum Beispiel Muscadet, oder auch ein Rosé d'Anjou.

Variante: Wenn Sie keine Morcheln bekommen, verwenden Sie getrocknete oder frische Steinpilze.

Kalbfleisch schmeckt nicht langweilig, wenn man es mit würzigen Gemüsen serviert, zum Beispiel als Blanquette de veau (Kalbsblankett). ▷

Paupiettes de veau

Kalbsvögel

Für dieses Gericht eignet sich am besten Schnitzelfleisch. Achten Sie beim Einkauf darauf, daß es dünn geschnitten wird. Die Scheiben sollten etwa 8 cm Kantenlänge haben.

4 Scheiben Kalbfleisch aus der Nuß
150 g Kalbfleisch aus der Schulter
100 g durchwachsener Speck · ½ Bund Petersilie · 1 Knoblauchzehe · Salz Pfeffer · 2 Eßl. Butter · 2 Eßl. Öl
1 Glas trockener Weißwein (0,2 l)
100–150 g Crème fraîche

Zubereitungszeit: 40 Minuten
Garzeit: 45 Minuten

Die Fleischscheiben so zuschneiden, daß die Kanten gerade sind. Die Fleischreste und das zusätzliche Kalbfleisch zusammen mit dem Speck und der Petersilie durch den Fleischwolf drehen. Die Knoblauchzehe schälen und unter das Gehackte mischen. Salzen, pfeffern. • Die Kalbfleischscheiben ausbreiten. Das Hackfleisch gleichmäßig darauf verteilen. Zu Rouladen der Länge nach und dann in der Breite zusammenrollen. Mit Küchengarn binden. • In einem Schmortopf die Butter und das Öl erhitzen. Die Kalbsvögel auf allen Seiten rasch anbraten. Den Wein angießen. Den Topf schließen und das Fleisch in etwa 45 Minuten gar schmoren. • Die Rouladen herausnehmen. Warm stellen. Den Wein etwas einkochen lassen, mit der Sahne binden. • Die Kalbsvögel mit Sauce übergossen sehr heiß servieren. Dazu paßt ein heller Rotwein, zum Beispiel Mâcon, oder trockener Weißwein, der ebenfalls aus Mâcon stammen kann.

Variante: Die Füllung nicht mit zusätzlichem Kalbfleisch, sondern mit Leber anreichern.

Côtes de veau au fromage râpé

Kalbskoteletts mit Käse

Ein Gericht aus der Franche-Comté, dem man den Einfluß der nahen Schweiz anmerkt.

200 g Greyerzer Käse (Gruyère) · 1 Ei
2 Eßl. Crème fraîche · 1 Messerspitze geriebene Muskatnuß · Salz · Pfeffer
4 Kalbskoteletts · 2–3 Eßl. Butter

Zubereitungszeit: (je nach Dicke der Koteletts) etwa 40 Minuten

Den Käse reiben. Das Ei aufschlagen und in eine Schüssel geben. Den geriebenen Käse, das Ei und die Crème fraîche miteinander verrühren. Mit der Muskatnuß, Salz und Pfeffer würzen. • Die Koteletts kurz in der Hälfte der Butter anbraten, jedoch halbgar aus der Pfanne nehmen und in einer feuerfesten Auflaufform anordnen. Die Käsemischung auf dem Fleisch verteilen. Ein paar Butterflöckchen daraufgeben. • Im vorgeheizten Backofen bei etwa 200 °C (Gas Stufe 3) etwa 10–15 Minuten überbakken. • In der Mitte der Backzeit die Koteletts mit dem Bratfett beträufeln.
Dazu schmeckt ein frischer, junger Beaujolais.

Matelote de veau

Kalbfleisch in Rotwein

Kalbfleisch mit Rotwein – eine ungewöhnliche Zusammenstellung, doch ein recht einfaches, wohlschmeckendes Gericht aus der Touraine.

1 kg Kalbsbrust · 75 g Butter
1 gehäufter Eßl. Mehl · gut ½ l Rotwein
Salz · Pfeffer · 1 Lorbeerblatt · 2 Zweige Thymian · 2 Stengel Petersilie
12 Frühlingszwiebeln oder kleine Zwiebelchen · 3 Möhren

Zubereitungszeit: 20 Minuten
Garzeit: 1½ Stunden

Das Fleisch vom Knochen lösen und in grobe Würfel von etwa 4 cm Kantenlänge schneiden. Das Fleisch kurz in kochendem Wasser blanchieren (siehe Seite 22), abtupfen. • Die Butter in einem gußeisernen Topf zum Schmelzen bringen, die Kalbfleischwürfel darin anbraten. Das Mehl anstäuben, mit dem Wein löschen. Salzen, pfeffern. Aus dem Lorbeerblatt, dem Thymian und der Petersilie ein Bouquet garni (siehe Seite 22) binden und in den Sud legen. Die Zwiebeln schälen und im Ganzen dazugeben. Die Möhren schaben und in Scheibchen schneiden. Die Scheibchen an das Fleisch geben. • Den Topf zudecken und das Gericht bei geringer Hitze in 1½ Stunden garen. • Das Fleisch herausnehmen, warm stellen und, wenn notwendig, die Sauce noch etwas einkochen lassen. Das Bouquet entfernen, die Sauce über das Fleisch gießen und servieren. Dazu schmecken in Butter gebratene Brotscheiben und der gleiche Wein wie der, in dem das Fleisch geschmort wurde, am besten einer aus der Touraine.

Pieds de veau à la rouennaise

Kalbsfüße im Schweinenetz

Für dieses Gericht können Sie Kalbsfüße weiterverwenden, die Sie für die Bereitung von Gelee gebraucht haben. Aber auch sonst lohnt es sich, einmal auf dieses alte Rezept aus der Normandie zurückzugreifen.

2 Kalbsfüße · 1 Möhre · 1 Zwiebel
Salz · Pfeffer · 2–3 Zweige Thymian
½ Bund Petersilie · 1 Lorbeerblatt
1 gestrichener Eßl. Mehl
1 Schweinenetz · 300 g Wurstbrät

Zeit zum Wässern: 2 Stunden
Zubereitungszeit: 45 Minuten
Garzeit: 4 Stunden

Die Kalbsfüße 2 Stunden wässern. • Dann herausnehmen, mit kaltem Wasser bedecken, einmal aufkochen lassen. Abtropfen und abkühlen lassen. • Die Möhren schaben und würfeln, die Zwiebel schälen und würfeln. Die Kalbsfüße in einen Topf geben, mit Wasser bedekken. Die Zwiebelwürfel und die Möhrenscheiben dazugeben. Salzen, pfef-

fern. Die Thymianzweige, die Petersilie und das Lorbeerblatt hineingeben. Das Mehl hineinrühren, damit das Fleisch weiß bleibt. Das Ganze zum Kochen bringen und bei geringer Hitze 4 Stunden sieden lassen. • Inzwischen das Schweinenetz in lauwarmem Wasser einweichen. • Die garen Kalbsfüße aus dem Sud nehmen. Abkühlen lassen, das Fleisch vom Knochen lösen und halbieren. Das Schweinenetz nach Größe der Füllung zuschneiden. Die Hälfte des Wurstbräts darauf verteilen, das Kalbsfußfleisch darauflegen, mit dem Wurstbrät bedecken. In das Schweinenetz einschlagen. • Die Butter zum Schmelzen bringen und die Schweinenetze damit bestreichen. • Im Backofen oder im Grill etwa 10 Minuten grillen. • Servieren.
Dazu gehört Sauce rouennaise (Rezept Seite 105). Ein roter Bordeaux, zum Beispiel ein edler Saint-Émilion, schmeckt gut dazu.

Rognons de veau au madère

Kalbsnierchen in Madeira

Kaufen Sie Innereien nur in einem guten Fleischer-Fachgeschäft. Dann können Sie sicher sein, sehr frische und einwandfreie Ware zu bekommen.

2 Kalbsnieren · 250 g Champignons · 100 g milder roher Schinken · 100 g Butter · 1 Schnapsglas Calvados (2 cl) · 1 Südweinglas Madeira (0,1 l) · Salz · Pfeffer · 1 Messerspitze geriebene Muskatnuß · 1 Bund krause Petersilie

Zubereitungszeit: 40 Minuten

Die Nieren säubern und in grobe Würfel schneiden. Die Pilze kalt abbrausen und in einem Küchentuch vom eventuell verbleibendem Schmutz befreien. Große Pilze vierteln, kleine ganz lassen. Den Schinken würfeln. • In einer Stielkasserolle die Hälfte der Butter zum Schmelzen bringen. Die Champignons hineingeben, ebenso die Schinkenwürfel. Bei geringer Hitze köcheln lassen. • In einem zweiten Topf den Rest der Butter zum Schmelzen bringen. Die Nierenwürfel hineingeben. Etwa 10 Minuten, je nach Größe, garen lassen. Den Calvados angießen, anzünden. • Die Champignons und den Schinken mit dem Madeira ablöschen. Die Niere hinzufügen. Salzen, pfeffern, mit der Muskatnuß würzen. • Nicht mehr kochen lassen. Den Topf vom Herd nehmen. Die Petersilie waschen, hacken und darüberstreuen. • Das Gericht sehr heiß servieren.
Dazu schmecken in Butter gedünstete Artischockenböden (Rezept Seite 97) und ein weißer Hermitage.

Soufflé de cervelle

Soufflé aus Kalbshirn

Kalbshirn ist in der französischen Küche ebenso verbreitet wie Kalbsbries. Von beiden gibt es unzählige Zubereitungen.

2 Kalbshirne · 3–4 Zweige Thymian · 1 Lorbeerblatt · Salz · Mehl zum Bestäuben · 1 Glas Milch (0,2 l) · 3 Eßl. Butter · 3 Eßl. Mehl · 4 Eier · Pfeffer · Butter für die Förmchen

Zubereitungszeit: 1 Stunde
Backzeit: 8–10 Minuten
beziehungsweise 40 Minuten

Die Kalbshirne von den feinen Häutchen befreien und in lauwarmes Wasser legen, bis sie weiß und sauber sind. • In einen Topf geben, mit Wasser bedecken. Thymian und Lorbeerblatt in das Wasser legen. Salzen. Das Hirn etwa 15 Minuten sieden lassen. • Abtropfen lassen. Die beiden Hirne in Scheiben schneiden. In wenig Mehl wälzen und auf beiden Seiten in 1 Eßlöffel Butter braten, bis sie goldgelb sind. • Die Scheiben abkühlen lassen. Im Mörser zerstoßen und durch ein Sieb treiben. • Die Milch zum Kochen bringen. In einer Kasserolle die Butter zum Schmelzen bringen und mit dem Mehl mischen. Mit der kochendheißen Milch löschen. Das Kalbshirnpüree zufügen. Die Eier trennen. Die Eigelbe darunterrühren. 2 Minuten bei geringer Hitze stocken lassen. Salzen, pfeffern. Abkühlen lassen. • Inzwischen die Eiweiße zu steifem Schnee schlagen und unter die abgekühlte Masse ziehen. • Vier Porzellanförmchen oder eine größere feuerfeste Form ausbuttern. Die Masse hineingeben und die Förmchen oder die Form im auf etwa 200 °C (Gas Stufe 3) vorgeheizten Backofen goldbraun backen. Das dauert bei einer großen Form etwa 40 Minuten, bei kleinen 10 Minuten. Die Zeit genau anzugeben, ist schwierig, da sie sehr von den Ausmaßen der Formen abhängt.
Dazu schmeckt ein hellroter Landwein oder ein Rosé.

Ris de veau normand

Kalbsbries mit Äpfeln und Calvados

Ein Rezept aus dem Norden Frankreichs, wo man gern Äpfel und Calvados, den hervorragenden Apfelschnaps aus der Gegend, zum Fleisch ißt.

600–700 g Kalbsbries · Salz · 5 Eßl. Butter · Pfeffer · 1 Messerspitze geriebene Muskatnuß · 4 säuerliche, festfleischige Äpfel, zum Beispiel Renetten · 2 Eßl. Calvados · 100 g Sahne

Zeit zum Wässern: 3 Stunden
Zubereitungszeit: 30 Minuten
Garzeit: 30 Minuten

Das Bries etwa 3 Stunden wässern. • Das Bries aus dem Wasser nehmen. In einen Topf legen und mit frischem kaltem Wasser bedecken. Salzen. Aufkochen lassen und 3–4 Minuten pochieren (siehe Seite 23). • Das Bries herausnehmen und in ein Sieb geben. Mit kaltem Wasser abbrausen. Die Haut abziehen. Das Bries mit Küchenkrepp abtupfen. • Die Hälfte der Butter in einer Kasserolle zum Schmelzen bringen, das Bries hineingeben, salzen, pfeffern und mit der Muskatnuß würzen. Den Topf zudecken und das Bries in etwa 30 Minuten garen. • Inzwischen die Äpfel vierteln, die Kerngehäuse entfernen. Nicht schälen! Im Rest der Butter in einer extra Kasserolle weich schmoren. • Wenn das Bries gar ist, den Calvados in einem Schöpflöffel über das Bries gießen und anzünden. Die Sahne dazugeben und die Sauce damit binden. Eventuell etwas einkochen lassen. • Das Bries auf einer Platte anrichten, die Apfelviertel ringsherum anordnen. Mit der Sauce bedecken.
Dazu schmeckt ein weißer Hermitage.

Lamm- und Hammelfleisch findet man in Frankreich häufig, hauptsächlich im Norden, wo die Schafe in der Nähe der Küste weiden und das Fleisch daher einen ganz spezifischen Geschmack annimmt, und im Süden, wo die typische Mittelmeerküche mit Tomaten, Zucchini und Auberginen geradezu nach Lamm- oder Hammelfleisch verlangt.
Schweinefleisch dagegen wird selten gegessen – die Franzosen kommen damit der modernen Auffassung von gesunder Küche entgegen.

Gigot à la bretonne

Lammkeule mit weißen Bohnenkernen

Ideal wäre eine nordfranzösische Lammkeule mit dem Geschmack nach Meer und Salz – ein *pré-salé,* doch wird das Gericht sicherlich auch typisch schmecken, wenn Sie nur dieses Rezept befolgen.

750 g weiße Bohnenkerne
7 Knoblauchzehen · 2 große Zwiebeln
3–4 Gewürznelken · 1,5 kg Lammkeule
2 Eßl. Butter · 4 Eßl. Tomatenmark
Salz · Pfeffer · 1 Bund krause Petersilie

Einweichzeit für die Bohnenkerne:
12 Stunden
Zubereitungszeit: 20 Minuten
Garzeit: insgesamt 2 Stunden

Am Vorabend die weißen Bohnenkerne einweichen. • Die Knoblauchzehen schälen. 1 Zwiebel schälen und mit den Gewürznelken und 1 Knoblauchzehe spicken. Mit den Bohnen in einen Topf geben. Reichlich kaltes Wasser angießen. Die Kerne 1½ Stunden lang kochen lassen. • Die Lammkeule mit den restlichen Knoblauchzehen spicken. • Im auf 220 °C (Gas Stufe 4) vorgeheizten Backofen 50 Minuten braten. Ab und zu mit etwas Wasser begießen. • Die zweite Zwiebel schälen und feinhacken. Wenn die Bohnen gar sind, die Butter in einem Topf, der für die Bohnen ausreicht, zum Schmelzen bringen. Die gehackte Zwiebel darin glasig schmoren. Das Tomatenmark unterrühren. Den Wein angießen. Kurz köcheln lassen, dann die Bohnen mit 4–5 Eßlöffeln ihrer Kochflüssigkeit hineingeben. Gut durchmischen. 20 Minuten köcheln lassen. Salzen, pfeffern. • Die Petersilie feinhacken und an die Bohnen geben. Etwas Bratfett von der Keule an die Bohnen gießen. • Die Bohnen in eine feuerfeste flache Auflaufform geben, die Keule ohne ihren Bratfond obenauf legen. • Die Form in den auf 260 °C (Gas Stufe 6) geheizten Backofen schieben und 10 Minuten gratinieren. • Das Gericht in der Form servieren. Den Bratfond nochmal erhitzen und dazu reichen.
Dazu schmecken Landbrot und ein kräftiger Rotwein, zum Beispiel Chinon von der Loire, oder, edler, Saint-Émilion.

Gigot à l'auvergnate

Lammkeule aus dem Backofen

Nicht nur in der Provence und der Normandie, am südlichen Mittelmeer und am nördlichen Atlantik, gibt es hervorragende Lammrezepte, auch Frankreichs Mitte, die Auvergne, hat hier Köstliches zu bieten. Am besten gelingt dieses Rezept in einem feuerfesten Keramiktopf, der größer ist als die Keule, aber auch ein gußeiserner Gänsebräter eignet sich dafür.

1 kg Kartoffeln · 100 g Butter · Salz
Pfeffer · 1 Messerspitze geriebene
Muskatnuß · 150 g durchwachsener
frischer Speck · 1 Lammkeule von etwa
1 kg · 2 Knoblauchzehen

Zubereitungszeit: 30 Minuten
Garzeit: 1½–2 Stunden

Die Kartoffeln schälen und in feine Scheiben schneiden. Das Bratgefäß buttern und mit einer dicken Schicht Kartoffelscheiben auslegen. Salzen, pfeffern. Mit der geriebenen Muskatnuß würzen. Zwei Drittel der verbliebenen Butter in Flöckchen darauf verteilen. Den Speck würfeln und auf die Schicht streuen. 1 Glas Wasser (etwa 0,2 l) angießen. • Den Rest Butter schmelzen, aber nicht braun werden lassen. Die Lammkeule damit bestreichen. Die Knoblauchzehen schälen und die Keule damit spicken. • Den Backofen auf 220 °C (Gas Stufe 4) vorheizen. • Die Keule auf die Kartoffelschicht legen und im offenen Gefäß in etwa 1½–2 Stunden garen. Vor dem Servieren prüfen, ob die Kartoffeln weich sind. Die Garzeit des Fleisches richtet sich nach der Größe der Keule. • In der Form servieren.
Dazu passen grüne Bohnen und ein Beaujolais-Villages.

Carré d'agneau au persil

Lammfleisch mit Kräuterdecke

Welches Teil vom Lamm Sie für dieses provenzalische Rezept verwenden, ist im Prinzip gleich. Es wird Ihnen sicher gelingen, denn es ist einfach. Den Akzent bildet die würzige Kräuterdecke. Außerdem sieht es sehr hübsch aus.

1,5 kg Lammrücken oder
Lammschulter · 1 Eßl. Butter · 2 Bund
Petersilie · 2 gestrichene Eßl.
Semmelbrösel · 6 Knoblauchzehen (nach
Geschmack auch mehr oder weniger)
Salz · Pfeffer · 2 Eßl. Öl

Zubereitungszeit: 1 Stunde

Das Lammfleisch in einer Bratreine auf dem Herd in der Butter anbraten. • Den Backofen auf 250 °C (Gas Stufe 5–6) vorheizen. Das Fleisch auf der mittleren Schiebeleiste in etwa 30–40 Minuten garen. • Inzwischen die Petersilie feinhacken und mit den Semmelbröseln mischen. Die Knoblauchzehen schälen und in die Petersilien-Semmelbrösel-Mischung pressen. Salzen, pfeffern. Gut durchmischen. • Das Fleisch aus dem Ofen nehmen und dick mit der gewürzten Kräutermischung belegen. Das Öl darauftr äufeln. • Das Fleisch noch einmal in den Backofen geben und bei 280 °C (Gas Stufe 7) so lange überkrusten, bis sich der Belag goldgelb färbt.
Dazu passen Tomates à la provençale (Rezept Seite 97) und ein roter Côte-de-Provence.

Mit Gigot à l'auvergnate (Lammkeule aus dem Backofen) machen Sie Ihren Gästen sicher eine besondere Freude. Sie ist nicht schwer zuzubereiten. ▷

Lamm und Schwein

Côtelettes d'agneau à la provençale

Lammkoteletts provenzalisch

Für dieses Gericht können Sie auch Hammelkoteletts verwenden, doch Lammkoteletts schmecken feiner.

8 Lammkoteletts · 3 Eßl. Butter
3 Zwiebeln · 2–3 Eßl. Fleischbrühe
Salz · Pfeffer · ½ Glas Milch (0,1 l)
1 gestrichener Eßl. Mehl · 4 Eigelbe
1 Stück Knoblauchzehe · 2 gestrichene Teel. Semmelbrösel

Zubereitungszeit: etwa 1 Stunde

Die Koteletts in 1 Eßlöffel Butter nicht ganz durchbraten, abkühlen lassen. • Die Zwiebeln schälen und feinhacken. Die Zwiebelwürfel kurz in kochendheißem Wasser blanchieren (siehe Seite 22), das Wasser durch ein Sieb abgießen, die Zwiebelwürfel abtropfen lassen. Mit 1 Eßlöffel Butter in eine Stielkasserolle geben. Die Fleischbrühe angießen. Salzen, pfeffern. Den Topf zudecken und die Zwiebeln bei geringster Hitze 20 Minuten köcheln lassen. • Für die Béchamelsauce inzwischen die Milch zum Kochen bringen. In einer weiteren Kasserolle den Rest Butter zum Schmelzen bringen, das Mehl anstäuben, mit der kochenden Milch löschen. Die Zwiebeln durch ein Sieb passieren und an die Sauce geben. Ein paar Minuten sieden lassen. • 3 Eigelbe verquirlen. Das Knoblauchstückchen mit einem Messer zermusen und unter die Eier rühren. Die Eier unter die Zwiebelmasse mischen, den Topf vom Herd nehmen und weiterrühren, bis die Masse abgekühlt ist. Eine Seite der Koteletts mit der Zwiebelmischung bestreichen. Das vierte Eigelb verquirlen und die Füllung der Koteletts damit bestreichen. Mit den Semmelbröseln bestreuen. • Die Koteletts im auf 260 °C (Gas Stufe 6) vorgeheizten Backofen 10 Minuten überbacken.
Dazu schmecken Tomates à la provençale (Rezept Seite 97) und ein Côtes-de-Provence in Rot oder Rosé.

Côtelettes d'agneau au four

Lammkoteletts im Ofen gebacken

Ein saftiger Auflauf aus Kartoffeln und Lammkoteletts für kalte Wintertage.

2 Gemüsezwiebeln · 4–5 Eßl. Butter
200 g Salatkartoffeln · Salz · Pfeffer
½ Glas Fleischbrühe (0,2 l) · je nach Größe 4 oder 8 Lammkoteletts

Zubereitungszeit: 30 Minuten
Backzeit: etwa 1¼ Stunde

Die Zwiebeln schälen, in Scheiben schneiden und in 2 Eßlöffeln Butter 5 Minuten glasig schmoren, ohne daß sie Farbe annehmen. • Die Kartoffeln schälen und in dünne Scheiben hobeln. • Eine Auflaufform ausbuttern. Die Kartoffeln mit den Zwiebeln hineingeben. Salzen, pfeffern. Die Fleischbrühe angießen. • Kartoffeln und Zwiebeln im auf 220 °C (Gas Stufe 3) vorgeheizten Backofen in 1 Stunde garen. • Inzwischen die Koteletts in 2 Eßlöffeln Butter kurz braun anbraten. • Nach 1 Stunde die Koteletts unter den Kartoffeln begraben. Ein paar Butterflöckchen daraufsetzen. • Die Form wieder in den Ofen schieben und bei 260 °C (Gas Stufe 6) backen, bis die Kartoffeln goldgelb sind. Dazu schmeckt ein Rosé.

Mein Tip: Salatkartoffeln eignen sich für dieses Gericht besser, da mehlige zuviel Fleischbrühe aufsaugen. Vielleicht geben Sie zunächst etwas weniger Fleischbrühe an den Auflauf, oder Sie verlängern die Backzeit am Ende, wenn die Flüssigkeit noch nicht verdunstet ist.

Pieds-paquets à la marseillaise

Hammelkutteln und -füße

Hammelkutteln, also den Pansen vom Hammel zu bekommen, ist nicht leicht, aber auch nicht unmöglich. Sprechen Sie mit Ihrem Fleischer. Es lohnt sich auf jeden Fall, das Gericht einmal zu probieren, handelt es sich doch um *die* Spezialität der provenzalischen Küche.

1 Hammelmagen · 100 g durchwachsener Speck oder Kasseler
100 g Kalbsgekröse
4 Knoblauchzehen · 1 Zweig Petersilie
Salz · Pfeffer · 4 Hammel- oder Lammfüße · 100 g durchwachsener Speck · 1 Stange Lauch (Porree)
1 Zwiebel · 1 Möhre · 2 Tomaten
2 Gewürznelken · ½ Flasche trockener Weißwein (0,35 l) · 2 l Fleischbrühe
2 Zweige Thymian · 1 Lorbeerblatt

Zubereitungszeit: 1 Stunde
Garzeit: 7 Stunden

Die Hammelkutteln, wenn notwendig, gut säubern und in Quadrate von etwa 8–10 cm Seitenlänge schneiden. • Das Kasseler und das Gekröse feinhacken und in eine Schüssel geben. 2 Knoblauchzehen schälen und hineinpressen. Die Petersilie waschen, hacken und dazugeben. Die Masse salzen, pfeffern und gut durchmischen. • Die Füllung auf die Kuttelstücke legen, die Quadrate wie Rouladen zusammenrollen und mit Küchengarn festbinden. Ganz echt sieht es aus, wenn Sie in eine Seite des Quadrats ein »Knopfloch« schneiden und mit Hilfe des gegenüberliegenden Zipfels, den Sie durch das Knopfloch ziehen, die »Pakete« zusammenziehen. • Die Hammelfüße (ohne Hufe) säubern und blanchieren, das heißt 5–6 Minuten in kochendes Wasser geben, dann wieder herausnehmen. • Den Speck würfeln. Die Speckwürfel in einen schweren gußeisernen Schmortopf, noch besser in einen feuerfesten Tontopf, geben und glasig ausbraten. • Während die Speckwürfel braten, den Lauch waschen und feinschneiden, die Zwiebel schälen und feinwürfeln. Beides an den Speck geben und leicht bräunen lassen. Die Möhre schaben und in feine Scheibchen schneiden. Wenn Lauch und Zwiebel hellbraun sind, die Möhrenscheibchen ebenfalls in den Topf geben. Die Tomaten kurz in kochendheißes Wasser tauchen und abziehen. Dann quer halbieren, die Kerne entfernen, das Fruchtfleisch feinhacken. Die Tomatenwürfelchen mit den Gewürznelken in den Topf geben und untermischen. • Auf diesen würzigen Boden zuerst die Hammelfüße, dann die Päckchen legen, den Wein und die Fleischbrühe angießen. Die Thymianzweige und das Lorbeerblatt daraufle-

gen, salzen, pfeffern. Die restlichen beiden Knoblauchzehen schälen und hineindrücken. Den Deckel auf den Topf legen – am besten einen vertieften Deckel, den Sie immer wieder mit Eisstückchen füllen. • Das Gericht etwa 7 Stunden bei geringster Hitze köcheln lassen. • Erst nach der Garzeit den Deckel öffnen, niemals zwischendurch! Die Päckchen herausnehmen, das Fleisch von den Hammelfüßen lösen. Beides auf einer vorgewärmten vertieften Servierplatte anrichten. Den Fond aus Gemüse, Wein und Fleischbrühe darübergießen. Wenn notwendig, das Fett von der Sauce abschöpfen. • Das Gericht sofort sehr heiß servieren.
Dazu passen ein trockener Reis oder Brot und ein guter trockener provenzalischer Weißwein, zum Beispiel Cassis.

Variante: Nicht ganz so kompliziert ist die folgende Füllung (die Mengen sind pro Paket berechnet): 1 Würfel Kasseler oder durchwachsener Speck, 1 ganze Knoblauchzehe, 1 Stengel Petersilie, Pfeffer und Salz.

Escalopes de porc aux pruneaux

Schweineschnitzel mit Backpflaumen

Raffiniert wird dieses an sich recht einfache Schweinefleischgericht aus der Touraine durch die in Wein eingeweichten Backpflaumen. Sollten Sie keinen Vouvray bekommen, verwenden Sie einen anderen halbtrockenen Weißwein aus Frankreich.

250 g Backpflaumen · ½ Glas halbtrockener Weißwein, am besten Vouvray (0,1 l) · 4 Schweineschnitzel von etwa 1 cm Dicke · Mehl zum Bestäuben
3 Eßl. Butter · 1 Eßl. Tomatenmark
3 Eßl. Crème fraîche

Marinierzeit der Pflaumen: 12 Stunden
Zubereitungszeit: 30 Minuten

Die Backpflaumen in eine Schüssel legen, den Wein darübergießen. 12 Stunden durchziehen lassen. • Die Schnitzel waschen, trockentupfen und in Mehl wälzen, überschüssiges Mehl abklopfen. Die Butter in einem flachen Schmortopf zum Schmelzen bringen, die Schnitzel bei mittlerer Hitze auf jeder Seite etwa 10 Minuten braten. • Während dieser Zeit die Pflaumen im Wein etwa 20 Minuten kochen lassen, so daß sie weich werden. • Die Pflaumen aus der Kochflüssigkeit nehmen und in der Mitte einer Anrichteplatte anordnen. Die Schnitzel ringsherum legen. Warm stellen. • Den Bratfond mit dem Saft von den Pflaumen loskochen. Um die Hälfte einkochen lassen. Mit dem Tomatenmark und der Crème fraîche binden. Die Sauce über Schnitzel und Pflaumen gießen.
Dazu schmecken körnig gekochter Reis und ein Rotwein aus der Touraine.

Caillettes aux épinards

Frikadellen mit Spinat

Ein Rezept aus der Gegend von Valence, eine aparte Version von Fleischfrikadellen, die man in Frankreich gerne im Schweinenetz brät. Das Gericht wird auch kalt als Vorspeise gegessen.

etwa 200 g Schweinenetz
500 g Schweineleber · 125 g frischer Schweinespeck · 500 g frischer Spinat
1 Schnapsglas Cognac oder Marc
Salz · Pfeffer

Zubereitungszeit: 30 Minuten
Backzeit: 25–30 Minuten

Das Schweinenetz in lauwarmem Wasser einweichen. • Die Leber und den Speck in kleine Würfel schneiden. Den Spinat verlesen, waschen und in feine Streifen *(juliennes)* schneiden, nicht hakken. • Die Leber, den Speck, bis auf einige Würfelchen zum Garnieren, und den Spinat in einer Schüssel mischen. Den Schnaps angießen. Salzen, pfeffern. Noch einmal gut durchmischen. • Das Schweinenetz in Quadrate von 10 cm Kantenlänge schneiden. Auf jedes Quadrat Fleischteig in Eigröße legen. Das Schweinenetz darüberschlagen, zu Kugeln formen. • Die Frikadellen in eine feuerfeste flache Form legen. Auf jede Frikadelle ein Speckwürfelchen geben. • Im auf 220 °C (Gas Stufe 4) vorgeheizten Backofen 25–30 Minuten backen.
Dazu schmeckt ein weißer Côtes-du-Rhône, sehr gut ein Hermitage. Als Beilage eignen sich Pommes soufflées (Rezept Seite 98) oder Purée Soubise (Rezept Seite 100).

Riz à la mode de Bayonne

Reis mit Bayonner Schinken

Der Schinken aus der südwestfranzösischen Stadt Bayonne ist ebenso berühmt wie der Parma-Schinken. Es ist ein mild geräucherter Knochenschinken mit nußartigem Geschmack.

300 g Langkornreis · 1 Zwiebel
0,5 l Fleischbrühe · 1½ Eßl. Butter
Salz · Pfeffer · 75 g Greyerzer Käse (Gruyère) · 100 g roher Schinken, möglichst aus Bayonne · 4 Eier

Zubereitungszeit: 15 Minuten
Garzeit: 20 Minuten
Zeit zum Überbacken: 5–6 Minuten

Den Reis waschen und abtrocknen. Die Zwiebel schälen und kleinschneiden. Die Fleischbrühe erhitzen. • In einem flachen dickwandigen Topf 1 Eßlöffel Butter zum Schmelzen bringen. Die Zwiebelstückchen hineingeben und glasig schmoren. Den Reis dazugeben. Wenn der Reis die Butter aufgesogen hat, die Fleischbrühe angießen. Salzen, pfeffern. Den Topf zudecken und das Gericht etwa 20 Minuten bei geringer Hitze kochen lassen, bis der Reis die Flüssigkeit aufgenommen hat. • Den Käse reiben, den Schinken in feinste Streifen *(juliennes)* schneiden. Den Reis vom Herd nehmen und 50 g Käse und den Schinken unterrühren. • Eine Auflaufform buttern und das Reisgericht hineingeben. 4 Löcher in die Oberfläche graben, die Eier hineinschlagen. Auf jedes Ei ein Butterflöckchen setzen. Mit dem Rest von dem geriebenen Käse bestreuen. Im Backofen bei größter Hitze 5–6 Minuten überbacken.
Dazu passen ein Rosé aus Béarn und, wenn es nicht vorher schon Salat gegeben hat, ein gemischter Salat.

Geflügel und Kaninchen

Über französische Hühnchen- und Hähnchengerichte könnte man ein ganzes Buch schreiben. Dementsprechend fiel die Auswahl schwer. Ich habe versucht, eine möglichst breite Skala regionaler Spezialitäten vorzuführen. Eine große Rolle spielen die verschiedenartigen Coqs au vin, deren Saucen jeweils auf dem Wein der Region basieren. Dazu kommt die Vielfalt der Zutaten, die man mit dem hellen, zarten Fleisch kombinieren kann.
Auch Ente wird in Frankreich häufig zubereitet, Gans dagegen seltener. Ich freue mich, daß ich Ihnen dennoch zwei Rezepte mit Gänsefleisch vorstellen kann.
Kaninchenfleisch ist ähnlich beliebt wie Huhn, ja eine Reihe von Rezepten ist auf beide Fleischarten anwendbar. Haus- wie Wildkaninchen werden bei uns immer häufiger angeboten und sind nicht nur preiswert, sondern auch wegen ihrer Fettarmut besonders bekömmlich.

Coq au riesling

Hähnchen in Rieslingsauce

Jedes Weingebiet Frankreichs hat seinen Coq au vin, zubereitet mit heimatlichem Wein. Im Elsaß ist der Coq au riesling zu Hause, eine der wenigen Weißweinvarianten dieses berühmten Gerichts.

1 großes bratfertiges Hähnchen von etwa 1,2 kg · 250 g Champignons
2–3 Schalotten · 3 Eßl. Butter · 2 Stengel Petersilie · 1 Lorbeerblatt · Salz
Pfeffer · 1 Glas Elsässer Riesling (0,2 l)
2 Eßl. Crème fraîche

Zubereitungszeit: 20 Minuten
Garzeit: 30 Minuten

Das Hähnchen in Portionsstücke teilen. Die Champignons putzen und blättrig schneiden. Die Schalotten schälen und feinhacken. • Die Butter in einen Schmortopf geben und zum Schmelzen bringen. Die Hähnchenstücke dazugeben und leicht goldgelb anbraten. Die Schalottenstückchen dazugeben. • Die Petersilie mit dem Lorbeerblatt zu einem Bouquet garni (siehe Seite 22) binden. • Die Pilze und das Bouquet zufügen. Pfeffern, salzen. Den Wein angießen. Den Deckel aufsetzen und das Gericht bei geringer Hitze 30 Minuten schmoren lassen. • Wenn das Fleisch gar ist (Garprobe!), die Hähnchenstücke herausnehmen und warm stellen. • Das Bouquet entfernen. Den Fond etwas einkochen lassen, dann mit der Crème fraîche binden. • Das Fleisch auf einer Platte anrichten und die Sauce darübergießen. Die Sauce soll nicht zu dickflüssig sein. Dazu passen Reis und Elsässer Riesling.

◁ Edler, herber Rieslingwein aus dem Elsaß gibt dem Coq au riesling (Hähnchen in Rieslingsauce) seine aparte Note.

Poulet à la crème

Hähnchen in Sahnesauce

Ein feines Rezept aus der Bresse, woher das beste Geflügel kommt. Es steht und fällt mit der Qualität der Zutaten. Sie sollten erstklassig sein.

25 g getrocknete oder 250 g frische Morcheln oder Champignons
1 Zwiebel · 1 Schalotte
1 küchenfertiges Brathähnchen von etwa 1,2 kg
3 Eßl. Butter · Salz · weißer Pfeffer
½ Flasche weißer Burgunder
200 g Crème fraîche · 2 Eigelbe

Einweichzeit für getrocknete Morcheln: 5–6 Stunden
Zubereitungszeit: 30 Minuten
Garzeit: 30 Minuten

Getrocknete Morcheln 5–6 Stunden einweichen. • Die Zwiebel und die Schalotte schälen und feinhacken. Die Pilze putzen, kalt abbrausen, kleine ganz lassen, größere blättrig schneiden. Das Hähnchen in Portionsstücke teilen. • Das Fleisch in einem dickwandigen Topf in der Butter anbraten. Die Zwiebel- und die Schalottenstücke hineingeben. Salzen, pfeffern. • Wenn das Fleisch anfängt, Farbe anzunehmen, den Wein angießen. Das Fleisch in 30 Minuten garen, den Wein dabei zur Hälfte einkochen lassen, das heißt den Topfdeckel erst aufsetzen, wenn die Flüssigkeit zu stark verdampft. • Die Fleischstücke herausnehmen und warm stellen. • Die Sauce mit der Crème fraîche binden. Aufkochen lassen. Die Eigelbe verquirlen und unter die Sauce rühren. Nicht mehr kochen lassen. • Die Sauce über das Fleisch gießen.
Dazu passen in Butter gebratenes Weißbrot und der gleiche Wein, der für die Sauce verwendet wurde.

Poulet à la corsoise

Korsischer Hähnchentopf

Dieses Gericht gelingt besonders gut im Kupfertopf. Aber ein nicht zu großer Gußeisentopf eignet sich ebenfalls.

1 großes küchenfertiges Brathähnchen von etwa 1,2 kg · 125 g fetter Speck
125 g Champignons · 250 g große grüne Oliven · 500 g möglichst kleine Kartoffeln · 4 Fleischtomaten
1 Schnapsglas Cognac (2 cl)

Zubereitungszeit: 50 Minuten
Garzeit: 60–70 Minuten

Das Hähnchen dressieren (siehe Seite 22). • Den Speck feinwürfeln. Die Champignons putzen, kleine Pilze ganz lassen, größere vierteln oder halbieren. Die Oliven, wenn notwendig, entkernen. Die Kartoffeln schälen, größere Knollen halbieren oder vierteln. Die Tomaten kurz überbrühen, abziehen, dann vierteln. • Die Speckwürfel mit den Kartoffeln in den Topf geben und kurz anbraten lassen. Die Pilze, die Oliven und die Tomatenstücke dazugeben, wieder kurz erhitzen. Zum Schluß das Hähnchen in den Topf legen und unter Umwenden Farbe annehmen lassen. Den Cognac angießen. • Den Topf fest schließen und das Gericht in etwa 60–70 Minuten garen. • Sehr heiß servieren. Eventuell etwas nachwürzen.
Dazu schmecken ein helles Landbrot und ein kräftiger korsischer Rosé- oder Rotwein.

Coq au vin

Hähnchen in Burgunder

Eines der Lieblingsgerichte der Franzosen. Sparen Sie nicht zu sehr am Wein, das feine, helle Geflügelfleisch reagiert geschmacklich stark auf Qualitätsunterschiede.

2 kleine küchenfertige Hähnchen von etwa 800 g · 6–8 Frühlingszwiebeln oder kleine Zwiebeln · 100 g durchwachsener geräucherter Speck · 4 Eßl. Butter
1 gestrichener Eßl. Mehl · 2 Schalotten
½ l guter Rotwein, am besten Burgunder
2 Schnapsgläser Cognac (4 cl)
2–3 Stengel Petersilie · 1 Zweig Thymian · 1 Lorbeerblatt
1 Messerspitze geriebene Muskatnuß
Salz · Pfeffer · 150 g Champignons

Zubereitungszeit: 45 Minuten
Garzeit: 30 Minuten

Die Hähnchen in Portionsstücke teilen. • Die kleinen Zwiebeln nur schälen, größere Zwiebeln schälen und vierteln, den Speck würfeln. • 3 Eßlöffel Butter zusammen mit den Zwiebeln und dem Speck in einen Schmortopf geben, ein paar Minuten anbraten lassen, bis die Zwiebelstücke und die Speckwürfel glasig sind. Zwiebeln und Speck herausnehmen und beiseite stellen. • Die Hühnerteile in dem Fett anbraten, das Mehl anstäuben. Die Schalotten schälen, feinhacken und zugeben. Das Ganze wieder ein paar Minuten schmoren lassen. Den Wein angießen, den Cognac zugeben. Aus der Petersilie, dem Thymian und dem Lorbeerblatt ein Bouquet garni (siehe Seite 22) binden. Das Bouquet und die geriebene Muskatnuß in den Topf geben. Salzen, pfeffern. • Den Topf zudecken und das Ganze 30 Minuten bei geringer Hitze köcheln lassen. • Während dieser Zeit die Champignons in einem anderen Topf in dem Rest der Butter garen. • Wenn die Hähnchenteile gar sind, das Fleisch herausnehmen und warm stellen. • Die Sauce durch ein Sieb gießen. Die Champignons, die Zwiebeln und die Speckwürfel wieder in die Sauce geben. Noch einmal erhitzen. • Die Hähnchenteile mit der Sauce übergießen und sehr heiß servieren.

Poulet Marengo

Marengo-Hähnchen

Es fällt auf, wie viele Hähnchenrezepte an historische Ereignisse und Persönlichkeiten erinnern. Die Vorliebe der Franzosen gilt ebenso ihrer Geschichte wie der Küche. Hier scheint die Synthese zu liegen. Marengo erinnert im übrigen an die Stadt in der Provinz Alexandria, wo Napoleon über die Österreicher siegte.

2 kleine küchenfertige Brathähnchen von etwa 800 g · 4 Eßl. Olivenöl
2 Knoblauchzehen · Salz · Pfeffer
½ Bund Petersilie · ½ Bund Schnittlauch · 2 Schalotten
50 g Champignons · 1 Glas Weißwein (0,2 l) · 1 Eßl. Tomatenmark

Zubereitungszeit: 1 Stunde

Die Hähnchen in nicht zu große Teile zerlegen. • Das Öl in einem Schmortopf erhitzen. 1 Knoblauchzehe schälen und hineinpressen, die Hühnerteile dazugeben, salzen und pfeffern. Den Topf ab und zu schütteln und das Fleisch umwenden, bis es gar und braun ist. Das dauert je nach Größe der Fleischteile 30–45 Minuten. • Während das Fleisch gart, die Petersilie und den Schnittlauch waschen und feinhacken, beziehungsweise -schneiden, die Schalotten und die zweite Knoblauchzehe schälen, die Schalotten kleinschneiden, die Champignons putzen und blättrig schneiden. • In einem kleinen Topf den Weißwein erhitzen, die Kräuter, die Schalotten und Pilze dazugeben. Die Knoblauchzehe hineinpressen. Das Tomatenmark zufügen. 2 Eßlöffel von dem Öl, in dem das Fleisch gart, in die Sauce geben, das Ganze 10 Minuten köcheln lassen. • Wenn das Hähnchen gar ist, das restliche Öl wegschütten. Die Sauce über das Fleisch gießen und noch ein paar Minuten ziehen lassen. • Das Ganze in eine tiefe Schüssel füllen und sehr heiß servieren.
Dazu passen gebackene Weißbrotscheiben *(croûtons)*. Die Franzosen trinken ungern Weißwein zum Essen und würden auch hier einen Rotwein bevorzugen. Ich empfehle trotzdem, den gleichen Wein zu trinken, der in der Sauce enthalten ist.

Poulet au citron

Hähnchen in Zitronensauce

Ein erfrischendes Sommergericht, bei dem sich die feine Säure der Zitrone mit dem zarten Fleisch junger Brathähnchen vorteilhaft verbindet.

1 küchenfertiges Brathähnchen von etwa 1,2 kg · Saft von 2 Zitronen · Salz
Pfeffer · 3 Eßl. Butter · 1 Messerspitze getrockneter Thymian · 1 unbehandelte Zitrone · 100 g Crème fraîche

Zubereitungszeit: 15 Minuten
Marinierzeit: 1 Stunde
Garzeit: insgesamt 35–40 Minuten

Das Hähnchen vierteln. • Den Zitronensaft in eine Schüssel geben. Salzen, pfeffern. Die Hähnchenteile einlegen und 1 Stunde darin durchziehen lassen. Ab und zu umwenden. • Das Fleisch aus der Marinade nehmen, abtropfen lassen und mit Küchenkrepp abtupfen. • Die Butter in einem Schmortopf erhitzen. Die Hähnchenteile hineingeben und bei großer Hitze goldgelb anbraten. Mit der Marinade und etwas Wasser ablöschen. Den Thymian zwischen den Fingern zerreiben und darüberstreuen. • Das Gericht bei großer Hitze aufkochen lassen, dann die Hitze reduzieren. Den Deckel aufsetzen und das Hähnchen in etwa 20–25 Minuten fertig garen. • Die Hähnchenteile warm stellen. • Die Kochflüssigkeit etwas einkochen lassen. • Inzwischen die Zitrone in feine Scheiben schneiden. • Die Crème fraîche angießen, umrühren, 2–3 Minuten bei mittlerer Hitze köcheln lassen. • Die Hähnchenteile mit der Sahnesauce übergießen. Die Zitronenscheiben ringsherum anordnen.
Dazu schmeckt ein roter Bordeaux aus dem Médoc, nach Geschmack aber auch ein trockener Weißwein, zum Beispiel aus Bordeaux. Reis oder Brot vervollständigen das Gericht.

Poulet Célestine

Hähnchengericht aus Lyon

Kein historischer Name ziert dieses Gericht, wohl aber der Vorname einer Schönen aus Lyon, die der Meisterkoch Rousselot mit seiner Création verführen wollte ... oder verführt hat. Versuchen Sie's einmal ...

1 küchenfertiges Hähnchen von etwa 1,2 kg · 200 g Champignons · 1 Fleischtomate · 100 g Butter · ½ Glas trockener Weißwein (0,1 l) · ½ Glas Fleischbrühe (0,1 l) · 1 Schnapsglas Cognac (2 cl) · Salz · Pfeffer · 1 Prise Cayennepfeffer · ½ Bund Petersilie · ½ kleine Knoblauchzehe

Zubereitungszeit: 20 Minuten
Garzeit: 25 Minuten

Das Hähnchen vierteln. • Die Champignons putzen, kalt abbrausen und in Scheiben schneiden. Die Tomate kurz in kochendheißes Wasser tauchen, abziehen, die Kerne herausdrücken, das Fruchtfleisch würfeln. • Die Butter in einem Schmortopf zum Schmelzen bringen, ganz leicht bräunen lassen, die Geflügelteile dazugeben, anbraten. Die Champignonscheiben und die Tomatenwürfel dazugeben. Mit dem Wein ablöschen. Die Fleischbrühe und den Cognac angießen. Salzen, pfeffern, mit dem Cayennepfeffer würzen. • Den Topf zudecken und das Fleisch bei mittlerer Hitze in 25 Minuten garen. • Die Hähnchenteile warm stellen. • Die Sauce entfetten (siehe Seite 22), etwas einkochen lassen. Die Petersilie waschen und feinhacken. Die Sauce vom Herd nehmen. Die Petersilie einstreuen. Ein winziges Stückchen Knoblauchzehe in die Sauce geben. Die Sauce über das Geflügel gießen. • Heiß servieren.
Dazu passen Brot und entweder ein vollmundiger Weißwein, zum Beispiel Graves oder Barsac, oder ein Rotwein, zum Beispiel ein Côte-Rôtie oder Hermitage.

Poulet à la basquaise

Baskisches Hähnchengericht

Eine Spezialität aus Südwestfrankreich, aus dem französischen Teil des Baskenlandes, das jedem sicher gelingt, auch wenn er noch wenig Erfahrung in der Küche hat.

½ l Fleischbrühe · 1 große Zwiebel · 1 Eßl. Gänsefett · 1 gestrichener Eßl. Mehl · Salz · Pfeffer · 1 Zweig Thymian · 1 Lorbeerblatt · 1 küchenfertiges großes Brathähnchen von etwa 1,2 kg · 1 Zitrone · 12 Frühlingszwiebeln oder kleine Zwiebeln · 2 Eigelbe

Zubereitungszeit: 20 Minuten
Kochzeit für den Sud: 40 Minuten
Garzeit für das Hähnchen: 1¼ Stunden

Die Fleischbrühe zum Kochen aufsetzen. • Die große Zwiebel schälen und sehr fein hacken. Die Zwiebelstückchen in einem Schmortopf in dem Gänsefett glasig braten. Das Mehl zugeben, goldgelb werden lassen. Mit der kochenden Fleischbrühe ablöschen. Salzen, pfeffern. Den Thymian und das Lorbeerblatt zugeben. • Den Topf schließen und den Sud 40 Minuten sieden lassen. • Inzwischen die Zitrone halbieren und das Hähnchen mit der halbierten Zitrone abreiben und dressieren (siehe Seite 22). • Das Hähnchen in den Sud geben, den Topf wieder schließen und das Fleisch bei geringer Hitze in etwa 45 Minuten halb garen. Inzwischen die kleinen Zwiebelchen schälen und in den Topf geben. Das Gericht in weiteren 30 Minuten fertig garen. Das Hähnchen herausnehmen, warm stellen. • Die Eigelbe mit ein paar Tropfen Zitronensaft verquirlen und die Sauce damit binden. Sie sollte die Konsistenz einer feinen Creme haben. • Die Sauce getrennt zu dem Hähnchen reichen.
Dazu paßt ein roter Madiran, aber auch ein roter Bordeaux aus dem Médoc.

Mein Tip: Wenn die angebotenen Brathähnchen für 4 Personen zu klein sind, verwenden Sie eine Poularde. Eventuell müssen Sie, je nach Größe, die Garzeit etwas verlängern.

Poulet en daube aux châtaignes

Geschmortes Hähnchen mit Kastanien

En daube heißt die Art, Fleisch bei geschlossenem Topf zu schmoren. Das Rezept stammt aus Südfrankreich, und von dort stammt auch der dunkelrote Wein, den man dazu trinkt.

1 kg Edelkastanien (Maronen) · 1 Stange Bleichsellerie · 50 g gekochter Schinken · 50 g Wurstbrät · Pfeffer · Salz · 1 Zwiebel · 1 küchenfertiges Brathähnchen von etwa 1,2 kg · 3 Eßl. Butter

Zubereitungszeit: 30 Minuten
Garzeit: insgesamt etwa 50–60 Minuten

In einem Topf reichlich Wasser zum Kochen bringen. • Inzwischen die Schalen der Edelkastanien kreuzweise einritzen. Die Kastanien 3 Minuten in das kochende Wasser geben. Herausnehmen und von der harten und der weichen Schale befreien. • Den Sellerie schälen, waschen und abtupfen und in 3–5 cm lange Stücke schneiden. Die Kastanien und den Sellerie mit Salzwasser bedeckt in 20 Minuten weich kochen. • Während dieser Zeit den Schinken durch den Fleischwolf drehen. Mit dem Wurstbrät mischen. Die Masse pfeffern und salzen. • Die Zwiebel schälen. Die Kastanien zur Hälfte im Fleischwolf oder im Mixer zerkleinern. Das Mus mit der Schinken-Brät-Mischung verrühren. Das Hähnchen damit füllen. Zunähen. • Die Butter in einem dickwandigen Schmortopf erhitzen, das Hähnchen darin anbraten und die unzerteilte Zwiebel hineingeben. Den Deckel aufsetzen und das Hähnchen 30 Minuten schmoren lassen, dabei ab und zu mit der austretenden Flüssigkeit begießen. Wenn notwendig, etwas heißes Wasser dazugeben. • Den Rest der Edelkastanien unzerteilt in den Topf geben, mit ein paar Eßlöffeln heißem Wasser begießen. Den Deckel wieder aufsetzen und das Gericht in weiteren 30 Minuten fertig garen. • Die Zwiebel herausnehmen. Das Hähnchen abtropfen lassen, halbieren und auf einer Platte anrichten. Die Füllung an einem Ende der Platte aufhäufen. Die Kastanien rings um das Hähnchen anordnen. Sofort servieren.

Poulet aux cèpes

Hähnchen mit Steinpilzen

Hähnchen mit Champignons gibt es in vielen Variationen, versuchen Sie auch einmal dieses originelle Steinpilzrezept aus dem Périgord.

1 kg Steinpilze · 4 sehr reife Tomaten
150 g durchwachsener Speck · ½ Bund
krause Petersilie · 1–2 Knoblauchzehen
2 Eßl. Öl · 1 küchenfertiges junges
Brathähnchen von etwa 1 kg · Salz
Pfeffer · 1 Glas trockener Weißwein

Zubereitungszeit: 30 Minuten
Garzeit: 45–50 Minuten

Die Steinpilze putzen, Hüte und Stiele trennen. Die Tomaten in kochendheißes Wasser tauchen, abziehen, die Kerne herausdrücken. Den Speck mit der Petersilie, dem Knoblauch und den Pilzstielen durch den Fleischwolf drehen oder sehr fein hacken. • Das Öl in einen dickwandigen großen Schmortopf geben. Das Hähnchen in dem Öl goldgelb anbraten. Die Hüte der Steinpilze und das Tomatenfleisch dazugeben. Salzen, pfeffern. Die Speck-Pilz-Mischung um das Hähnchen schichten. Den Wein angießen. Den Topf fest schließen. • Bei geringer Hitze in 45–50 Minuten garen. Während der Garzeit den Deckel nicht öffnen, sonst geht Flüssigkeit verloren. • Das Hähnchen auf einer Platte anrichten, die Pilz-Tomaten-Mischung ringsherum verteilen. Die Sauce, wenn notwendig, etwas einkochen lassen und darübergießen.
Dazu schmeckt ein roter Bordeaux, zum Beispiel ein Pomerol. Wer Weißwein zum Hähnchen bevorzugt, serviert einen trockenen weißen Bordeaux guter Qualität.

Poulet au champagne

Hähnchen in Champagner

Wenn man Trüffel und Wein aus der Champagne verwendet, dann sollte auch das Hähnchen von der edelsten Sorte sein. Ein exklusives Festmahl für Feinschmecker.

1 großes küchenfertiges Brathähnchen
von etwa 1,2 kg · zusätzliches
Hühnerklein · ½ l Wasser · Salz
1 Möhre · 1 Zwiebel
1 Knoblauchzehe · 1 Stange
Bleichsellerie · 3 Stengel Petersilie
1 Zweig Thymian · 1 Lorbeerblatt
1 Schalotte · 3 Eßl. Butter
1 gestrichener Eßl. Mehl · 1 Trüffel
1 Eßl. Öl · Pfeffer · ¼ l Champagner
Stillwein (Coteaux champenois)
150 g Crème fraîche

Zubereitungszeit: 40 Minuten
Garzeit: insgesamt 1½ Stunden

Das Hähnchen in vier Teile teilen. • Den Hals, den Magen und die zusätzlichen Hühnerteile mit dem kalten Wasser in einen Topf geben. Zum Kochen bringen. Abschäumen und leicht salzen. • Die Möhre und die Zwiebel schälen und vierteln. In den Topf geben. Die Knoblauchzehe schälen und hineinpressen. Den Bleichsellerie waschen, in Stücke schneiden, mit der Petersilie, dem Thymian und dem Lorbeerblatt dazugeben. • Das Ganze 1 Stunde kochen lassen. • Inzwischen die Schalotte schälen und hacken. • 2 Eßlöffel Butter in einem kleinen Topf zum Schmelzen bringen. Das Mehl anstäuben und 2 Minuten bei geringer Hitze etwas Farbe annehmen lassen. Abkühlen lassen. • Nach Beendigung der Garzeit die Hühnerbrühe durch ein Sieb gießen. ¼ l davon auf die Mehl-Butter-Mischung geben und mit dem Schneebesen schlagen. 5 Minuten bei geringer Hitze aufkochen lassen. In ein Schüsselchen gießen. • Die Trüffel in 4 Scheiben schneiden, kühl stellen. • Die Hähnchenteile mit dem Rest Butter und dem Öl bei großer Hitze anbraten. Salzen, pfeffern. Nach 15 Minuten umwenden und noch einmal 15 Minuten braten. In einer Schüssel warm stellen. • Die Hälfte des Bratfetts in einen kleinen Topf gießen. Die Schalottenwürfelchen hineingeben. Kurz glasig schmoren. Mit dem Wein loskochen. Die Sahne sowie die Einbrenne unterrühren und mit dem Schneebesen zu einer homogenen Masse verarbeiten. Durch ein Sieb über die Hähnchenteile gießen. Je 1 Trüffelscheibe darauf legen. • Heiß servieren.
Dazu schmeckt Champagner.

Poularde demi-deuil

Poularde mit Trüffeln

3 Möhren · 3 weiße Rüben · 1 kleine
Sellerieknolle · 4 Stangen Lauch
(Porree) · 1 Zwiebel
3–4 Gewürznelken · Salz · Pfeffer
1 Messerspitze geriebene Muskatnuß
1 Zweig Thymian · 1 Lorbeerblatt
1–2 Stengel Petersilie · 150 g magerer
geräucherter Speck · 2 Kalbsknochen
1 Trüffel · 1 küchenfertige Poularde von
etwa 1,5 kg · 1 Zitrone

Zubereitungszeit: 2¼ Stunden

Die Möhren schaben, die Rüben putzen, die Sellerieknolle schälen. Das Gemüse in feine Scheibchen hobeln. Den Lauch vom Grün befreien, in feine Ringe schneiden und gründlich waschen. Die Zwiebel schälen und mit den Nelken spicken. • Einen Topf, der für die Gemüse und die Poularde ausreicht, gut zur Hälfte mit Wasser füllen. Die zerkleinerten Gemüse hineingeben. Salzen, pfeffern. Mit der geriebenen Muskatnuß würzen. Aus dem Thymian, dem Lorbeerblatt und der Petersilie ein Bouquet garni (siehe Seite 22) binden und in den Sud geben. Die Innereien der Poularde waschen und dazugeben. Den Speck würfeln und zusammen mit dem Kalbsknochen hineingeben. • Den Sud 1 Stunde lang kochen lassen. • Inzwischen die Poularde vorbereiten: Die Trüffel in feine Blättchen schneiden. Die Blättchen unter die Haut von Schenkeln und Brust der Poularde schieben und dabei etwa gleichmäßig verteilen. Die Poularde dressieren (siehe Seite 22). Die Zitrone auspressen und die Haut mit dem Zitronensaft bestreichen. So bleibt das Geflügel schön weiß. • Wenn der Sud 1 Stunde gekocht hat, das getrüffelte Huhn hineinlegen und bei mittlerer Hitze in etwa 45 Minuten garen. • Die Poularde auf einer Platte anrichten, das Bouquet entfernen. Das Gemüse aus dem Sud um das Fleisch anordnen.

Eine besonders kostbare Hähnchenzubereitung ist Poulet au champagne (Hähnchen in Champagner), wobei für die Sauce der nichtperlende Champagner Weißwein verwendet wird. ▷

Geflügel und Kaninchen

Poule Henri IV

Sonntagshuhn im Topf

»Sonntags ein Huhn im Topf«, wünschte Henri IV, König von Frankreich, den französischen Bauern im 16. Jahrhundert. Ihm zu Ehren haben die Gascogner dieses Hühnergericht so genannt. Es ist auch heute noch sonntäglich. Kaufen Sie dafür ein fleischiges junges Suppenhuhn, kein Brathähnchen.

etwa 3 l Wasser · 250 g Möhren
250 g weiße Rübchen · 2 Stangen Lauch
(Porree) · 500 g Rindfleisch, zum Beispiel
Wadschenkel · 1 küchenfertiges junges
Suppenhuhn von etwa 1,3 kg · 1 Zwiebel
5 Nelken · 1 Bund Petersilie
1 Zweig Thymian · 1 Lorbeerblatt
1 Markknochen · Salz
1 trockenes Brötchen vom Vortag
50 g durchwachsener Speck · 50 g roher
Schinken · 1 Knoblauchzehe · 1 Zweig
Estragon · 1 Schalotte · Pfeffer · 1 Ei

Zubereitungszeit: 40 Minuten
Kochzeit für den Sud: 2 Stunden
Garzeit: etwa 2 Stunden

Das Wasser in einem großen Suppentopf zum Kochen aufsetzen. • Inzwischen die Gemüse waschen, putzen und nicht zu klein schneiden. Mit dem Rindfleisch und den Hühnerinnereien in das kochende Wasser geben. Die Zwiebel mit den Nelken spicken und in den Topf geben. Aus den 2 Stengeln Petersilie, dem Thymian und dem Lorbeerblatt ein Bouquet garni (siehe Seite 22) binden und mit dem Knochen in den Sud legen. Salzen. Das Ganze 2 Stunden kochen lassen. • Das Brötchen einweichen und ausdrücken. Den Speck und den Schinken feinhacken. Zusammen mit dem ausgedrückten Brötchen in eine Schüssel geben. Die Knoblauchzehe schälen und durch die Presse an die Masse geben. Die Petersilie und den Estragon feinhakken, die Schalotte schälen und kleinschneiden. Die Gewürze mit der Brötchenmasse verkneten, salzen, pfeffern. Zum Schluß mit dem Ei binden. • Das Huhn mit der Farce füllen, zunähen. • Wenn der Sud 2 Stunden gekocht hat, das Huhn in den Suppentopf geben und je nach Alter und Größe etwas mehr oder weniger als 2 Stunden kochen lassen. • Das Fleisch auf einer Platte anrichten. Die Gemüse extra reichen. Die Brühe für eine andere Gelegenheit aufheben.
Dazu passen Cornichons und Brot. Getrunken wird ein »schwarzer« Wein aus Cahors oder ein anderer herber, kräftiger Rotwein.

Variante: Für 2–3 Personen kann man den Sud auch ohne Rindfleisch, nur mit Knochen und Gemüse herstellen. Dann verkürzt sich die Zubereitungszeit um 1 bis 1½ Stunden.

Poule à la mode de Gray

Gekochtes Huhn mit Gemüse

Gray ist eine kleine Stadt an der Saône, das Gericht insofern typisch für die Franche-Comté, als es frische Gemüse mit erstklassigem Hühnerfleisch verbindet. Kaufen Sie möglichst ein frisches Suppenhuhn mit Innereien.

1 Suppenhuhn von etwa 1,5 kg mit
Innereien · 1 Ei · Salz · Pfeffer
1 Messerspitze geriebene Muskatnuß
1 Döschen Gänseleberpastete · 4 Stangen
Lauch (Porree) · 4–6 kleine junge
Möhren · 4–6 weiße Rüben · 1 mittlere
Sellerieknolle · 1 Rinderknochen

Zubereitungszeit: 30 Minuten
Garzeit: 2½–3 Stunden

Den Magen, die Leber, eventuell auch die Lunge vom Huhn feinhacken und mischen. Wenn Sie im Huhn noch Eigelbe finden, diese unter die Fleischstükke rühren. Das Ei aufschlagen und dazugeben. Mit Salz, Pfeffer und der geriebenen Muskatnuß würzen. Die Gänseleberpastete aus der Dose unter die Masse mischen. Das Huhn damit füllen, zunähen. • Die Lauchstangen putzen, die Möhren nur waschen, die weißen Rüben und die Sellerieknolle schälen. Den Lauch in fingerlange Stücke schneiden, gründlich waschen, große Möhren vierteln, die Rüben je nach Größe vierteln oder halbieren, die Sellerieknolle grob würfeln. • Das Gemüse mit Salz, Pfeffer und dem Knochen in einem großen Topf zum Kochen aufsetzen. Wenn das Wasser kocht, das Huhn hineingeben und je nach Größe und Alter 2½ bis 3 Stunden lang kochen lassen. • Das Huhn zusammen mit dem Gemüse servieren.
Dazu paßt in etwas Hühnerbrühe gegarter Langkornreis oder der in Frankreich sehr beliebte Riz à la créole (Rezept Seite 101) und ein Beoujolais, oder für den, der lieber Weiß mag, ein trockener Weißwein aus Arbois oder Savoyen.

Poule en hochepot

Hühnertopf

Der Reiz dieses Gerichtes aus der Île de France liegt in der Verbindung von Kalb- und Hühnerfleisch. Kalbfleisch und Kalbsknochen ergeben den kräftigen Sud. Lassen Sie den Kalbsfuß vom Fleischer in Stücke hacken.

Zutaten für 4–6 Personen:
1 Scheibe Kalbshaxe von 500 g
1 Kalbsfuß · 1 Flasche trockener
Weißwein · 2 Möhren · 1 Zwiebel
5 Gewürznelken · 1 Stange
Bleichsellerie · Salz · Pfeffer
1 küchenfertiges junges Suppenhuhn oder
Brathähnchen von etwa 1 kg
1 kleine Kochwurst von etwa 200 g
200 g Champignons · 4 Eßl. Butter
1 gestrichener Eßl. Mehl
4 Eßl. Madeira · 100 g Crème fraîche
8 kleine Scheiben Weißbrot oder
4 Scheiben helles Landbrot

Zubereitungszeit: 20 Minuten
Garzeit für den Sud: 2½ Stunden
Garzeit für das Huhn: 40 Minuten

Die Kalbshaxe mit dem Kalbsfuß in einen großen Topf geben. Von dem Weißwein ein Glas abgießen und beiseite stellen. Den restlichen Weißwein und ½ l Wasser in den Topf gießen. • Die Möhren waschen und schaben, kleine Wurzeln ganz lassen, größere längs teilen, den Bleichsellerie waschen und in fingerlange Stücke schneiden. • Das Gemüse zusammen mit dem Bleichsellerie in den Topf geben. Salzen, pfeffern. • Den Sud bei geringer Hitze etwa 2½ Stunden sieden lassen. • Inzwischen das Huhn in 4–6 Teile schneiden. Die

Stücke mit dem Rest Weißwein übergießen. Salzen, pfeffern. Das Fleisch ab und zu in dem Weißwein umwenden. • Nach Beendigung der Kochzeit für den Sud die Fleischstücke herausnehmen und den Sud ebenso wie die Marinade für das Hühnerfleisch durch ein Sieb gießen. Beide Flüssigkeiten mischen und in einen Schmortopf geben. Die Hühnerstücke einlegen, ebenso die Wurst. • Das Ganze in 40 Minuten garen. • Während dieser Zeit das Fleisch von der Kalbshaxe und den Kalbsfüßen lösen und würfeln. Die Champignons kalt abbrausen, kleine Pilze ganz lassen, größere halbieren oder vierteln. • Die Pilze mit 2 Eßlöffeln Butter in einer kleinen Kasserolle gar schmoren. • Die Kalbfleischwürfel und die Champignons in den Hühnertopf geben. Noch einen Augenblick erhitzen. • Inzwischen die Brotscheiben in Butter braten. • Die Hühnerteile auf einer gewärmten Platte anrichten. Die Wurst in Scheiben schneiden und ringsherum anordnen. Die Sauce mit den Einlagen darübergießen. • Die gerösteten Brotscheiben dazu reichen.
Dazu schmeckt ein guter Beaujolais oder der gleiche trockene Weißwein, den Sie zum Kochen verwendet haben.

Canard à la solognote

Gefüllte Ente fein parfümiert

Ein aromatisch duftendes Entengericht, das Sie sich nicht entgehen lassen sollten. Es stammt aus der Region um Paris und ist gekennzeichnet durch das feine Parfüm von gutem Armagnac.

100 g Weißbrot ohne Rinde vom Vortag
1 bratfertige Ente von etwa 1,8 kg mit Leber · 1 Zwiebel · 1 Ei
je 1 Messerspitze getrockneter Rosmarin, Thymian und Bergbohnenkraut
1 Knoblauchzehe · 1 Messerspitze geriebene Muskatnuß · 2 Schnapsgläser Armagnac (4 cl) · Salz · Pfeffer

Zubereitungszeit: 35 Minuten
Ruhezeit: 1 Tag
Garzeit: 2 Stunden

Das Weißbrot in warmem Wasser einweichen. Nach etwa 10 Minuten das Brot gut ausdrücken und in eine Schüssel geben. Die Entenleber feinhacken oder mit dem elektrischen Rührstab zermusen. Die Zwiebel schälen und kleinschneiden. Die Leber, das Ei, die zerriebenen getrockneten Kräuter und die Zwiebel an die Masse geben und gut untermischen. Die Knoblauchzehe schälen, zerquetschen oder feinhacken und dazugeben. Die geriebene Muskatnuß darüberstreuen. Das Ganze mit dem Armagnac übergießen. Die Füllung 1 Stunde ruhen lassen. • Die Ente waschen, trockentupfen, innen salzen und pfeffern. Die Füllung in die Ente geben. Die Öffnung zunähen. • Die Ente 1 Tag kühl stellen. • Am nächsten Tag die Ente im Bräter oder auf dem Rost im vorgeheizten Backofen bei 250 °C (Gas Stufe 5–6) in etwa 2 Stunden garen. Nach der halben Garzeit umdrehen. Ab und zu mit kaltem Wasser begießen. • Die Ente aus dem Backofen nehmen, auf einer Platte anrichten und warm stellen. Den Bratfond mit etwas Wasser loskochen und dazu servieren.
Dazu passen kleine, in Butter geschmorte Zwiebeln und Weißbrot. In Frankreich trinkt man einen burgundischen Landwein dazu.

Variante: Eine etwas herbere Note bekommt die Füllung, wenn man sie statt mit Armagnac mit Cognac parfümiert.

Mein Tip: Bergbohnenkraut (Sarriette) bekommen Sie getrocknet in Geschäften für ausländische Spezialitäten oder in Feinkostläden. Leichter erhältlich sind gemischte provenzalische Kräuter. Sie können sie statt Sarriette verwenden.

Canard à l'orange

Ente mit Orangensauce

Dieses Gericht entstammt nicht der Regionalküche, sondern der Restaurantküche. Es ist von allen Entengerichten der Welt neben der Peking-Ente wohl das bekannteste. Weil es so viele Freunde hat, soll es hier nicht fehlen.

1 Möhre · 1 Zwiebel · 1 küchenfertige Ente von etwa 1,8 kg · 3 Eßl. Butter oder Schweineschmalz · Salz · Pfeffer
1 Glas trockener Weißwein (0,2 l)
0,3 l Fleischbrühe · 1 gestrichener Teel. Mehl · ½ unbehandelte saftige Orange

Zubereitungszeit: 30 Minuten
Garzeit: 1½ Stunden

Die Möhre schaben, die Zwiebel schälen, beides in dünne Scheiben schneiden. • Die Ente in der Butter oder im Schweineschmalz anbraten. Die Möhren und die Zwiebelscheiben dazugeben. Alles etwas Farbe annehmen lassen. Salzen, pfeffern. Mit dem Wein ablöschen. Die Flüssigkeit etwas einkochen lassen, dabei die Ente immer wieder umdrehen. Die Fleischbrühe angießen. Die Ente bei geringer Hitze und geschlossenem Topf in etwa 1½ Stunden garen. • Die Ente herausnehmen, den Bratfond mit Wasser auf etwa 1½ Glas (0,3 l) auffüllen. • Die Ente warm stellen. Den Bratfond in eine Saucenkasserolle geben. Entfetten (siehe Seite 22). Mit dem Mehl binden. 1–2 Minuten aufwellen lassen. Die Orange auspressen. Den Orangensaft darangeben. Einen großen Schnitz von der Orangenschale schnell in kochendheißem Wasser blanchieren (siehe Seite 22). Die Schale in feinste Streifchen schneiden, in die Sauce geben. • Die Ente getrennt von der Sauce servieren.
Dazu schmeckt zum Beispiel ein Beaujolais-Villages oder ein anderer leichter Rotwein. Als Beilage eignen sich Kartoffelkroketten, obwohl die Franzosen Brot vorziehen, denn Gemüse und Salat gibt's vorher oder nachher.

Varianten: Die Leber zermusen und in die Sauce geben.
Die Ente, wenn sie jung und zart ist, im Backofen braten oder am Spieß grillen.

Mein Tip: Schneiden Sie von der Orangenschale wirklich nur die aromatische Rinde ab und achten Sie darauf, daß nichts von der weißen Unterschale in die Sauce kommt.

Oie à la normande

Gänsebraten normannische Art

Französische Gänsegerichte sind relativ unbekannt – abgesehen von elsässischen Gänseleber-Spezialitäten. Hier zur Abwechslung ein Rezept aus Nordfrankreich.

125 g frischer durchwachsener Speck
125 g Schweinefilet · 1 junge Gans von 2–2,5 kg · 5–6 kleine Zwiebeln
1 Eßl. Butter · 3 Äpfel · 1 Ei · Salz
Vier-Gewürze-Mischung (siehe Seite 23)
1 Schnapsglas guter Calvados (2 cl)
2 Stangen Lauch (Porree) · 2 Möhren
1 Stange Bleichsellerie · ½ Glas Cidre (0,1 l) · 1 Zweig Thymian
1 Lorbeerblatt · 2 Stengel Petersilie
Fleischbrühe · nach Geschmack 1 Eigelb oder 100 g Sahne oder Crème fraîche

Zubereitungszeit: 1 Stunde
Garzeit: 2–2½ Stunden

Zuerst die Füllung zubereiten: Die Schwarte vom Speck entfernen. Das Schweinefilet, den Speck, die Leber und etwas vom Fett der Gans würfeln. Die Zwiebeln schälen, 2 Zwiebeln würfeln und in der Butter glasig schmoren. Die Äpfel schälen und vierteln, die Kerngehäuse entfernen, das Fruchtfleisch in Würfel schneiden. Die Zutaten mischen. Das Ei in einer Tasse verquirlen, unter das Gemisch ziehen. Mit Salz und Vier-Gewürze-Mischung würzen. Das Ganze im Fleischwolf oder mit dem elektrischen Rührstab zerkleinern. Die Masse zum Schluß mit dem Calvados parfümieren. • Die Gans mit der Farce füllen, zunähen. • Die gefüllte Gans in den auf 300 °C (Gas Stufe 8) vorgeheizten Backofen schieben, damit sie Farbe annimmt. • Den Lauch putzen, die Möhren schaben, den Bleichsellerie in fingerlange Stücke schneiden. Alles waschen. Die Speckschwarte in eine Kasserolle geben. Das Gänseklein (Innereien, Hals, äußere Flügel), die Möhren, die restlichen Zwiebeln, die Lauchstangen und den Bleichsellerie dazugeben. Das Ganze in dem Fett aus den Schwarten anbraten. Mit Cidre ablöschen, etwas einkochen lassen. Den Sud in einen für die Gans ausreichenden Bräter gießen. Die Gans aus dem Backofen nehmen und in den Sud legen. Aus dem Thymian, dem Lorbeer und der Petersilie ein Bouquet garni (siehe Seite 22) binden und in den Sud legen. Die Fleischbrühe angießen, bis die Gans zur Hälfte in der Flüssigkeit liegt. • Den Topf schließen und die Gans bei 220 °C (Gas Stufe 4) im Backofen etwa 2 Stunden garen. • Vor dem Servieren die Sauce durch ein Sieb gießen und entfetten (siehe Seite 22). Nach Geschmack mit Eigelb und/oder Sahne oder Crème fraîche binden. • Die Sauce in einer vorgewärmten Schüssel getrennt zur Gans servieren. Zum Fleisch Apfelmus reichen.
Dazu schmeckt ein herber Cidre.

Oie farcie

Gefüllte Gans

Ein Rezept direkt aus dem Schlaraffenland, dem Loiregebiet um Angers.

Zutaten für 8 Personen:
1 junge Gans von etwa 3,5 kg · 4 etwa 4 cm dicke Scheiben Brot ohne Rinde oder 3 trockene Brötchen · Milch zum Einweichen · 500 g Eßkastanien (Maronen) · 150 g frischer fetter Speck
1 Gänseleber oder 2 andere Geflügellebern · 3 Schalotten
1 Zwiebel · 1 Knoblauchzehe
1 Eßl. gehackte Petersilie · 1 Messerspitze Vier-Gewürze-Mischung (siehe Seite 23)
Salz · Pfeffer · 2 Eier · 1 Glas trockener Weißwein (0,2 l) · 1 Südweinglas Madeira (0,1 l) · 3 Eßl. Gänseschmalz
100 g Crème fraîche

Zubereitungszeit: 1 Stunde
Garzeit: 3 Stunden

Die Gans, wenn notwendig, ausnehmen, waschen und trockentupfen. • Das Brot in der Milch einweichen. • Die Schalen der Kastanien kreuzweise einritzen, die Kastanien 10 Minuten in den sehr heißen Backofen geben. • Den Speck im Fleischwolf zerkleinern. Die Gänseleber oder die anderen Geflügellebern sehr fein hacken. Die Schalotten und die Zwiebel schälen, beides würfeln. Das Brot aus der Milch nehmen, ausdrücken. Mit dem Speck, der Leber, den Schalotten und den Zwiebelwürfeln mischen. Die Knoblauchzehe schälen, hineinpressen und unter die Masse kneten. Mit der Petersilie und der Vier-Gewürze-Mischung würzen. Salzen, pfeffern. Die Eier in dem Wein verquirlen. In die Füllung geben. • Die Kastanien aus dem Ofen nehmen, schälen und 20 Minuten in dem Madeira kochen. Die Kastanien mit einem Kartoffelstampfer oder einem Quirl grob zerkleinern. Zusammen mit dem Madeira unter die Füllung mischen. • Die fertige Masse in die Gans füllen. Die Öffnung mit Küchengarn zunähen. • Das Schmalz im Bräter zum Schmelzen bringen und die Gans darin anbraten. Den Bräter schließen und die Gans in etwa 3 Stunden im Backofen bei 200 °C (Gas Stufe 3) garen. Wenn notwendig, mit etwas Wasser begießen. • Nach Beendigung der Garzeit die Gans warm stellen. Den Bratfond entfetten (siehe Seite 22). Mit der Sahne binden. • Die Gans tranchieren. Die Sauce getrennt dazu reichen.
Dazu schmeckt ein Rotwein aus dem Loiregebiet, zum Beispiel Bourgueil oder Chinon.

Alicot

Gänse- oder Entenklein

Ein Gericht aus dem Périgord, das bekannt ist für seine deftige und natürliche Küche.

300 g Schwarzwurzeln · 300 g Möhren
5 mittelgroße Steinpilze oder Maronenröhrlinge · 10–12 Eßkastanien (Maronen) · 500–750 g Gänse- oder Entenklein · 1–2 Eßl. Gänseschmalz
1 Messerspitze geriebene Muskatnuß
1 Zweig Thymian · 1 Lorbeerblatt
1–2 Stengel Petersilie
2–3 Eßl. Tomatenmark nach Geschmack · Pfeffer · Salz

Zubereitungszeit: 45 Minuten
Garzeit: 4 Stunden

Die Schwarzwurzeln unter fließendem warmem Wasser schaben und in fingerlange Stücke schneiden. In heißem Wasser blanchieren (siehe Seite 22). Die Möhren schaben und, wenn notwendig,

kleinschneiden. Die Pilze putzen und zerkleinern. Die Schalen der Kastanien kreuzweise einritzen. Die Kastanien 10 Minuten in dem auf die höchste Stufe vorgeheizten Backofen geben, dann die harte Schale und die darunterliegende Haut entfernen. Das Gänse- oder Entenklein in gabelgerechte Stücke schneiden. • In einer Pfanne das Gänsefett zum Schmelzen bringen und nacheinander die Schwarzwurzelstücke, die Pilzstücke und das Fleisch goldbraun anbraten, dann in einen gußeisernen Schmortopf geben. Die Möhren und die geschälten Kastanien zufügen. Mit der Muskatnuß würzen. Aus dem Thymian, dem Lorbeerblatt und der Petersilie ein Bouquet garni (siehe Seite 22) binden und in den Topf legen. Das Tomatenmark zufügen. • Das Gericht salzen und pfeffern und bei kleinster Hitze zugedeckt entweder auf der Herdplatte oder im Backrohr 4 Stunden köcheln lassen. • Vor dem Servieren das Bouquet garni entfernen.
Dazu schmecken Brot und ein kräftiger roter Bergerac.

Tourte de pigeon à l'ancienne

Taubenragout im Teig Großmutter Art

Für dieses Gericht können Sie einen Blätterteig nach dem Rezept auf Seite 53 herstellen oder auch fertigen tiefgefrorenen Blätterteig verwenden. In diesem Fall verwenden Sie die untere und die obere Platte in der vorgegebenen Stärke und verstärken den Randstreifen durch Übereinanderschichten und Befeuchten der Teile.

500 g durchwachsener Speck
1 Zwiebel · 1 reife Fleischtomate
2 küchenfertige Tauben · 1 Eßl. Butter
1 Glas Weißwein (0,2 l) · 1 gestrichener Teel. Mehl · 2 Stengel Petersilie
2 Zweige Thymian · 1 Lorbeerblatt
Salz · Pfeffer · 2 Päckchen Blätterteig (je 300 g) · 1 Eigelb

Zubereitungszeit: 45 Minuten
Garzeit: 30 Minuten
Backzeit: 45 Minuten

Den Speck feinwürfeln. Die Zwiebel schälen und feinhacken. Die Tomate kurz in kochendheißes Wasser tauchen, abziehen. Die Kerne herausdrücken. Das Fleisch würfeln. • Jede Taube in 5–6 Teile zerteilen. In einer tiefen Pfanne oder einem flachen Schmortopf die Butter mit dem Speck erhitzen. Die Taubenstücke hineingeben und goldbraun anbraten. Die Zwiebelstücke dazugeben. Umrühren. Die Tomatenwürfel zufügen. Den Wein angießen. Wenn der Wein auf die Hälfte eingekocht ist, die Fleischbrühe hineingeben. Das Mehl in etwas Wasser anrühren und die Sauce damit binden. Aus der Petersilie, dem Thymian und dem Lorbeerblatt ein Bouquet garni (siehe Seite 22) binden und in das Ragout geben. Salzen, pfeffern. • Zugedeckt in etwa 30 Minuten garen. • Inzwischen den Blätterteig etwa 1 cm dick ausziehen und auf eine runde Kuchenform von etwa 20 cm Durchmesser legen. Ringsherum den Rand in einer Breite von 1 cm mit einem Pinsel anfeuchten. Einen Teigstreifen von 1 cm Breite und 5 cm Stärke auf diesen befeuchteten Streifen kleben. Die Taubenstücke aus der Sauce heben und in die so entstandene »Schüssel« füllen. • Die Sauce warm stellen. • Das Fleisch mit einer Teigplatte bedecken. Diese zweite Platte mit dem Rand verbinden. Auf dieser Platte wieder einen Streifen von 1 cm Breite anfeuchten. Einen weiteren Streifen von 5 cm Stärke auf den Rand setzen. Die Oberfläche mit dem Eigelb bestreichen und das Ganze bei großer Hitze 45 Minuten im Ofen backen. • Nach Beendigung der Backzeit mit einem spitzen Messer den Deckel am Rand entlang einschneiden und herausheben. (Gesondert zum Ragout reichen.) Das Bouquet aus der Sauce nehmen. Die Sauce in die erhöhte Teigform füllen. • Heiß servieren.
Dazu paßt ein provenzalischer heller Rotwein, zum Beispiel Côtes-de-Provence, oder ein frischer Rosé mit dem gleichen Namen.

Varianten: Der Sauce am Schluß noch feingeschnittene, in Butter gedünstete Champignons, kleine Zwiebeln oder Oliven zufügen.
Den Blätterteig mit Schweineschmalz bereiten und die Tauben in Schmalz anbraten.

Pigeons au vin blanc

Tauben in Weißwein

Ein nordfranzösisches Rezept, und dennoch werden die Tauben in Weißwein gegart. Im Originalrezept werden Chipolatas, winzige Bratwürstchen mit Zwiebeln, verwendet. Kaufen Sie möglichst kleine Schweinsbratwürstchen Ihrer Region.

2 junge Tauben · 125 g durchwachsener Speck · ½ Glas trockener Weißwein (0,1 l) · ½ l Fleischbrühe · Salz
Pfeffer · 2–3 Stengel Petersilie
1 Lorbeerblatt · 1 Zweig Thymian
175 g Langkornreis · 8 fingerdicke Schweinsbratwürstchen · 3 Eßl. Butter

Zubereitungszeit: 45 Minuten
Garzeit: insgesamt 35 Minuten

Die beiden Tauben dressieren (siehe Seite 22). • Den Speck in Würfel schneiden und in einem Schmortopf ausbraten. Die Grieben herausnehmen und aufbewahren. Die Tauben in dem Fett anbraten und bei reduzierter Hitze Farbe annehmen lassen. Den Wein angießen und auf eine Menge, die etwa 2 Eßlöffeln entspricht, einkochen lassen. Die Fleischbrühe angießen. Die Tauben sollen etwa bis zur Hälfte in der Flüssigkeit liegen. Die Speckwürfel wieder in den Topf geben. Salzen, pfeffern. Aus der Petersilie, dem Lorbeerblatt und dem Thymian ein Bouquet garni (siehe Seite 22) binden und in den Sud legen. • Den Deckel aufsetzen und das Gericht bei mittlerer Hitze 10 Minuten schmoren lassen. • Den Reis kurz abbrausen. Um die Tauben herum anordnen. Gut verteilen. Den Deckel wieder schließen und bei weiterhin mittlerer Hitze das Ganze in 25 Minuten garen, ohne umzurühren. Eventuell etwas Fleischbrühe nachgießen, wenn die Flüssigkeit nicht ausreicht. • Inzwischen die Bratwürstchen grillen. • Den Reis in die Mitte einer flachen Servierschüssel legen. Die Butter schmelzen, aber nicht bräunen lassen. Über den Reis gießen. Die Tauben halbieren, auf den Reis legen, die Würstchen ringsherum anordnen.
Dazu schmeckt ein leichter roter Bordeaux oder ein Landwein von der Loire.

Lapin aux pruneaux et aux raisins

Kaninchen mit Backpflaumen und Weinbeeren

Dieses Gericht stammt aus Nordostfrankreich, einem der wenigen Gebiete Frankreichs, wo es keinen Wein gibt. Es ist bäuerlich und gar nicht so, wie wahrscheinlich mancher hierzulande sich französische Küche vorstellt. Weil es originell und original zugleich ist, wurde es aufgenommen. Geeignet dafür sind sowohl Wildkaninchen als auch Hauskaninchen.

1 l Rotwein, zum Beispiel Beaujolais
⅛ l guter Weinessig · 2 Zweige Petersilie · 1 Zweig Thymian
2 Lorbeerblätter · 1 kleine oder 1 Stück von einer großen Möhre · Salz · Pfeffer
2½ Eßl. Öl · 1 Kaninchen von etwa 1,5 kg · 1½ Eßl. Butter
250 g getrocknete Pflaumen (Backpflaumen) · 250 g weiße Trauben
1 gestrichener Eßl. Mehl
1 Teel. Johannisbeergelee

Marinierzeit: 12 Stunden
Zubereitungszeit: 25 Minuten
Kochzeit für die Marinade: 30 Minuten
Garzeit: 1½ Stunden

Für die Marinade am Vortag die Hälfte des Weines mit dem Essig in einer großen Schüssel mischen. Die Kräuter, die Möhre und die Gewürze sowie 1 Eßlöffel Öl zugeben und gut unterrühren. • Das Kaninchen in Portionsstücke teilen und die Stücke in die Marinade legen. Zudecken und über Nacht durchziehen lassen. Die Teile ab und zu umwenden. Ebenfalls am Vortag die Backpflaumen in Wasser einweichen. • Am nächsten Tag die Kaninchenstücke aus der Marinade heben, abtropfen lassen und mit Küchenkrepp trockentupfen. • Die Marinade bei starker Hitze etwa 30 Minuten einkochen lassen, dabei ab und zu abschäumen. • Während die Marinade kocht, die Weintrauben in der Mitte durchschneiden und entkernen. Bei hartschaligen Sorten die Schale abziehen. Die Backpflaumen in einem Sieb abtropfen lassen. • Den Rest des Öls und die Butter in einen großen Schmortopf geben und erhitzen. Die Kaninchenstücke in dem Fett leicht anbraten. Mit dem Mehl überstäuben. Mit dem restlichen Wein und etwa ¼ l Marinade ablöschen. Die abgetropften Backpflaumen und die Weinbeeren dazugeben. Den Topf zudecken und das Gericht bei geringer Hitze in etwa 1½ Stunden garen. • Zum Schluß die Sauce mit dem Johannisbeergelee abschmecken. Eventuell nachsalzen und noch etwas Pfeffer darübermahlen. • Das Gericht am besten im Schmortopf auftragen.
Dazu paßt außer Weißbrot ein frischer Beaujolais.

Varianten: In das Bratfett (Öl und Butter) 125 g frischen gewürfelten Speck geben.
Statt ½ l Rotwein und ¼ l Marinade zum Ablöschen ½ l Marinade und ½ l Fleischbrühe verwenden.
Statt Backpflaumen und Weinbeeren entweder das eine oder das andere dazugeben, allerdings in doppelter Menge.
Wenn möglich, die Sauce mit dem Kaninchenblut binden. Das ist die Originalversion. Doch auch in Frankreich ist das immer seltener zu realisieren.

Lapin à la bressane

Kaninchen in Sahnesauce

Das Rezept stammt aus der Bresse im südlichen Burgund. Bei diesem Gericht kommt der zarte Geschmack des Kaninchenfleischs besonders gut zur Geltung. Der Speck und der Weinessig verleihen ihm die besondere Würze.

1 küchenfertiges Kaninchen von etwa 1,3 kg · 200 g durchwachsener geräucherter Speck · 1 Zwiebel
1 Knoblauchzehe · 3 Eßl. Butter
1 gestrichener Eßl. Mehl · 1 Glas trockener Weißwein (0,2 l) · 3 Eßl. guter Weinessig · 1 Messerspitze geriebene Muskatnuß · Pfeffer · Salz · 2 Eigelbe
100 g Sahne

Zubereitungszeit: 20 Minuten
Garzeit: 1 Stunde

Das Kaninchen in Portionsstücke zerlegen. Den Speck in grobe Würfel schneiden. Die Zwiebel und die Knoblauchzehe schälen, die Zwiebel feinhacken. • Die Butter in einem größeren Schmortopf zerlassen, die Kaninchenstücke darin anbraten. Den Speck dazugeben und einige Minuten bräunen lassen. Das Mehl darüberstäuben. Mit dem Wein und dem Essig löschen. Die Zwiebel und die geriebene Muskatnuß zugeben. Den Knoblauch hineinpressen. Pfeffern, salzen. • Den Deckel auf den Topf legen und das Kaninchen bei geringer Hitze 1 Stunde lang garen. • Die Fleischstücke auf einer vorgewärmten Platte anrichten. • Die Sauce mit den Eigelben und der Sahne binden und über das Fleisch gießen. Sofort servieren.
Dazu passen Brot und ausnahmsweise ein weißer Burgunder, zum Beispiel ein Pouilly-Fuissé. Außer diesem sehr kostbaren Weißwein paßt auch ein einfacherer, aber er sollte ziemlich trocken sein.

Variante: Die Sauce schmeckt noch würziger, wenn Sie 4–5 Knoblauchzehen im Ganzen mitschmoren.

Lapin à la bressane (Kaninchen in Sahnesauce) ist ein feines Sonntagsessen, das der Hausfrau wenig Arbeit macht und sicher gelingt. ▷

Geflügel und Kaninchen

Wildgeflügel und Wild

Anders als bei uns herrscht in Frankreich ein regelrechter Kult an Wildgeflügelgerichten. Alles, was da fliegt und durch Felder und Wälder hüpft, wird geschossen oder gefangen und zu schmackhaften Gerichten verarbeitet – leider auch Schwalben, Drosseln und andere Singvögel. Auf diese Art »Spezialitäten« habe ich aus Abneigung selbstverständlich verzichtet und mich auf Geflügelsorten beschränkt, die es bei uns frisch oder tiefgefroren zu kaufen gibt.

Faisan aux légumes

Fasan mit jungem Gemüse geschmort

Das beste Wildgeflügel findet man um Orléans, wo auch das Gemüse aussieht wie im Schlaraffenland. Die Trüffel können Sie zur Not weglassen, doch verwenden Sie auf jeden Fall frische Kräuter und junges frisches Gemüse.

Zutaten für 2 Personen:
1 küchenfertiger junger Fasan
250 g junge Möhren · 3 Zwiebeln
3 Eßl. Butter · 1 gestrichener Eßl. Mehl
Salz · Pfeffer · 1 Zweig Thymian
1 Lorbeerblatt · 2 Knoblauchzehen
1½ Gläser Armagnac (0,3 l)
1½ Gläser guter Rotwein (0,3 l)
3–4 Eßl. Fleischbrühe
10 Champignons · 10 Frühlingszwiebeln
125 g durchwachsener Speck · 1 Trüffel

Zubereitungszeit: 30 Minuten
Garzeit: insgesamt etwa 1½ Stunden

Den Fasan in Portionsstücke teilen. • Die Möhren, wenn notwendig, schaben, die Zwiebeln schälen. Beides sehr fein hacken. • Möhren- und Zwiebelstückchen in 2 Eßlöffeln Butter in einem Schmortopf bei geringer Hitze anbraten. Die Fasanstücke hineingeben, wenn die Zwiebel glasig ist. Den Fasan etwas Farbe annehmen lassen. Das Mehl unter Umrühren anstäuben. Salzen, pfeffern. Thymian und Lorbeerblatt dazugeben. Den Knoblauch schälen und an das Gericht pressen. Den Armagnac im Schöpflöffel erwärmen, darübergießen und anzünden. Den Rotwein und die Fleischbrühe angießen. • 45 Minuten bei geringer Hitze im offenen Topf garen. • Während das Fleisch gart, die Champignons putzen, kurz kalt abbrausen und abtropfen lassen. Die Frühlingszwiebeln schälen. Den Speck würfeln. Die Champignons und die Zwiebeln im Ganzen mit den Speckwürfeln 10 Minuten in 1 Teelöffel Butter schmoren. Die Fleischstücke aus dem Topf nehmen und in eine Auflaufform mit Deckel legen. Die Pilze, die Frühlingszwiebeln und die Speckwürfel an das Fleisch geben. Die Trüffel in feine Scheiben schneiden. Dem Gericht zufügen. • Den Backofen auf 250 °C (Gas Stufe 5–6) vorheizen. Die Form im Wasserbad in den Backofen stellen (siehe Seite 23). Wenn das Wasser kocht, die Hitze auf 220 °C (Gas Stufe 4) reduzieren und das Gericht in 40–50 Minuten garen. • In der Form servieren.

◁ Ein königliches Mahl aus dem Tal der Königsschlösser – Faisan aux légumes (Fasan mit jungem Gemüse geschmort).

Faisan au citron

Junger Fasan mit Zitrone

Ein Rezept aus der Normandie, zu dem man, wie in dieser Gegend Frankreichs so häufig, Apfelkompott ißt.

Zutaten für 2 Personen:
1 küchenfertiger junger Fasan · 1 Scheibe frischer Speck zum Umwickeln · 2 Eßl. Butter · Salz · Pfeffer · 1 Messerspitze Muskatnuß · 250 g Sahne · Saft von 1 Zitrone

Zubereitungszeit: 25 Minuten
Garzeit: 45 Minuten

Den Fasan dressieren (siehe Seite 22) und mit dem Speck umwickeln. • Die Butter in einer feuerfesten Glas- oder Keramikform zum Schmelzen bringen. Den Fasan rundherum darin anbraten. Salzen, pfeffern, mit der Muskatnuß würzen. • Die Form zudecken und den Fasan bei mittlerer Hitze in etwa 45 Minuten garen. • Kurz vor dem Servieren mit der Sahne begießen. Den Zitronensaft darübergeben.
Dazu schmeckt Apfelkompott ohne Zucker und ein roter Bordeaux, zum Beispiel Pomerol.

Faisan à l'alsacienne

Fasan in Sauerkraut

Fasan in Sauerkraut zuzubereiten, ist eine typisch elsässische Methode. Der Vorteil ist, daß der Fasan saftig bleibt. Außerdem schmeckt Kraut sehr gut zu Wildgeflügelfleisch.

1 kg Sauerkraut · Kümmel
2 Zwiebeln · 2 Eßl. Schweineschmalz oder Butter · 2 säuerliche Äpfel
¼ l elsässischer Weißwein
⅛ l Fleischbrühe · 24 Wacholderbeeren
12 Pfefferkörner · 2 küchenfertige kleine oder 1 größerer Fasan · 1 große Scheibe frischer Speck zum Umwickeln
125 g magerer geräucherter Speck in Scheiben · 1 kräftig gewürzte Kochwurst

Zubereitungszeit: 30 Minuten
Garzeit: 3 Stunden

Das Sauerkraut waschen und ausdrücken. Etwas Kümmel darüberstreuen. • Die Zwiebeln schälen, hacken und in einen gußeisernen Schmortopf geben. Mit dem Schweineschmalz anbraten. Wer kein Schweineschmalz mag, nimmt Butter. • Die Äpfel schälen, vierteln und mit dem Kraut in den Topf geben. Den Weißwein und die Fleischbrühe angießen, mit den Wacholderbeeren und den Pfefferkörnern bestreuen. Den Topf zudecken und das Kraut 2 Stunden bei geringer Hitze garen. • Kurz vor Ende der Garzeit den Fasan mit dem frischen Speck umwickeln. • Die Hälfte des Krauts aus dem Topf nehmen, den geräucherten Speck auf die untere Krautschicht legen, den Fasan darauf betten, die Kochwurst dazulegen. Das Fleisch mit dem restlichen Kraut bedecken, den Deckel schließen und 1 weitere Stunde garen. • Den Fasan auf dem Sauerkrautbett servieren.
Dazu paßt ein kräftiger Rotwein von den Côtes-du-Rhône.

Perdreau à la languedocienne

Gefülltes junges Rebhuhn

Südfranzösisch an diesem Rezept ist die Verwendung von Tomatenmark, viel Knoblauch und Orangenschale. Achten Sie darauf, daß die Rebhühner jung sind. Junge Tiere haben dunkle Schnäbel und helle Beine, ihre Brustbeinspitze ist noch biegsam.

*2 junge Rebhühner mit Innereien · 2 etwa 5 cm dicke Scheiben altbackenes Weißbrot · 2 Tassen Milch · 250 g roher Schinken · ½ Bund Petersilie
12 Knoblauchzehen · Pfeffer · 2 Eier
etwa 300 g durchwachsener Speck in sehr dünnen Scheiben · 3 Eßl. Gänseschmalz
1 gestrichener Eßl. Mehl · ½ Glas trockener Weißwein (0,1 l)
0,2 l Fleischbrühe · 2 Eßl. Tomatenmark
1 Zweig Thymian · 1 Lorbeerblatt
1 Stück Schale von einer unbehandelten Orange · Salz*

Zubereitungszeit: 45 Minuten
Garzeit: insgesamt 1 Stunde

Für die Füllung die Rebhuhnlebern hakken. Die Weißbrotscheiben in der Milch einweichen, ausdrücken. Den Schinken sehr fein würfeln, die Petersilie waschen, 2 Stengel beiseite legen, den Rest feinhacken. Leber, Weißbrot, 200 g von dem Schinken und die gehackte Petersilie miteinander mischen. 2 Knoblauchzehen schälen und daranpressen. Das Ganze zu einer homogenen Masse verarbeiten. Mit Pfeffer würzen. Die Eier darunterziehen. Die Rebhühner mit jeweils der Hälfte der Farce füllen. • Die Rebhühner dressieren (siehe Seite 22) und mit dem durchwachsenen Speck umwikkeln. • Das Gänseschmalz in einen feuerfesten Tontopf oder eine gußeiserne Kasserolle geben. Das Rebhuhn in dem Fett goldbraun anbraten. Den Vogel herausnehmen. Den Rest Schinken in dem Fett anbraten. Das Mehl anstäuben. Kurz erhitzen, dabei umrühren. Mit dem Wein und der Fleischbrühe ablöschen. Das Tomatenmark dazugeben. Aus den Petersilienstengeln, dem Thymian und dem Lorbeerblatt ein Bouquet garni (siehe Seite 22) binden und in die Sauce legen. Mit Pfeffer abschmecken. Die Orangenschale dazugeben. Eventuell leicht nachsalzen, doch vorsichtig mit dem Salz umgehen, der Schinken gibt schon genügend Würze. • Die Sauce etwa 10 Minuten köcheln lassen. Das gefüllte Rebhuhn einlegen und weitere 10 Minuten kochen. • Inzwischen die 10 restlichen Knoblauchzehen schälen und für einige Minuten in kochendes Salzwasser legen. Abtropfen lassen und zur Sauce geben. Das Ganze jetzt noch etwa 40 Minuten bei geringer Hitze zugedeckt garen. • Vor dem Servieren das Bouquet entfernen.
Dazu schmeckt ein guter kräftiger Châteauneuf-du-Pape oder ein Landwein aus Languedoc.

Perdreau rôti

Rebhuhn im Weinblatt

Kaufen Sie 1 junges Rebhuhn für 2 Personen. Die Weinblätter gibt es in Dosen naturell eingelegt. Waschen Sie sie vor der Verwendung.

*Zutaten für 2 Personen:
1 küchenfertiges junges Rebhuhn · Salz
Pfeffer · 1 Scheibe frischer Speck zum Umwickeln · 3–4 Weinblätter aus der Dose · 2 Eßl. Butter · 2 Scheiben Weißbrot*

Zubereitungszeit: 1 Stunde

Die Leber des Rebhuhns beiseite legen. Den Vogel innen salzen und pfeffern. Dressieren (siehe Seite 22) und mit einer dünnen Speckscheibe umwickeln. Die Weinblätter außen herumwickeln. • Den Vogel in eine feuerfeste Form legen und bei 200 °C (Gas Stufe 3) 35–40 Minuten im Backofen garen. Ab und zu mit Wasser begießen. • Inzwischen in einer Stielkasserolle die Butter zum Schmelzen bringen und die Rebhuhnleber darin braten. Die Brotscheiben rösten. Die Bratbutter über die Brotscheiben gießen. Die Leber mit der Gabel zermusen und auf die Brote streichen. Das Rebhuhn mit der Geflügelschere längs halbieren. Die Hälften auf die Brotscheiben legen. Warm stellen. • Den Bratfond vom Rebhuhn mit etwas kochendheißem Wasser loskochen. Den Bratensaft in einer Saucenschüssel getrennt reichen.
Zu diesem Feinschmeckermahl paßt ein feiner Wein, ob aus dem Burgund, Bordeaux oder von den Côtes du Rhône ist eigentlich gleich, nur gut muß er sein.

Pintade au chou vert

Perlhuhn mit Grünkohl

Perlhuhn schmeckt leicht nach Wild. Es wird meist frisch, selten tiefgefroren angeboten. Auf diese Art zubereitet, wird es im Limousin auch Schusterfasan genannt. Typisch für das Limousin ist übrigens auch die Verwendung von Edelkastanien.

*1 großes oder 2 kleine küchenfertige Perlhühner · 1 große Scheibe frischer Speck zum Umwickeln
20–25 Eßkastanien (Maronen) · 1 kg Grünkohl · 150 g durchwachsener Speck · Salz · Pfeffer · 2 Eßl. Schweineschmalz · je 2 Möhren und weiße Rüben · Butter für die Form*

Zubereitungszeit: 45 Minuten
Garzeit für den Kohl: 1 Stunde
Garzeit für das Perlhuhn:
etwa 40–50 Minuten
Zeit für das Wasserbad: 20 Minuten

Das Perlhuhn dressieren (siehe Seite 22) und mit dem Speck umwickeln. Die Schalen der Kastanien kreuzweise einritzen und die Früchte 10 Minuten in kochendheißes Wasser legen. Die harte und die weiche Schale entfernen. • Den Kohl im Ganzen im kochendem Wasser blanchieren (siehe Seite 22), dann die Blätter in sehr feine Streifen *(juliennes)* schneiden. Den Speck in einem Schmortopf anbraten. Die Kohlstreifen dazugeben, die Hitze reduzieren. Die Kastanien auf die Kohlstreifen legen. Salzen, pfeffern. Den Topf zudecken und das Gemüse 1 Stunde lang schmoren lassen. • Inzwischen das Perlhuhn im Schweineschmalz in einem zweiten geschlossenen Schmortopf in 40–50 Minuten bei geringer Hitze gar schmoren. • Die Möhren und die weißen Rüben schaben, beziehungsweise schälen und in runde Scheibchen schneiden. In einem wei-

teren Topf in Salzwasser weich kochen. • Abgießen und abkühlen lassen. Eine feuerfeste Tonschüssel, in der das Gemüse Platz hat, oder eine entsprechende Auflaufform buttern. Die abgekühlten Scheiben von den weißen Rüben und den Möhren abwechselnd auf den Boden der gebutterten Form legen, so daß die Scheibchen sich überlappen. • Die Edelkastanien aus dem Topf nehmen und warm stellen. Den Kohl gut abtropfen lassen, den Speck würfeln und unter die Kohlstreifen mischen. Den Kohl fest in die Form pressen. Die Form in ein Wasserbad (siehe Seite 23) stellen und noch weitere etwa 20 Minuten garen. • Das Gemüse stürzen. Die Edelkastanien ringsherum anordnen. Das Perlhuhn vom Speck befreien, tranchieren und die Stücke um das Gemüse anordnen. Den Bratfond des Perlhuhnes getrennt dazu reichen.
Dazu paßt neben einem hellen Landbrot ein einfacher roter Bordeaux, ein Bordeaux Clairet.

Mein Tip: Bei diesem Rezept kommt es auf die Koordination der einzelnen Arbeitsgänge an. Setzen Sie das Perlhuhn etwa 20–25 Minuten vor dem Wasserbad auf, damit es nicht zu lange warm gestellt werden muß. Lieber lassen Sie das Gemüse etwas länger im Wasserbad, wenn das Perlhuhn noch nicht gar sein sollte.

Cailles aux feuilles de vigne

Wachteln in Weinblättern

Wachteln gibt es auch bei uns immer öfter – meist tiefgefroren – zu kaufen. Ich habe in dem Rezept mit 2 Wachteln pro Person gerechnet. Je nach Vorspeise und Dessert genügt vielleicht auch 1. Wachteln ergeben auch unter Umständen einen Zwischengang zwischen Fisch und Fleisch in einem ganz großen Menü.

8 küchenfertige Wachteln · 8 Weinblätter aus der Dose · 8 Scheiben frischer Speck zum Umwickeln · 3–4 Eßl. Butter 2½ l Fleischbrühe

Zubereitungszeit: 40 Minuten
Garzeit: 20 Minuten

Die Wachteln dressieren (siehe Seite 22). • Die Vögel zuerst in je 1 Weinblatt, dann in je 1 Scheibe Speck wickeln. In eine gebutterte feuerfeste Auflaufform legen. • Auf dem Herd bei geringer Hitze ringsherum anbraten, bis der Speck etwas Farbe angenommen hat. Die Fleischbrühe angießen, so daß die Wachteln bis zur Hälfte bedeckt sind. • 20 Minuten zugedeckt sieden, aber nicht kochen lassen. • Die Wachteln aus ihren Umhüllungen wickeln. • Inzwischen den Fond bis auf je 1 Eßlöffel pro Wachtel einkochen lassen. Die Wachteln und die Speckscheiben in die Sauce zurücklegen. • Servieren.

Lièvre en cabessal

Gefüllter Festtags-Hase

Das Périgord ist vor allem berühmt für seine Trüffeln – doch der Mensch kann von Trüffeln allein nicht leben. Man sollte als »Begleitung« dazu einen solchen Hasenbraten durchaus nicht verachten. Kaufen Sie für dieses Festmahl einen jungen Hasen mit Innereien.

1 küchenfertiger junger Hase mit Innereien · 0,1 l Öl · 1 Flasche und ½ l sehr guter Rotwein · 2 Zwiebeln 2 Knoblauchzehen · 3 Zweige Thymian 1 Lorbeerblatt · Pfeffer 3–4 Gewürznelken · 1 Messerspitze geriebene Muskatnuß · 1–2 Zweige Rosmarin · 1 dicke Scheibe trockenes Weißbrot ohne Rinde 500 g Schweinehack · 1 Schalotte Salz · ½ Bund Petersilie · 1 Ei 150 g Kalbsschnitzel · 100 g frischer Speck in dünnen Scheiben · 1 große Scheibe frischer Speck, passend für den Braten · 50 g durchwachsener Speck 2 Schnapsgläschen Cognac (4 cl) 1 Teel. Butter · 2 gestrichene Eßl. Mehl 4 Eßl. guter Weinessig · 2 Trüffeln

Zubereitungszeit: etwa 1 Stunde
Marinierzeit: mindestens 12 Stunden
Garzeit: 6 Stunden

Dem Hasen vor dem Einlegen in die Marinade die Rippenknochen mit Hilfe eines spitzen Messers herausziehen. • Die Marinade aus dem Öl und 1 Flasche Wein rühren. 1 Knoblauchzehe und 1 Zwiebel schälen und hacken und zusammen mit den Kräutern und Gewürzen an die Marinade geben. Den Hasen über Nacht darin einlegen. • Am nächsten Tag die Füllung bereiten: Das trokkene Brot ohne Rinde in lauwarmem Wasser aufweichen und ausdrücken. Mit dem Hackfleisch verkneten. Die Schalotte schälen, feinhacken und dazugeben. Salzen, pfeffern. Die Petersilie feinhacken und unter den Teig kneten. Mit dem Ei binden. • Den Bauch des Hasen zuerst mit dem Schnitzelfleisch auskleiden. Die Speckscheiben darauflegen, zuletzt die Füllung einbringen. Die Öffnung von vorn bis hinten zunähen. Den ganzen Hasen in eine große Speckscheibe einwickeln. • Den mageren Speck würfeln. In einem großen Bräter den Speck glasig braten und den Hasen darin leicht anbräunen. Mit dem Cognac und dem Rest des Weines begießen. • Die zweite Zwiebel schälen und hacken. In einem Saucentopf in etwas Fett das Mehl hell anbräunen, die Zwiebelstücke dazugeben. Die Marinade durch ein Sieb gießen und die Einbrenne damit löschen. Die Sauce über den Hasen gießen. • Den Bräter zudecken und den Braten bei geringster Hitze im Backofen (etwa 160–180 °C, Gas Stufe 1–2) in 6 Stunden garen, am besten bei Ober- und Unterhitze. Der Braten ist fertig, wenn das Fleisch sich von den Knochen löst. • 30 Minuten vor Ende der Garzeit die zweite Knoblauchzehe schälen und zusammen mit der Hasenleber zermusen (am besten mit einer elektrischen Küchenmaschine oder einem entsprechenden Handgerät) und in einen Topf geben. Den Weinessig angießen und das Mus 30 Minuten köcheln lassen. • Den Hasenbraten aus dem Backofen nehmen und warm stellen. Die Sauce entfetten (siehe Seite 22). Die Lebermischung unterrühren und die Sauce noch etwa 10 Minuten köcheln, aber nicht kochen lassen. • Die Trüffeln schälen und in Scheiben schneiden. In die Sauce geben. • Den Hasen auf einer vorgewärmten Platte anrichten und die Sauce darübergießen. Der Braten wird so zart sein, daß Sie ihn buchstäblich mit dem Löffel essen könnten – wenn es nicht unschicklich wäre.
Dazu gibt es außer Brot »nur« den besten Rotwein, dessen Sie habhaft werden können.

Râbles de lièvre à la bourguignonne

Hasenrücken Burgunder Art

Wild und Rotwein sind eine klassische Kombination, Burgunder Rotwein ist der Inbegriff für Rotwein schlechthin, er wird in manchen Ländern sogar als Synonym dafür gebraucht. Was liegt also näher, als ein typisch burgundisches Wildgericht in diesen Band aufzunehmen? Wenn Sie ungern mit der Spicknadel umgehen, lassen Sie sich den Hasenrücken beim Händler spicken.

1 Flasche Burgunder Rotwein · 2 Eßl. Olivenöl · 2 Eßl. guter Weinessig · einige Pfefferkörner · Salz · je 2 Zweige Thymian und Rosmarin · 1 Lorbeerblatt · 2–3 Schalotten · 2 Schnapsgläser Marc de Bourgogne (Tresterschnaps; 4 cl) · 2 gespickte Hasenrücken · Dijonsenf zum Bestreichen · 2 Schweinenetze · 200 g Sahne · reichlich schwarzer Pfeffer aus der Mühle

Zubereitungszeit: insgesamt etwa 30 Minuten
Marinierzeit: 24 Stunden
Garzeit: 25–30 Minuten

Aus dem Wein, dem Öl, dem Weinessig, Pfeffer, Salz, Thymian, Lorbeer, Rosmarin, Schalotten und dem Marc eine Marinade rühren. Das Fleisch 24 Stunden einlegen. Ab und zu umwenden, damit es gleichmäßig durchzogen wird. • Am folgenden Tag die Rücken aus der Marinade nehmen und mit Küchenkrepp trockentupfen. Mit dem Senf bestreichen und in die Schweinenetze einschlagen. Das Fleisch in eine offene Bratreine legen, etwas Marinade angießen. • Den Backofen auf etwa 220 °C (Gas Stufe 4) vorheizen und das Fleisch in 25 Minuten garen. • Inzwischen die Marinade auf etwa die Hälfte einkochen lassen. Das Gericht ein paarmal damit begießen. • Die Hasenrücken aus dem Ofen nehmen, das Netz entfernen, das Fleisch warm stellen. • Den Bratfond mit der Sahne lösen und mit reichlich schwarzem Pfeffer aus der Mühle würzen. Die Sauce über das Fleisch gießen.
Dazu paßt ein erstklassiger Burgunder Rotwein.

Escalopes de chevreuil

Rehschnitzel auf Selleriepüree

Um wenigstens ein Rehrezept zu bringen, habe ich mich für dieses »Schnellgericht« entschieden, nachdem mir die Rezepte für Rehrücken weniger gut gefielen.

1 Sellerieknolle · Salz · 5–6 Eßl. Sahne · 4 Rehschnitzel · 1 Eßl. Butter · 2 Eßl. Olivenöl · 4 Scheiben Weißbrot · Pfeffer

Zubereitungszeit: 1 Stunde

Die Sellerieknolle schälen und in Salzwasser weich kochen. • Pürieren und mit der Sahne mischen. Das Püree warm stellen. • Die Schnitzel klopfen. Die Hälfte der Butter und das Öl in einer Pfanne erhitzen und die Schnitzel darin auf beiden Seiten je 5–7 Minuten braten. • Inzwischen die Brotscheiben in dem Rest Butter rösten. Das Selleriepüree darauf verteilen. • Die Schnitzel auf Tellern anrichten, salzen, pfeffern und mit den Selleriecroûtons servieren.
Dazu schmecken Sauce poivrade (Rezept Seite 104) und ein feiner Rotwein, zum Beispiel von der Loire.

Lièvre vigneron

Hase Winzer Art

1 Möhre · 1 Knoblauchzehe · 1 Bund Petersilie · ¼ l Wasser · ¼ l guter Weinessig · ½ Teel. getrockneter Thymian · 2–3 Lorbeerblätter · Salz grob gemahlener Pfeffer · 1 Paar Hasenkeulen oder 1 Hasenrücken · 2 Eßl. Butter · 1 Teel. edelsüßes Paprikapulver · 1 Schnapsglas Cognac (2 cl) · 100 g Sahne · ¼ Teel. scharfer französischer Senf · etwa 10–12 Weinbeeren

Zubereitungszeit: 30 Minuten
Marinierzeit: 1–2 Tage
Garzeit: 45–50 Minuten

Die Möhre schaben und kleinschneiden, die Knoblauchzehe schälen und zerdrücken, die Petersilie hacken. • In einem großen Gefäß das Wasser mit dem Weinessig mischen, die Möhre, den Knoblauch, die Petersilie, den Thymian und das Lorbeerblatt zugeben. Salzen, pfeffern. • Das Hasenfleisch für 1–2 Tage in diese Marinade legen. • Dann das Fleisch herausnehmen, mit Küchenkrepp abtupfen. • In einer kunststoffbeschichteten Pfanne oder einem schweren Topf die Butter zerlassen, das Fleisch hineingeben, mit dem Paprika, Salz und Pfeffer würzen und zugedeckt bei kleinster Hitze 40–45 Minuten dünsten. • Wenn es fast gar ist, das Fleisch herausnehmen, mit Cognac übergießen und den Cognac anzünden. Das Fleisch in einem feuerfesten Gefäß warm stellen. • Die Weinbeeren schälen und entkernen. • Den Bratfond mit der Sahne lösen, den Senf hineinrühren und nach Belieben scharf abschmecken. Die Sauce über das Fleisch gießen. Die Weinbeeren in die Sauce geben. Das Ganze nicht mehr kochen, sondern etwa 5 Minuten bei geringer Hitze ziehen lassen.
Dazu paßt am besten ein roter Bordeaux.

Das dunkle, kräftige Wildfleisch und die hellen Weinbeeren bilden optisch wie geschmacklich einen reizvollen Kontrast beim Lièvre vigneron (Hase Winzer Art). ▷

Wildgeflügel und Wild

Ich habe lange gezögert, ob ich den Beilagen überhaupt ein ganzes Kapitel widmen sollte, ist doch Brot in jeder Form, ob trocken, ob als Croûton oder Toast, die klassische Beilage zu jedem Gang. Der Salat steht meist vor dem Hauptgang, Gemüse gibt es auch häufig extra, oder es ist Bestandteil des Gerichts und daher beim entsprechenden Fleischrezept mit beschrieben.
Die hier folgenden Beilagen sind dennoch typisch französisch. Sie gehören zum Teil zu den beschriebenen Rezepten, können zum Teil aber auch für Fleischverächter einen Gang für sich darstellen, oder aber Sie verleihen mit ihrer Hilfe einem einfachen Wildsteak, einem anderen kurzgebratenen Stück Fleisch oder Resten vom Tag zuvor ein urfranzösisches Flair.

Tomates à la provençale

Grilltomaten provenzalisch

Diese Art, Tomaten als Beilage zu reichen, ist mir die liebste, vor allem wenn es gegrillte Lammkoteletts gibt. Aber auch zu Kalbsschnitzeln schmecken sie gut. Voraussetzung sind allerdings reife, feste, geschmackreiche Früchte.

8 mittelgroße reife Tomaten · 1 Bund Petersilie · 2 Knoblauchzehen
3–4 gestrichene Teel. Semmelbrösel
Pfeffer · Salz

Zubereitungszeit: 20 Minuten
Garzeit: 15 Minuten

Die Tomaten waschen und quer halbieren. Die Kerne entfernen. • Die Petersilie waschen und feinhacken. Die Knoblauchzehen schälen und durch die Knoblauchpresse drücken. Das Knoblauchmus unter die gehackte Petersilie mischen. Die Semmelbrösel dazugeben und gut unterrühren. Pfeffern, salzen. • Die Masse in die Tomatenhälften füllen. Die gefüllten Tomatenhälften in eine feuerfeste flache Form geben. • Die Tomaten im Backofen auf der mittleren Schiebeleiste bei 240 °C (Gas Stufe 5) 15 Minuten gratinieren oder im Elektrogrill grillen.
Provenzalische Tomaten passen zu Hammelfleisch, aber auch zu anderen kurzgebratenen oder gegrillten Fleischscheiben.

◁ Fonds d'artichauts au beurre (Artischockenböden in Butter; oben) erfordern etwas Geschicklichkeit, die Tomates à la provençale (Grilltomaten provenzalisch; unten) gelingen auch Anfängern.

Fonds d'artichauts au beurre

Artischockenböden in Butter

Artischockenböden kann man auf vielerlei Weise füllen und als Vorspeise reichen, doch schmeckt dieses feine Gemüse auch gut als Beilage zu Fleisch. Im folgenden gebe ich Ihnen das Grundrezept für Artischockenböden an, so wie Sie sie als Beilage servieren können. Die Weiterentwicklung zur Vorspeise überlasse ich Ihrer Phantasie. Kaufen Sie dafür die großen und runden französischen Artischocken, die italienischen sind zu klein.

4 Artischocken · 3 Zitronen
etwa 1 l Wasser · Salz · 1 Eßl. Mehl
3–4 Eßl. Butter

Zubereitungszeit: 20 Minuten
Garzeit: 40 Minuten

Die Stiele der Artischocken herausreißen, damit die in die Böden hineinragenden Fäden mit entfernt werden. Mit einem sehr scharfen Messer die Böden von unten her gerade abschneiden. Die grünen Blätter ringsherum entfernen. Von oben die inneren Blütenblätter abschneiden, das »Gras«, also die Staubblätter, ebenfalls entfernen. Den Boden mit dem Messer von allen noch überstehenden Teilen befreien. • 1 Zitrone halbieren. Eine Hälfte ausdrücken, den Saft in eine Schüssel geben. Mit 2–3 Tassen kaltem Wasser verdünnen. • Die Artischockenböden mit der zweiten Zitronenhälfte abreiben, dann in das Zitronenwasser legen. • Das Wasser mit Salz zum Kochen bringen. Die beiden restlichen Zitronen auspressen. Das Mehl in dem Saft anrühren. • Das Mehl-Zitronensaft-Gemisch in das sprudelnd kochende Wasser geben und mit dem Schneebesen unterschlagen. Die Artischockenböden in die kochende Flüssigkeit legen und in 40 Minuten bei mittlerer Hitze garen. • Die Böden herausnehmen, abtropfen lassen. • Die Butter in einer Kasserolle zum Schmelzen bringen, die Artischockenböden darin ringsherum goldgelb, aber nicht dunkler werden lassen. • Servieren.

Châtaignes blanchies

Blanchierte Maronen

Im Limousin werden die Edelkastanien gern als Beilage gegessen. Doch die Bauern genießen sie in der hier beschriebenen Art auch nur mit einem Glas Milch oder einem Glas Apfelwein (Cidre).

1 kg Eßkastanien (Maronen)
2 Kartoffeln · 2 weiße Rüben
0,1 l Wasser

Zubereitungszeit: etwa 45 Minuten
Garzeit: etwa 1 Stunde

Die äußeren Schalen der Kastanien kreuzweise einritzen. Die Früchte in einen dickwandigen Topf geben, mit kaltem Wasser bedecken und 2–3 mal aufkochen lassen. Den Topf vom Herd nehmen und die beiden Schalen entfernen. Das geht nach dem heißen Wasserbad sehr leicht. Dabei die Kastanien nur einzeln aus dem heißen Wasser nehmen. • Die Kartoffeln schälen und der Länge nach je nach Größe dritteln oder vierteln. Die weißen Rüben ebenfalls schälen und der Länge nach dritteln oder vierteln. • Die Kartoffel- und Rübenstücke auf dem Boden eines gußeisernen Topfes ausbreiten. Die geschälten Kastanien auf diesem Bett gleichmäßig verteilen. Das Wasser angießen. Den Topf fest verschließen. • Die Kartoffel- und die Rübenstücke müssen am Boden des Topfes anlegen; sie werden nicht gegessen, sondern sollen nur die Kastanien vor der Berührung mit Wasser oder mit dem Boden des Topfes schützen. Außerdem geben sie den Kastanien zusätzliches Aroma. Nicht salzen, nicht pfeffern. • 1 Stunde bei geringer Hitze garen lassen. Warm servieren.

Truffade

Kartoffel-Tomaten-Pfanne

Diese Mischung aus Kartoffeln und Tomaten eignet sich gut als Beilage zu Kalb und Lamm, schmeckt aber auch hervorragend zu einem einfachen Grillhähnchen.

1 kg Kartoffeln · 100 g durchwachsener Speck · 2 Eßl. Öl · Salz · Pfeffer 4 kleine feste Tomaten

Zubereitungszeit: etwa 1 Stunde

Die Kartoffeln schälen und in sehr feine Scheiben schneiden oder hobeln. Den Speck feinwürfeln. • In einer schweren Pfanne auslassen. Die Würfel herausnehmen, bevor sie braun werden. Das Öl in das heiße Fett gießen. Die Kartoffelscheiben hineingeben. Salzen, pfeffern. Die Pfanne zudecken und die Kartoffeln bei mittlerer Hitze garen. Die Garzeit richtet sich nach der Kartoffelsorte und der Dicke der Scheiben. Dabei öfter mit der Gabel durchrühren und die Scheiben dabei zerkleinern. • Inzwischen die Tomaten kurz in kochendheißes Wasser tauchen, abziehen und in feine Scheibchen schneiden. Die Tomatenscheiben mit den Kartoffeln mischen. Dann das Ganze 3–4 Minuten ohne Deckel braten lassen, ohne umzurühren. • Den Inhalt der Pfanne auf eine Servierplatte stürzen, so daß die goldgelbe Fläche oben liegt.

Pommes de terre aux truffes

Trüffelkartoffeln

Sollte Ihnen einmal ein festlicher Braten etwas zu klein erscheinen, bietet sich eine ebenso festliche Beilage an.

1 kg Kartoffeln · 1 Trüffel · 2–3 Eßl. Gänseschmalz · Salz · weißer Pfeffer

Zubereitungszeit: 30–40 Minuten

Die Kartoffeln schälen, waschen, trokkentupfen und in feine Scheiben schneiden oder hobeln. Die Trüffel in Scheibchen schneiden. • Eine schwere gußeiserne Pfanne mit etwas Gänseschmalz ausfetten. Die Hälfte der Kartoffelscheiben hineinschichten, die Trüffelscheiben darauf verteilen, mit dem Rest der Kartoffelscheiben bedecken. • Das restliche Gänseschmalz in einer Kasserolle zum Schmelzen bringen und über die Kartoffeln gießen. Salzen, pfeffern. • Im Backofen bei 220 °C (Gas Stufe 4) oder auf dem Herd bei mittlerer Hitze backen. Einmal umdrehen. • Heiß servieren. Schmeckt gut zu Hirsch, Fasan, Kalb – eigentlich zu jedem festlichen Braten.

Mein Tip: Gegen die Verwendung von mehr Trüffeln ist selbstverständlich grundsätzlich nichts einzuwenden.

Pommes soufflées

Pariser Kartoffeln

Sie ähneln den gemeinen Pommes frites, blähen sich aber auf, wenn man sie abkühlen läßt, bevor man sie endgültig gar fritiert. Außerdem unterscheiden sie sich durch die Form. Da es Pommes frites (leider) heute in jeder Qualität und in jeder Imbißstube vom Nordmeer bis Sizilien gibt, soll diese Beilage, die wirklich fein schmecken kann, an ihrer Stelle stehen.

1 kg möglichst gleichgroße Kartoffeln Fett für den Fett-Topf · Salz

Zubereitungszeit: 40 Minuten

Die Kartoffeln schälen und in etwa münzdicke Scheiben schneiden oder hobeln. Waschen, mit Küchenkrepp gut abtrocknen. • Das Fett im Fett-Topf erhitzen. Die Kartoffelscheiben nacheinander (je weniger, desto besser) hineingeben. Nach ein paar Sekunden herausheben, kurz abkühlen lassen, dann wieder eintauchen, bis sie hellgelb sind. • Abtropfen, abkühlen lassen. • Mit den übrigen Scheiben ebenso verfahren. • Das Fett im Fett-Topf so hoch erhitzen, daß es raucht. Die abgekühlten Scheiben eintauchen, bis sie goldgelb werden und sich aufblähen. Dann schnell herausnehmen. Abtropfen lassen, auf Küchenkrepp legen, dann salzen und sofort auf einem sehr heißen Teller servieren. Paßt zu jedem Fleischgericht.

Pâté de pommes de terre

Kartoffelpastete

Das Rezept stammt aus dem Limousin, dem wenig bekannten Zentralmassiv.

Für den Teig:
500 g Mehl · 250 g weiche Butter · Salz ½ bis 1 Glas Milch (0,1–0,2 l)
Für die Füllung:
1,2 kg Kartoffeln · 2 Bund krause Petersilie · Salz · Pfeffer · 200 g Crème fraîche · Butter für die Form

Zubereitungszeit: 45 Minuten
Ruhezeit für den Teig: 1 Stunde
Garzeit: 1½ Stunden

Aus dem Mehl, der Butter, dem Salz und der Milch einen weichen Teig kneten. Die Menge der Milch richtet sich danach, wieviel Flüssigkeit das Mehl aufsaugt. Daher mit ½ Glas anfangen. • Den Teig 1 Stunde ruhen lassen. • Inzwischen die Kartoffeln schälen und feinhobeln. Die Petersilie waschen und hakken. Zwei Drittel des Teigs ausrollen. Eine Springform buttern. Die Teigplatte hineinlegen. Der Teig muß etwa 2 cm über den Rand hinausragen. Ein Drittel der Kartoffelscheiben in der Springform ausbreiten. Salzen, pfeffern. Mit einem Drittel der Petersilie bestreuen. Mit einem Drittel der Crème fraîche bedecken. Wieder eine Kartoffelschicht auf der Crème fraîche ausbreiten, salzen, pfeffern, mit Petersilie bestreuen, mit Crème fraîche bedecken. Das Ganze noch einmal wiederholen. Mit der Crème fraîche aufhören. • Den Rest des Teigs ausrollen, auf der Kartoffel-Sahne-Schicht ausbreiten. Den Teigdeckel mit den Rändern fest verbinden und gut zusammendrücken. In die Mitte der Pastete einen »Schornstein« aus einem Rollenkern stecken (siehe Seite 23). In dem auf 200 °C (Gas Stufe 3) vorgeheizten Backofen in 1½ Stunden garen.

Pommes de terre aux truffes (Trüffelkartoffeln; oben) sind delikat, ungewöhnlich und teuer, die Truffade (Kartoffel-Tomaten-Pfanne; unten) bringt ebenfalls Abwechslung und ist leichter zu realisieren. ▷

Le farçon

Überbackenes Kartoffelpüree

Kartoffelpüree einmal anders, aus Savoyen, dem Land der feinen Kartoffelgerichte.

1 kg mehlige Kartoffeln · Salz · Pfeffer
1 Messerspitze geriebene Muskatnuß
1 Prise Zucker · 5 Eier · 1 Glas Milch (0,2 l) · 125 g Butter · 50 g Kerbel

Zubereitungszeit: 45 Minuten

Die Kartoffeln in der Schale weich kochen. • Die Knollen abschrecken, abziehen und zu Brei stampfen. Mit einem Holzlöffel nochmals gut durchrühren. Salzen, pfeffern, mit der Muskatnuß und dem Zucker würzen. Wenn der Brei schön geschmeidig ist, die Eier aufschlagen, darunterrühren. Die Milch erhitzen und dazugießen. 100 g Butter in Flöckchen hineingeben. Umrühren. Den Kerbel feinhacken und unter das Püree mischen. • Eine Auflaufform ausbuttern, das Kartoffelpüree hineingeben. • Im Backofen auf der höchsten Stufe goldbraun überbacken.

Mein Tip: Die Menge der benötigten Milch richtet sich danach, wie mehlig, das heißt saugfähig, die Kartoffeln sind. Geben Sie daher die Milch nicht auf einmal, sondern erst langsam an das Püree.

Purée Soubise

Kartoffel-Zwiebel-Püree

Auch Menschen, die Kartoffelpüree nicht besonders mögen, wissen diese einfache und dennoch aparte Variante zu schätzen.
Soubise war übrigens ein französischer Marschall, der von Friedrich II. von Preußen bei Roßbach geschlagen wurde. Für seinen Sieg bei Sondershausen, ein Jahr später, erhielt er den Marschallstab. Nach ihm benannte Gerichte enthalten alle Zwiebelpüree, so auch die Sauce Soubise (Rezept Seite 103).

500 g Kartoffeln · 500 g Zwiebeln
Salz · 1 Eßl. Butter · etwa ¼ l Milch
2 Eigelbe

Zubereitungszeit: 45 Minuten

Die Kartoffeln waschen, schälen und würfeln, die Zwiebeln schälen und kleinschneiden. • Die Kartoffel- und die Zwiebelstücke in Salzwasser geben und kochen, bis die Stücke sehr weich sind. • Den Topf vom Herd nehmen. Das Wasser abgießen. Die Masse mit dem Kartoffelstampfer pürieren oder durch ein Sieb treiben. • Die Butter hineingeben. Die Milch erhitzen und daruntermischen. (Die Menge richtet sich nach der Konsistenz der Masse.) • Zum Schluß die Eigelbe unterziehen. Sofort servieren.
Schmeckt sehr gut zu Lammkoteletts.

Pommes de terre à la Dauphine

Kartoffelbällchen

Eine klassische Art, Kartoffeln zuzubereiten ist, sie mit Brandteig zu mischen und in Öl zu fritieren.

500 g Kartoffeln · Salz · 100 g Butter
125 g Mehl · 4 Eier · Pfeffer
1 Messerspitze geriebene Muskatnuß
1 Messerspitze geriebener Käse · Öl für den Fett-Topf

Zubereitungszeit: etwa 1¼ Stunden

Die Kartoffeln schälen und in Salzwasser weich kochen. Abtropfen lassen. Durch ein Sieb treiben. • In einer mittelgroßen Kasserolle die Butter mit dem Wasser erhitzen, bis die Flüssigkeit kocht. Das Mehl durch ein Sieb dazugeben und unterrühren, 2–3 Minuten mit dem Holzlöffel auf dem Herd kräftig weiterrühren. • Den Topf vom Herd nehmen. • Die Eier nacheinander untermischen, das heißt das nächste Ei erst dazugeben, wenn das vorige vollkommen im Teig verschwunden ist. Das Kartoffelpüree daruntermischen. Salzen, pfeffern, mit der Muskatnuß und dem geriebenen Käse würzen. • Das Öl im Fett-Topf erhitzen. • Mit einem Teelöffel aus dem Kartoffelteig walnußgroße Plätzchen abstechen. Die Bällchen ins heiße Öl geben, doch nie zu viele auf einmal, damit sie nicht aneinanderkleben. Mit einem Schaumlöffel ab und zu durchrühren. Wenn die Kartoffelbällchen zu sehr aufgehen, die Hitze verstärken. • Wenn sie schön knusprig und goldgelb sind, die Bällchen herausheben, abtropfen lassen und sofort servieren.
Schmecken gut zu dunklem Fleisch wie Wild oder Rind.

Mein Tip: Sollten Ihre Kartoffelbällchen vor dem Fleisch fertig sein, können Sie sie im Backofen bei geöffneter Tür in einer offenen Schüssel warm halten.

Pommes de terre en cocotte

Kartoffeltopf

Die wenigen Kartoffelgerichte in Frankreich stammen meist aus dem Limousin. Ich stelle Ihnen daher ein weiteres Gericht aus dieser Gegend des Zentralmassivs vor. Verwenden Sie dafür einen gußeisernen Topf, in dem die Kartoffeln gerade eben Platz haben.

1,2 kg Kartoffeln · 1 große oder 2 mittlere Zwiebeln · Salz · Pfeffer
2 Messerspitzen geriebene Muskatnuß
1 Knoblauchzehe · 4–5 Eßl. Butter

Zubereitungszeit: 30 Minuten
Garzeit: 1 Stunde

Die Kartoffeln schälen und in feine Scheiben (etwa 3 mm dick) schneiden oder hobeln. Die Zwiebel schälen und in sehr dünne Scheiben schneiden. Die Ringe voneinander trennen. • Ein Drittel der Kartoffelscheiben in den Topf schichten. Salzen, pfeffern, mit der Hälfte der geriebenen Muskatnuß würzen. Die Hälfte der Zwiebelringe darauf verteilen. Die Knoblauchzehe schälen, halbieren und durch die Presse auf die Kartoffelschicht geben. Das Ganze wiederholen. Obenauf eine Schicht Kartoffeln legen. Zum Schluß ein Glas Wasser angießen und die Butter auf der Oberfläche verteilen. • Den Topf zudecken und das Gericht zuerst bei großer Hitze zum Kochen bringen, dann die Hitze aufs geringste reduzieren. • Das Gericht in 1 Stunde gar kochen.
Schmeckt gut zu Grillfleisch, oder Sie reichen gekochten Schinken dazu.

Chou rouge aux châtaignes
Rotkohl mit Kastanien

Ein Rezept aus Mittelfrankreich – Rotkohl einmal anders.

20–25 Eßkastanien (Maronen) · 1 Kopf Rotkohl von etwa 1 kg · Salz · Pfeffer
4 Eßl. Schweineschmalz
0,2 l Fleischbrühe

Zubereitungszeit: 30 Minuten
Garzeit: 1½ Stunden

Die Schalen der Edelkastanien kreuzweise einritzen. 10 Minuten in kochendes Wasser geben. • Den Kohl im Ganzen in kochendem Salzwasser blanchieren (siehe Seite 22), dann herausnehmen und abtropfen lassen. • Die Kastanien in ein Sieb schütten, die beiden Schalen entfernen. • Den abgetropften Kohl in feine Streifen *(juliennes)* schneiden. • Die Kohlstreifchen in einen dickwandigen Schmortopf geben. Salzen, pfeffern. Die Kastanien obenauf anordnen. Das Schweineschmalz in Flöckchen daraufsetzen. Die Fleischbrühe angießen. Den Deckel aufsetzen und das Gemüse bei geringster Hitze in 1½ Stunden gar schmoren.
Paßt zu Wild, aber auch zu Gans oder anderem dunkelfleischigem Geflügel.

Haricots verts au jambon
Grüne Bohnen mit Schinken

Gemüsegericht oder Beilage aus den Landes, südlich von Bordeaux.

500 g grüne Bohnen · 3–4 Stangen Lauch (Porree) · Salz · 1 Knoblauchzehe
1 Bund Petersilie · 2 Zwiebeln
1 Schalotte · 100 g roher Schinken in sehr dünnen Scheiben · 1 Messerspitze Mehl
1 Ei · 1 Teel. Weinessig · Pfeffer

Zubereitungszeit: 20 Minuten
Garzeit: insgesamt 50 Minuten

Die Enden der Bohnen abschneiden, die Fäden, wenn nötig, abziehen. Die Lauchstangen putzen und in etwa 5 cm lange Stücke schneiden. Bohnen und Lauchstücke waschen und in einen Topf mit Salzwasser zum Kochen aufsetzen. Die Knoblauchzehe und die Petersilie im Ganzen in das Kochwasser geben. • Die Bohnen und den Lauch in etwa 30 Minuten garen. • Die Bohnen und den Lauch abtropfen lassen, das Kochwasser aufbewahren. • Die Zwiebeln und die Schalotte schälen und feinhakken. Den Schinken würfeln. • Die Zwiebel- und die Schalottenwürfel mit dem Schinken in einer Pfanne glasig dünsten. Das Mehl anstäuben, 1 Glas von dem Kochwasser angießen. Umrühren. Das abgetropfte Gemüse in die Pfanne geben und alles gut durchmischen. Noch 20 Minuten bei geringer Hitze köcheln lassen. • Vor dem Servieren das Eigelb mit dem Essig verquirlen und unter das Gemüse mischen. Mit Pfeffer übermahlen und heiß servieren.
Schmeckt gut zum Beispiel zu Kalbschnitzeln oder Putenschnitzeln.

Purée Crécy
Möhren-Reis-Püree

1 große Gemüsezwiebel · 1 kg Möhren
100 g Butter · 1 l Fleischbrühe · Salz
weißer Pfeffer · 1 Prise Zucker
100 g Rundkornreis

Zubereitungszeit: 20 Minuten
Garzeit: 50 Minuten

Die Zwiebel schälen und würfeln. Die Möhren waschen, wenn nötig schaben, und in dünne Scheibchen schneiden. • In einem gußeisernen Schmortopf die Hälfte der Butter zum Schmelzen bringen. Die Zwiebel- und die Möhrenscheibchen hineingeben. Den Deckel schließen, beides kurz bei geringer Hitze anziehen lassen. Die Fleischbrühe angießen. Salzen, pfeffern, zuckern. • Den Topf wieder zudecken und das Ganze 30 Minuten kochen lassen. • Den Reis zufügen. • Nochmals 20 Minuten kochen lassen. • Die Mischung durch ein Sieb treiben. Abschmecken, eventuell nachwürzen. Die restliche Butter unterziehen. Heiß servieren.
Schmeckt gut zu Grill- oder Pfannenfleisch.

Variante: Wer es würziger mag, legt noch ein Bouquet garni (siehe Seite 22) aus Lorbeerblatt, Petersilie und Thymian in die kochende Fleischbrühe. Nicht vergessen: Das Sträußchen entfernen!

Nouilles à l'alsacienne
Nudeln elsässische Art

Im Süden Frankreichs, wo sich der italienische Einfluß bemerkbar macht, und im Elsaß, dessen Küche der badischen mehr ähnelt als der französischen, werden auch Nudeln als Beilage gereicht.

2 l Wasser · Salz · 250 g Eiernudeln
1 Stück Stangenweißbrot von etwa 5 cm Dicke · 4 Eßl. Butter

Zubereitungszeit: 30 Minuten

Das Wasser mit Salz zum Kochen bringen. Die Nudeln hineingeben und nach Vorschrift in etwa 12 Minuten garen. • Inzwischen das Stangenweißbrot im Ofen trocknen und im Mörser zerkleinern. • Die Nudeln abtropfen lassen. In eine Schüssel geben. Die Semmelbrösel darüberstreuen. Die Butter in einer Kasserolle zum Schmelzen bringen und darübergießen. • Servieren.

Riz à la créole
Reis im Ofen

Eine in ganz Frankreich beliebte Art, Reis als Beilage zuzubereiten.

3 l Wasser · Salz · Saft von 1 Zitrone
250 g Reis

Zubereitungszeit: etwa 30 Minuten

Das Wasser mit Salz und dem Zitronensaft zum Kochen bringen. Den Reis hineingeben und 15 Minuten kochen lassen. Dann den Reis in ein Haarsieb geben und mit sehr heißem Wasser abspülen. • Den Reis in eine feuerfeste Schüssel geben und 5 Minuten im Backofen bei etwa 160 °C (Gas Stufe 1) nachquellen lassen.

Saucen

Im folgendem habe ich in loser Folge Rezepte für typisch französische Saucen zusammengestellt, soweit sie nicht in den Fleisch- oder Fischrezepten als fest verbundener Bestand vorkommen, wie zum Beispiel die Bordeaux-Sauce, Rezept Seite 68) oder die feine Buttersauce (Rezept Seite 56).
Die in diesem Kapitel enthaltenen Saucen sollen Ihren Küchenzettel bereichern helfen. Mit ihnen können Sie ein einfaches Pfannengericht zu einer originellen französischen Mahlzeit vervollständigen.

Sauce Périgueux

Trüffelsauce

Die Feinschmeckersauce par excellence, eine der vornehmsten Arten, Trüffeln auf den Tisch zu bringen. Die übrigen Zutaten sollten daher auch erstklassig sein.

3 Schalotten · 2 Teel. Butter
½ Glas trockener Weißwein (0,1 l)
2–3 Eßl. feiner Cognac · 1 Zwiebel
½ Glas Fleischbrühe (0,1 l)
1–2 Trüffeln · Salz · Pfeffer

Zubereitungszeit: 25 Minuten
Kochzeit: 1 Stunde

Die Schalotten schälen und feinhacken. 1 Teelöffel Butter in einer Saucenkasserolle zum Schmelzen bringen. Die Schalottenstückchen darin hell goldgelb anbraten. Den Wein angießen. Den Cognac erwärmen und dazugeben. Abbrennen. Den Topf vom Herd nehmen. • Die Zwiebel schälen und in Ringe schneiden. Mit dem Rest Butter in einen zweiten Saucentopf geben, glasig schmoren und mit der Fleischbrühe ablöschen. • Den Inhalt der Töpfe miteinander verrühren. • Die Sauce bei geringstmöglicher Hitze 1 Stunde köcheln lassen. Ab und zu umrühren. • Die Trüffeln in kleinste Stückchen schneiden oder raspeln. • Die Sauce durchpassieren und die Trüffelstückchen hineingeben. Noch ein paar Minuten auf dem Herd ziehen lassen. • Zum Schluß mit Salz und etwas Pfeffer abschmecken.
Diese Sauce schmeckt hervorragend zu Rinderfilet oder Lendenbraten, aber auch zu Brathuhn.

◁ Saucen vollenden den Geschmack. Von oben nach unten: Sauce Bercy (Bercy-Sauce), Sauce Nantua (Krebssauce Nantua) und Sauce Soubise (Zwiebelsauce).

Sauce Bercy

Bercy-Sauce

Talleyrand hat einmal gesagt, die Franzosen hätten »300 Saucen«. Alle vorzustellen, wäre des Guten zuviel. Die Auswahl fällt jedoch nicht leicht. Auch diese Sauce gehört zu den klassischen Pariser Saucen.

5–6 Schalotten · 3–4 Eßl. trockener Weißwein · 1 Zitrone · ½ Bund Petersilie · 1 Eßl. Butter · Salz · weißer Pfeffer

Zubereitungszeit: 25 Minuten

Die Schalotten schälen und feinhacken. Den Wein in eine Saucenkasserolle geben und die Schalottenwürfelchen darin glasig dünsten. Die Flüssigkeit dabei stark einkochen lassen. • Die Zitrone auspressen, die Petersilie waschen und feinhacken. Die Butter dazugeben, zum Schmelzen bringen. • Den Topf vom Herd nehmen. Den Zitronensaft und die Petersilie dazugeben. Mit Salz und weißem Pfeffer abschmecken. Servieren.
Diese Sauce schmeckt gut zu gebratenem und gekochtem Fleisch, vor allem vom Kalb, aber auch vom Lamm und vom Schwein.

Sauce Soubise

Zwiebelsauce

1 große Gemüsezwiebel oder 2 mittelgroße Zwiebeln · ¼ l Milch · 2½ Eßl. Butter · 2½ gestrichene Eßl. Mehl · Salz · weißer Pfeffer · eventuell 1 Prise Zucker

Zubereitungszeit: 30 Minuten

Die Zwiebel schälen und in feine Scheiben schneiden. Die Milch erhitzen. • 2 Eßlöffel Butter in einer Saucenkasserolle zum Schmelzen bringen. Das Mehl anstäuben. Eine helle Mehlschwitze bereiten. • Die heiße Milch mit dem Schneebesen unterrühren. Bis die Sauce kocht, weiterrühren. • Die Sauce 15 Minuten köcheln lassen. • Inzwischen die Zwiebelringe in Salzwasser blanchieren (siehe Seite 22), herausheben und in der restlichen Butter gar schmoren, jedoch nicht bräunen lassen. In die Béchamelsauce geben. Umrühren. Salzen, pfeffern. Noch 5 Minuten köcheln lassen. Eventuell mit Zucker abschmecken.
Schmeckt gut zu harten Eiern, Lamm und Hammel sowie zu Kalbfleisch.

Variante: Die Sauce mit 1 Eßlöffel Sahne verfeinern.

Sauce Nantua

Krebssauce Nantua

5–6 Krebsschwänze und -schalen
6 Eßl. weiche Butter · ¼ l Milch
2 gestrichene Eßl. Mehl · Salz · Pfeffer
6 Champignons · 1 Trüffel

Zubereitungszeit: 25 Minuten
Kochzeit: 15 Minuten

Die Krebsschwänze pellen. Die Krebsschalen im Mixer pürieren. Mit 4 Eßlöffeln Butter mischen. Kühl stellen. • Die Milch zum Kochen aufsetzen. Den Rest der Butter in einer Saucenkasserolle zum Schmelzen bringen. Das Mehl anstäuben. Umrühren. Die heiße Milch mit dem Schneebesen unterrühren. Die Sauce etwa 5 Minuten köcheln lassen. Salzen, pfeffern. • Inzwischen die Champignons putzen und feinschneiden. Die Trüffel in feinste Scheibchen schneiden. • Die Krebsbutter, die Champignonscheiben, die Krebsschwänze sowie die Trüffelscheiben in die Sauce legen. • Noch 15 Minuten bei geringster Hitze ziehen lassen.
Die Sauce schmeckt gut zu Fisch, man kann sie aber auch zu Hechtklößchen (Rezept Seite 58) reichen.

Sauce béchamel

Béchamelsauce

Sie ist eine der hellen Grundsaucen, die man immer wieder braucht, da man sie so vielseitig abwandeln kann.

¼ l Milch · 2 Eßl. Butter · 2 gestrichene Eßl. Mehl · Salz · Pfeffer · eventuell 1 Messerspitze geriebene Muskatnuß Crème fraîche nach Geschmack

Zubereitungszeit: 15–20 Minuten

Die Milch erhitzen. • Die Butter in einem Saucentopf zum Schmelzen bringen, nicht bräunen lassen. Das Mehl anstäuben. Schnell umrühren. • Die heiße Milch angießen. Mit dem Schneebesen unterrühren. • Die Sauce 10 Minuten köcheln lassen. Immer wieder umrühren. Salzen, pfeffern. Mit der geriebenen Muskatnuß würzen. Nach Geschmack Crème fraîche unterziehen.
Diese Sauce eignet sich vor allem als Basis für gewürzte weiße Saucen. Sie ist außerdem unentbehrlich für alle Arten von Gratins.

Einige Varianten:
Mit Cayennepfeffer und Garnelenschwänzen ergibt sie die bekannte Joinville-Sauce.
Eiersauce bereiten Sie aus Béchamelsauce mit gehackten harten Eiern.
Mit Eigelb und geriebenem Käse mischen Sie Béchamelsauce zur bekannten Mornay-Sauce.
Auch Senf, Sahne, Champignons, Zitronensaft oder Weißwein verändern eine Béchamelsauce zu wohlschmeckenden feinen Beigaben zu Fleischgerichten, die von sich aus keine Saucen ergeben.

Demi-glace

Braune Grundsauce

In Restaurantküchen macht man Demi-glace auf wesentlich kompliziertere Weise. Als Basis für die folgenden Saucen genügt die Art, wie französische Hausfrauen sie im allgemeinen praktizieren. Verwenden Sie keine Butter, sie würde zu schnell braun.

2 Eßl. Schmalz oder Margarine 1 Eßl. Mehl · ¼ l Fleischbrühe 2 reife Tomaten

Zubereitungszeit: 30–40 Minuten

Das Fett in einer Saucenkasserolle zum Schmelzen bringen. Das Mehl anstäuben, leicht bräunen lassen. Die Fleischbrühe angießen und mit dem Schneebesen unterrühren. • Während die Sauce köchelt, die Tomaten kurz in kochendheißes Wasser tauchen, abziehen, die Kerne herausdrücken. Das Fruchtfleisch sehr fein würfeln und in die Sauce rühren. Das Ganze so lange kochen lassen, bis die Tomatenstückchen zerfallen sind. Die Sauce durch ein Sieb passieren. Als Grundlage für dunkle Saucen verwenden.

Variante: Statt der Tomaten 1 Eßlöffel Tomatenmark an die Sauce geben.

Sauce Robert

Pikante braune Sauce

Auf der Basis von Demi-glace gibt es eine Anzahl feiner Saucenkompositionen. Eine davon ist die Sauce Robert.

2 Zwiebeln · 4–5 Eßl. trockener Weißwein · Salz · Pfeffer ¼ l Demi-glace · 1 Teel. scharfer Senf, möglichst aus Dijon · 1 Eßl. gehackter frischer Estragon

Zubereitungszeit: 30 Minuten

Die Zwiebeln schälen und sehr fein hakken. Mit dem Weißwein in eine Kasserolle geben. Die Flüssigkeit fast ganz einkochen lassen. Salzen, pfeffern. Das Demi-glace zugeben. • 20 Minuten köcheln lassen. Den Senf unterrühren. Nach Geschmack mit gehacktem Estragon bestreuen.
Diese Sauce wird in Frankreich zu Schweinefleisch, hauptsächlich zu naturell gebratenen Schweinekoteletts gereicht.

Rouille

Scharfe Pfeffersauce

Diese scharfe Pfeffermayonnaise wird hauptsächlich zu Fischsuppe serviert. Sie muß vorsichtig dosiert werden, sonst überdeckt sie das Aroma des Gerichts.

1 Knoblauchzehe · 1 Chillieschote 1 Scheibe trockenes Weißbrot ohne Rinde · 0,2 l Olivenöl

Zubereitungszeit: 20 Minuten

Die Knoblauchzehe schälen und in einem Mörser zusammen mit der Chillieschote zerreiben. • Das Brot in Wasser einweichen, ausdrücken und mit dem zerstoßenen Knoblauch und der Chillieschote mischen. Das Öl mit dünnem Strahl zugeben und langsam unterrühren.
Diese Sauce paßt hauptsächlich zur berühmten Fischsuppe (Bouillabaisse)

Variante: 2 Eßlöffel selbstgemachte oder fertig gekaufte Mayonnaise mit ein paar Tropfen Tabascosauce mischen, dann 1 Schöpflöffel sehr heiße Fischsuppe dazugeben. Schnell unterrühren.

Sauce poivrade

Pfeffersauce für Wildgerichte

Diese Sauce habe ich als Beilage zu den Rehschnitzeln (Rezept Seite 94) empfohlen, sie schmeckt aber ganz allgemein zu Wild. Wenn Sie keine Reste vom Tag vorher haben, kaufen Sie etwas preiswertes Rehragout dafür.

1 Möhre · 1 Zwiebel · 250 g Rehragout oder Rest von Wildbraten · 2 Eßl. Öl 1 Zweig Thymian · 1 Lorbeerblatt 2–3 Stengel Petersilie 3–4 Eßl. Weinessig · ½ l Demi-glace (siehe links) · ½ Teel. geschrotete Pfefferkörner · Salz

Zubereitungszeit: 25 Minuten
Kochzeit: 1 Stunde

Die Möhre waschen, die Zwiebel schälen. Beides in kleine Würfel schneiden.

Die Wildreste oder das Ragout in eine Kasserolle geben und in dem Öl scharf anbraten. Die Möhren- und die Zwiebelwürfel dazugeben. Erhitzen. Den Thymian, das Lorbeerblatt und die Petersilie dazugeben, mit dem Essig ablöschen. Den Essig fast ganz einkochen lassen. Das Demi-glace angießen. Mit den Pfefferkörnern würzen. • Die Sauce 1 Stunde köcheln lassen. • Vor dem Servieren durch ein Sieb passieren, entfetten (siehe Seite 22). Salzen und nochmals abschmecken, eventuell nachwürzen. Schmeckt gut zu Wild aller Art.

Sauce rouennaise

Feine Entensauce

Eine klassische Weinsauce aus dem Norden Frankreichs, der Normandie.

2 Schalotten · 1 Teel. Butter · 1 Glas Rotwein (0,2 l) · 0,2 l Demi-glace (siehe Seite 104) · Salz · Pfeffer · 3–4 Stengel Petersilie · 2 Entenlebern

Zubereitungszeit: 40 Minuten

Die Schalotten schälen, sehr fein hacken und in einer Kasserolle in der Butter glasig schmoren, jedoch nicht bräunen lassen, den Wein angießen. Die Flüssigkeit fast vollständig einkochen lassen. Das Demi-glace dazugeben. Salzen, pfeffern. • Das Ganze 10 Minuten köcheln lassen. • Inzwischen die Petersilie waschen und feinhacken. Dazugeben. • Noch 5 Minuten köcheln lassen. • Die Sauce durch ein Sieb passieren. Die Entenlebern pürieren. In die durchpassierte Sauce geben. Nochmals 15 Minuten ziehen, jedoch nicht kochen lassen.
Diese Sauce schmeckt gut zu Kalbsfüßen (Rezept Seite 72), zu Hammelfüßen, aber auch zu jungen gebratenen Enten.

Varianten:
Die Entenlebern weglassen und die Sauce zusätzlich mit Zitronensaft abschmekken.
Statt des Weines herben Cidre verwenden.
Statt des Demi-glace konzentrierte Fleischbrühe und Bratensauce zu gleichen Teilen an die Sauce rühren.

Anchoiade

Anchovissauce

Eine wohlriechende Sauce aus dem Süden Frankreichs, der Provence, wo man gerne Anchovis verwendet.

3–4 Knoblauchzehen · 7–8 Anchovisfilets · Pfeffer · 1 Glas Olivenöl (0,2 l)

Zubereitungszeit: 40 Minuten

Die Knoblauchzehen ungeschält etwa 5 Minuten in Wasser kochen. • Dann die Schale abziehen. Und die Zehen in einem Mörser zerkleinern. • Das Knoblauchmus in einen kleinen Topf geben und im Wasserbad (siehe Seite 23) bei milder Hitze auf den Herd stellen. • Die Anchovisfilets abtropfen lassen, kurz wässern. Die Filets in dem Topf zu dem Knoblauchmus geben, mit dem Knoblauch vermengen und dabei etwas zerdrücken. Pfeffern. Das Öl zugeben. Die Ölmenge richtet sich nach der gewünschten Konsistenz der Sauce.
Diese Sauce paßt zu Rohkost, hauptsächlich zu Sellerie.

Variante: In der Provence ißt man Anchoiade auf traditionelle Weise auch folgendermaßen: Man mischt die Anchovisfilets, ohne sie zu zerdrücken, mit Öl und gewürfeltem Knoblauch und pfeffert die Mischung nach Geschmack. Von einem Landbrot oder auch von Weißbrot schneidet man oben waagerecht ein etwa 3 cm dickes Stück mit der Rinde ab und teilt diese Scheibe je nach Zahl der Gäste, so daß jeder 1 Stück bekommt. Diese Brotstücke richtet man auf Tellern an und verteilt die Anchovisfilets darauf. Jeder nimmt sich nun weitere Brotscheiben, die normal geschnitten sind, und taucht sie in das gewürzte Öl, das man am besten in einem oder zwei Kompottschälchen auf den Tisch stellt. Mit der ölgetränkten Brotscheibe fährt man über das Anchovisfilet, so daß dieses allmählich zerdrückt und in das Brot hineingepreßt wird. Wenn das Öl aufgetunkt ist, grillt jeder seine dicke Brotscheibe entweder auf offenem Grill- oder Kaminfeuer, auf der Pfanne oder im Elektrogrill. Der Duft, der sich dabei entwickelt, läßt die Provence auch in Schleswig-Holstein neu erstehen.

Sauçon

Tomatensauce

Leider ist man häufig geneigt, Tomatensauce aus Konserven herzustellen. Wenn Sie reife, wenn nicht gar überreife geschmackreiche Tomaten bekommen, bereiten Sie unbedingt einmal die Sauce selbst. Sie werden es nicht bereuen.

2 Zwiebeln · 4 Eßl. Öl · 2–3 Knoblauchzehen · Pfeffer · Salz · 10–12 sehr reife Tomaten · je 1 Teel. frische oder ½ Teel. getrocknete gehackte Kräuter wie Thymian, Petersilie, Basilikum · 1 Lorbeerblatt · eventuell 1–2 Stück Würfelzucker

Zubereitungszeit: 30 Minuten
Kochzeit: 45 Minuten

Die Zwiebeln schälen und feinhacken. In einem dickwandigen Schmortopf das Öl erhitzen und die Zwiebeln darin glasig schmoren. Die Knoblauchzehen schälen und in den Topf pressen. Pfeffern, salzen. • Die Tomaten in kochendheißes Wasser tauchen, abziehen, entkernen und feinschneiden. Die Tomatenwürfel in die Zwiebelmasse rühren. Die frischen Kräuter waschen und hakken. Die Kräuter in die Sauce geben. • Das Ganze etwa 45 Minuten köcheln lassen. Nach Geschmack mit Zucker süßen. • Nach Beendigung der Garzeit die Sauce durch ein Sieb passieren und noch einmal kurz erhitzen.
Diese Tomatensauce schmeckt zu allen Teigwaren, vor allem – und dazu esse ich sie persönlich am liebsten – zu Auberginen, ob als Mus oder in Scheiben gebraten.

Aioli

Südfranzösische Knoblauchsauce

Es ist die Knoblauchsauce schlechthin, zudem ein ganzes Gericht, denn die übrigen Zutaten sind eigentlich nur Beiwerk.

1 eigroßes Stück Weißbrot ohne Rinde
½ Tasse Milch · 4–8 Knoblauchzehen
1 Eigelb · ½ l Olivenöl · Salz · Pfeffer
etwas Zitronensaft nach Geschmack

Zubereitungszeit: 30–45 Minuten

Das Weißbrot in der Milch einweichen und gut ausdrücken. Die Knoblauchzehen schälen und durch die Knoblauchpresse an das Weißbrot geben. Das Eigelb sowie den Knoblauch unter das eingeweichte Brot mischen. • In dünnem Strahl das Öl zugießen, dabei ständig rühren, bis eine mayonnaiseartige Masse entsteht. • Salzen, pfeffern und eventuell mit etwas Zitronensaft abschmecken.
Diese Sauce paßt zu gekochten Möhren, weißen Rüben, Pellkartoffeln sowie Kabeljau; sie sind die klassischen Bestandteile eines Aioli-Gerichts.
Gut schmecken dazu auch Artischocken, grüne Bohnen und hartgekochte Eier.
Typisch provenzalische »Zutaten« zur Aioli sind Weinbergschnecken, in Salzwasser mit Zwiebel gekocht, oder auch kleine gekochte Polypen. Außerdem ist die Aioli ein wichtiger Bestandteil der Bourride (Rezept Seite 33).

Mein Tip: Sollte die Sauce zusammenfallen, weitere 2–3 Knoblauchzehen zerquetschen, 1 Eigelb und in dünnem Strahl noch ganz wenig Öl unterrühren.

Sauce tartare

Tataren-Sauce

Eine bekannte und beliebte Mayonnaisenvariante, die vor allem auch als Fonduesauce bekannt ist. Sie können sie natürlich mit fertiger Mayonnaise bereiten, doch möchte ich Ihnen an dieser Stelle gern noch einmal ins Gedächtnis rufen, wie Sie Mayonnaise selbst bereiten können.

1 rohes Eigelb · 1 Teel. guter Weinessig
oder Zitronensaft · Salz · Pfeffer
1 hartgekochtes Eigelb · ½ l gutes
Olivenöl · Schnittlauch oder Estragon
und/oder Petersilie

Zubereitungszeit: 20 Minuten

Das rohe Eigelb mit dem Essig oder dem Zitronensaft gut verrühren. Salzen, pfeffern. Das hartgekochteEigelb durch ein feines Sieb streichen und unterrühren, so daß eine gleichmäßige Paste entsteht. • Das Öl in ein Kännchen gießen, darauf achten, daß es Raumtemperatur hat. Zuerst tropfenweise unterrühren. Sobald die Masse dickflüssiger wird, das Öl in dünnem Strahl zugeben. • Die Kräuter waschen, abtrocknen und feinhacken beziehungsweise in feine Röllchen schneiden und untermischen.
Die Sauce paßt zu hartgekochten Eiern, Fleischfondue oder Kochfleisch.

Variante: Sie können die Sauce zusätzlich mit scharfem Senf würzen.

Sauce béarnaise

Béarner Sauce

Diese feine Sauce ist nicht schwer zuzubereiten, wenn Sie sorgfältig zu Werke gehen. Sie ist würziger als die ihr ähnliche Hollandaise. Sie wurde zu Ehren von König Henri IV., der aus Béarn stammte, so genannt.

3 Schalotten · 10–12 Estragonblätter
1 Glas Weißwein (0,2 l) · ½ Glas guter
Weinessig (0,1 l) · 2 Eigelbe · Salz
½ Messerspitze Cayennepfeffer
50 g Butter · einige Tropfen
Zitronensaft · ½ Bund Petersilie

Zubereitungszeit: 40 Minuten

Die Schalotten schälen und feinhacken. Die Estragonblätter waschen und ebenfalls sehr fein hacken. • Schalotten und Estragon zusammen mit Wein und Essig in eine Saucenkasserolle geben und solange bei starker Hitze kochen lassen, bis die Flüssigkeit auf etwa ¼ ihrer ursprünglichen Menge eingekocht ist. • Inzwischen die Eigelbe mit dem Salz und dem Cayennepfeffer in einer Schüssel schlagen. ½ Teelöffel von der Butter zufügen. Den Topf mit dem Schalotten-Estragon-Wein-Gemisch vom Herd nehmen, und die heiße Masse unter Rühren tropfenweise mit den Eigelben mischen. Die Butter in kleinsten Portionen nach und nach unterziehen. • Die Sauce durch ein Sieb in einen anderen Topf geben. Diesen Topf ins Wasserbad stellen (siehe Seite 23) und die Sauce so lange rühren, bis sie cremig geworden ist. Den Topf aus dem Wasserbad nehmen, den Zitronensaft untermischen. • Die Petersilie waschen, feinhacken und darüberstreuen. Die Sauce lauwarm servieren.
Schmeckt gut zu gebratenem und gegrilltem Fleisch und zu nicht zu zartem Fisch.

Sauce vinaigrette

Essig-Öl-Sauce

Die berühmte kalte Essig-Öl-Sauce gibt es in zahlreichen Varianten. Probieren Sie einmal die folgende:

4 hartgekochte Eier · 2 rohe Eigelbe
14 Eßl. Olivenöl · 6 Eßl. guter
Weinessig · 1½ Teel. scharfer Senf
weißer Pfeffer · 2 Teel. Kapern · 4 Eßl.
Rotwein · ½ Bund Petersilie · 10 Stengel
Kerbel

Zubereitungszeit: 10 Minuten

Die hartgekochten Eier schälen. Die Eigelbe herauslösen und mit einer Gabel zermusen. Die Eiweiße feinhacken und beiseite stellen. • Die rohen und die gekochten Eigelbe miteinander mischen. Das Öl, den Essig, den Senf, den Pfeffer, die Kapern und den Rotwein unterrühren. Die Petersilie und den Kerbel waschen und feinhacken. Zusammen mit den Eiweißwürfelchen unter die Sauce rühren.
Schmeckt zu hellem, gekochtem Fleisch oder zu in Gemüsesud gekochten Kutteln.

In der Wahl der Kräuter für die Sauce vinaigrette (Essig-Öl-Sauce) sind Sie frei, nur frisch und aromatisch sollten sie sein.

▷

Saucen

Nach all den vorangegangenen guten Dingen, den Vorspeisen, den Zwischengerichten, den Hauptgängen folgt im großen französischen Menü erst einmal die obligatorische Käseplatte, zu der man seinen Rotwein austrinkt. Den endgültigen Abschluß aber bilden die Desserts. In Frankreich wie auch in einigen anderen europäischen Ländern ißt man zum Nachtisch gern kleines oder größeres Gebäck, aber auch Fruchtspeisen oder ausgesprochene Süßspeisen.
Im folgenden habe ich Ihnen aus der Fülle viel Traditionelles ausgesucht, was auf den Speisezetteln anderer Länder kaum zu finden ist. Zum Gebäck gibt es meist Kaffee (und Likör für die Damen) und einen Marc oder Cognac (für die Herren) – manchmal ist es auch umgekehrt. Zu Süßspeisen schmeckt ein süßer Champagner oder auch ein Süßwein. Den Kaffee gibt's dann danach.

Crème aux fruits

Eiercreme mit Früchten

Eine sehr süße Nachspeise für alle Leckermäuler, die es sich (einmal ist keinmal) »leisten« können.

300 g Zucker · 2 Birnen · 2 Äpfel
1 Banane · je 1 Eßl. Sultaninen und Korinthen · ¼ l Milch · 6 Eier
4 gestrichene Eßl. Mehl · 2 Eßl. Butter
2 Makronen

Zubereitungszeit: 50 Minuten

200 g Zucker in ¼ l Wasser lösen und bei mäßiger Hitze zu Zuckersirup schmelzen lassen. • Die Birnen und die Äpfel schälen und in Viertel schneiden, dabei die Kerngehäuse entfernen. Im Zuckersirup 20 Minuten bei geringster Hitze pochieren (siehe Seite 23). Mit dem Schaumlöffel herausnehmen, abtropfen lassen. Die Früchte abwechselnd nach Arten auf einer vertieften Anrichteplatte im Kreis anordnen. Die Banane schälen und in Scheiben schneiden. In den Zuckersirup legen, ebenso die Sultaninen und die Korinthen. 3–4 Minuten pochieren. Herausnehmen, abtropfen lassen. In der Mitte der Platte anordnen. • Die Platte leicht kippen und den noch ablaufenden Zuckersirup abgießen. Den Sirup bis auf 3–4 Eßlöffel einkochen lassen. Über die Früchte gießen. • In einem Topf die Milch mit dem Rest Zucker aufkochen. • Die Eier trennen. In einer Kasserolle die Eigelbe mit dem Mehl verquirlen. Die kochende Milch daraufgießen. Kräftig rühren, damit keine Klümpchen entstehen. Am besten einen elektrischen Rührstab verwenden. Die Butter hinzufügen. Wenn die Creme ganz geschmeidig ist, zweimal aufkochen lassen. Warm stellen. • Die Eiweiße zu steifem Schnee schlagen. Den Schnee behutsam unter die Creme ziehen. • Die beiden Makronen zerbröseln und darunterziehen. Die Creme über die Früchte gießen. Mit einer Messerklinge glattstreichen. Abkühlen lassen und servieren.

Variante: Im Sommer können Sie die pochierten Früchte durch frische Erdbeeren und/oder Himbeeren ersetzen, die Sie mit Puderzucker bestreuen.

Mein Tip: Wenn Ihnen das Pochieren im Zuckersirup zu mühsam ist, verwenden Sie Früchte aus der Dose, jedoch in leichtem Zuckersirup eingelegte.

Mousse au chocolat

Schokoladenschaum

Eine leichte Schokoladenspeise, die nichts mit den unseligen Erinnerungen an die langweiligen Schokoladenpuddinge meiner Kindheit gemeinsam hat. Mir persönlich schmeckt sie ohne Schlagsahne besser, doch ist gegen diesen zusätzlichen Kalorienspender im Prinzip nichts einzuwenden. Außerdem sieht so eine weiße Haube allemal hübsch aus.

Zutaten für 6 Personen:
1 Tafel Blockschokolade oder 2 Tafeln Halbbitterschokolade (200 g)
6 Eiweiße · 2 Teel. Puderzucker

Zubereitungszeit: 20 Minuten

Die Schokolade mit wenig Wasser in einem kleinen Topf bei geringer Hitze (eventuell auf dem Rechaud) schmelzen lassen. • Die Eiweiße steif schlagen. Den Zucker zum Eischnee geben. Die dickflüssige Schokoladenmasse vorsichtig unter den Eischnee ziehen. • Auf Portionsteller verteilen und mit oder ohne Schlagsahne servieren.

Navettes

Lichtmeß-Schiffchen

Im Provenzalischen *li naveto* genannt, wird dieses Gebäck der Tradition gemäß zu Mariä Lichtmeß am 2. Februar gegessen. Während die Bäcker die Schiffchen meist aus Briocheteig herstellen, sind die nach diesem Rezept hergestellten Navettes knusprig.

120 g Puderzucker · 0,1 l Wasser
300 g und 3–4 gestrichene Eßl. Mehl
Salz · 100 g und 2 Eßl. Butter
1 Eßl. Orangenblütenwasser

Zubereitungszeit: 45 Minuten
Backzeit: 25 Minuten

Den Zucker in eine Stielkasserolle geben, das Wasser angießen. Gut durchrühren. Wenn der Zucker fast geschmolzen ist, den Topf auf den Herd setzen und die Masse etwa 5 Minuten kochen lassen, so daß ein Zuckersirup entsteht. Den Topf beiseite stellen. • Während der Sirup abkühlt, 300 g Mehl in eine Schüssel sieben. Das Salz einstreuen. 100 g Butter in Flöckchen hineinschneiden. Mit den Fingerspitzen die Butter darunterarbeiten. In die Mitte der Mischung eine Mulde drücken und den Zuckersirup sowie das Orangenblütenwasser hineingeben. Mit einem Holzlöffel gut durcharbeiten, bis ein gleichmäßiger, weicher Teig entstanden ist. • Eine Arbeitsplatte mit Mehl bestäuben. Den Teig zu einer Wurst rollen. 1 cm dicke Scheiben abschneiden. Dabei das Messer öfter mit Mehl bestäuben. Aus den Scheiben mit den Händen lange schmale Schiffchen formen. Bug- und Heckspitze zusammendrücken. • Ein Backblech buttern. Die Boote daraufsetzen. Mit dem Teigschaber eine Rinne über die ganze Länge markieren. • Die Schiffe im auf 200 °C (Gas Stufe 3) vorgeheizten Backofen etwa 25 Minuten backen. Sie sollen nicht zu dunkel werden, sondern eher hell bleiben. • Auf einem Kuchengitter abkühlen lassen. Navettes können Sie aufbewahren.

Mein Tip: Den Teig gleich nach Fertigstellung weiterverarbeiten, sonst wird er leicht hart.

Les treize desserts de Caléna

Die 13 provenzalischen Weihnachtsdesserts

Ein reizvolles Dessert, wie man es bei uns in dieser Art nicht kennt. Es besteht aus einem flachen Fladen sowie Früchten und Gebäck. In der Provence wird es zu Weihnachten gegessen. Dabei darf der Fladen niemals mit dem Messer geschnitten werden, sonst ist man im folgenden Jahr bankrott. Um ihn dennoch leicht teilen zu können, ritzt man ihn vor dem Backen sternförmig ein.

Zutaten für den Weihnachtsfladen:
700 g Mehl · Salz · 150 g Öl
45 g Bäckerhefe · 2 Eier · etwas abgeriebene Schale von 1 ungespritzten Orange oder Zitrone

Zubereitungszeit: 30 Minuten
Ruhezeit für den Teig: 1 Tag
Backzeit: 30–40 Minuten

Mit 200 g Mehl, etwas Salz, dem Öl und der Bäckerhefe einen Vorteig rühren. Den Vorteig an einen warmen Platz etwa 1 Tag stehen lassen. • Am nächsten Tag das restliche Mehl mit den Eiern mischen. Die Orangen- oder Zitronenschale dazugeben. Die Mischung mit dem Vorteig verkneten. Eventuell noch etwas Wasser zugeben. Den Teig noch einmal gehen lassen. • Den Teig etwa 3 cm dick ausrollen und dem Fladen eine kreisrunde Form geben. Auf ein bemehltes rundes Backblech oder in eine passende Springform geben. 2 cm vom Rand weg zur Mitte hin den Kuchen so einschneiden, daß sich ein Muster ergibt, das wie Radspeichen aussieht. • Den Fladen auf der mittleren Schiebeleiste im auf 220 °C (Gas Stufe 4) vorgeheizten Backofen etwa 30–40 Minuten backen.

Die vier Bettelmönche
Dazu gehören 4 Früchte mit brauner Farbe, so genannt nach den Kutten der Bettelorden: Rosinen, getrocknete Feigen, Mandeln, deren Schalen man am Tag nach Weihnachten auf die Felder wirft, um gute Ernten zu erreichen, und schließlich Nüsse. Gern steckt man Walnußkerne in Feigen – man nennt diese Köstlichkeit Pâté d'ermite (Eremiten-Pastete).

Die Früchte
Birnen, Äpfel, Pflaumen, Orangen, Mandarinen, grüne Melonen, Datteln.

Das Gebäck
Dazu gehört der Weihnachtsfladen (Pompe de Noël), Waffeln, helle und dunkle Nougatstückchen (Rezept rechts) sowie verschiedenes Kleingebäck (zum Beispiel die Mandelmakronen, Rezept unten).

Macarons aux amandes

Mandelmakronen

Die Provence kennt viele Mandelspezialitäten. Hier ein einfaches Makronenrezept, für das Sie vom Hauptgang übriggebliebene Eiweiße verwenden können.

250 g Mandeln · 1 Päckchen Vanillinzucker · 250 g Puderzucker
3 Eiweiße · Butter und Mehl für das Blech

Zubereitungszeit: 25 Minuten
Backzeit: 15 Minuten

Die Mandeln ein paar Minuten in heißes Wasser legen, die Haut von den Kernen abziehen. Die Kerne in einer Mandelmühle mahlen und in eine Schüssel geben. Den Vanillinzucker und den Zucker zufügen. Die Eiweiße *nicht* schlagen, sondern direkt dazugeben. Alles gut durchmischen. • Ein Backblech buttern und mit Mehl bestäuben. Mit einem Teelöffel Teigportionen abstechen und in kleinen Haufen auf das Blech setzen. • Die Makronen im auf 160 °C (Gas Stufe 1) geheizten Backofen etwa 15 Minuten backen. • Die Makronen lösen und auf dem Blech abkühlen lassen.

Variante: Statt Mandeln Haselnüsse verwenden. Die Nüsse vor dem Reiben in den heißen Backofen geben und die Häutchen entfernen.

Nougat noir

Schwarzer Nougat

Nougat aus Montélimar ist berühmt. Man riecht ihn kilometerweit, wenn man sich mit dem Auto der Stadt nähert. Man braucht gute Zähne für dieses Dessert, die Ihnen allerdings nicht lange bleiben, wenn Sie Nougat zur täglichen Nachspeise erheben ...

1 Päckchen große Oblaten · 1 kg Honig
1 kg Mandeln

Zubereitungszeit: 30 Minuten

Zuerst die Hälfte der Oblaten auf einer Arbeitsfläche ausbreiten. • In einem Kupfertopf, zur Not einem anderen dickwandigen Topf, den Honig zum Kochen bringen. Die Mandeln mit der Haut hineingeben. Unter Umrühren so lange kochen lassen, bis die Kerne platzen. • Die heiße Masse auf den Oblaten verteilen. Die übrigen Oblaten darauflegen. Mit einem Brett abdecken, damit die Masse überall gleich dick ist. Abkühlen lassen. Mit einem scharfen Messer in kleine Vierecke schneiden. • Abkühlen lassen und zu Kaffee und Schnaps servieren.

Mein Tip: Die Menge der Oblaten richtet sich danach, wie dick Sie die Masse auftragen wollen. Kaufen Sie lieber etwas mehr als zuwenig.

Tarte du chef

Apfelkuchen mit Karamel

Dieser köstliche Apfelkuchen, der »verkehrt herum« gebacken wird, stammt ursprünglich von zwei Schwestern, den Fräulein Tatin, die ein Gasthaus auf dem Lande betrieben. Doch diese Nachspeise schmeckt so gut, daß sich der »Chef« des Hauses meist selbst die Erfindung zuschreibt. Daher der Name. Unerläßlich für das Gelingen ist eine Pfanne mit dickem Boden, für die hier angegebene Menge sollte sie etwa 20 cm Durchmesser haben.

Für den Teig:
250 g Mehl · 125 g weiche Butter · 1 Ei
1 Prise Salz · 1 gestrichener
Eßl. Puderzucker · 1½ Eßl. kaltes Wasser
Zutaten für den Belag:
11 gestrichene Eßl. Puderzucker · ½ Glas
Wasser (0,1 l) · 1 kg große festfleischige
säuerliche Äpfel · 120 g Butter

Zubereitungszeit für den Belag:
30 Minuten
Zubereitungszeit für den Teig:
15 Minuten
Ruhezeit für den Teig: 1 Stunde
Backzeit: 20–25 Minuten

Für den Teig das Mehl in eine Schüssel sieben, in die Mitte eine Mulde drücken. Die Zutaten nacheinander hineingeben und mit den Fingerspitzen vorsichtig darunterarbeiten. Nicht zu stark kneten. Zum Schluß den Teig mit dem Handballen zweimal kräftig durchwalken. • In einem Tuch mindestens 1 Stunde ruhen lassen. • Inzwischen in eine Pfanne mit dickem (!) Boden 10 Eßlöffel von dem Puderzucker streuen, so daß er eine etwa 1 cm dicke gleichmäßige Schicht ergibt. Mit dem Wasser anfeuchten. Die Äpfel schälen, die Früchte vierteln, die Kerngehäuse entfernen. Die Äpfel auf dem Zucker verteilen. • 100 g Butter zum Schmelzen bringen und gleichmäßig über die Äpfel verteilen. Langsam erhitzen. Dabei die Früchte immer wieder umwenden, damit sie sich ringsherum mit der nun entstehenden Karamelmasse vollsaugen. Wenn die Äpfel halb gar sind, die Pfanne vom Herd nehmen. Die Äpfel leicht anheben und den Rest der Butter darunterschieben. Die Äpfel wieder gleichmäßig verteilen. Mit dem restlichen Puderzucker bestreuen. • Den Mürbteig sehr dünn ausrollen. Die Apfelmasse damit belegen. • Im auf 200 °C (Gas Stufe 3) vorgeheizten Backofen 20–25 Minuten backen. • Nach Beendigung der Backzeit das Gebäck mit Hilfe eines Tellers oder Deckels umdrehen, so daß der Teig sich jetzt unten befindet. Die Äpfel, wenn nötig, mit einem breiten Messer noch etwas festdrücken. • Dieser Nachtisch schmeckt heiß, lauwarm oder kalt gleich gut.

Variante: Mit tiefgefrorenem Blätterteig zubereitet, gelingt dieses Gericht noch leichter. Die Blätterteigplatten müssen Sie allerdings vorher zumindest antauen lassen. Dann können Sie sie dünn ausziehen.

Crème renversée au caramel

Karamelcreme

Eine der bekanntesten und beliebtesten Nachspeisen der Franzosen. Man bekommt sie sowohl bei Madame Dupont zu Hause wie auch in jedem Restaurant. Für viele von uns ist sie *die* Reminiszenz an schöne Tage in Frankreich schlechthin.

1 Eßl. Butter · 7 gestrichene Eßl.
Zucker · ½ Tasse Wasser · 6 Eier
2 Päckchen Vanillinzucker · ½ l Milch

Zubereitungszeit: 20 Minuten
Garzeit: 40–45 Minuten

Die Butter zum Schmelzen bringen, 5 Eßlöffel Zucker unter Umrühren darin schmelzen und kurz bräunen lassen. Das Wasser zugeben, die Karamelmasse glattrühren. Einkochen lassen, bis ein dicker Sirup entsteht. Den Sirup in vier Cremeförmchen oder Tassen füllen. • Die Eier mit dem restlichen Zucker und dem Vanillinzucker in einer Schüssel verrühren. Die Milch zum Kochen bringen, über die Eier und den Zucker gießen. Gut verrühren. Die Masse auf die Schüsselchen mit dem Karamel verteilen. • Eine flache feuerfeste Schüssel mit Wasser füllen. Die Förmchen in das Wasserbad stellen. Bei geringster Hitze entweder im Backofen (bei etwa 180 °C, Gas Stufe 2, und geöffneter Ofentür) oder bei Schaltstufe 1 auf der Kochplatte 10–15 Minuten ziehen lassen. Das Wasser darf nicht kochen. • Wenn die Creme fest wird, die Förmchen herausnehmen und die Masse abkühlen lassen. Die Creme stürzen. Eventuell die Karamelschicht abheben, kurz in wenig heißem Wasser auflösen und wieder über die Portionen verteilen.

Clafoutis

Kirsch-Eier-Speise

Eine Spezialität aus dem Limousin, wo viele köstliche Aufläufe herstammen. Sie schmeckt übrigens auch mit säuerlichen Äpfeln, mit Waldbeeren oder anderen Früchten zubereitet.

500 g schwarze Süßkirschen · 3 Eier
2½ Eßl. Puderzucker · 4 gestrichene
Eßl. Mehl · 2/10 l Milch · etwas Butter für
die Form

Zubereitungszeit: 30 Minuten
Backzeit: 35 Minuten

Die Kirschen waschen und entkernen. • Die Eier mit 2 Eßlöffeln Puderzucker schlagen. Das Mehl und die Milch zufügen und gut vermengen, so daß ein fast flüssiger Teig entsteht. • Die entkernten Kirschen in eine gebutterte feuerfeste Form geben, den Teig darübergießen. Die Form auf der mittleren Schiene in den vorgeheizten Backofen schieben und bei 220 °C (Gas Stufe 4) etwa 35 Minuten backen. • Nach etwa 20 Minuten Backzeit mit dem restlichen Puderzucker bestreuen. Auskühlen lassen. Kalt oder lauwarm servieren.

Mein Tip: Verwenden Sie am besten herbe oder säuerliche Früchte für diese Speise.

Eine Lieblingsnachspeise vieler großer und kleiner Schleckermäuler und dabei leicht und schnell zu bereiten: Clafoutis (Kirsch-Eier-Speise). ▷

Pommes en pâte

Äpfel im Schlafrock

Eine französische Version des bekannten Nachtischs.

300 g Mehl · 150 g weiche Butter · 1 Ei
1 Prise Salz · 25 g Puderzucker
2 Eßl. kaltes Wasser · 8 mitteigroße oder 4 große Äpfel
4–8 Eßl. Pflaumenkonfitüre · Milch zum Bepinseln

Zubereitungszeit: 20 Minuten
Ruhezeit für den Teig: 1 Stunde
Backzeit: 30 Minuten

Das Mehl in eine flache Schüssel häufen, in die Mitte eine Mulde drücken. Die übrigen Zutaten hineingeben, mit den Fingerspitzen sanft verkneten. Den Teig zu einer Kugel formen und in einem sauberen Küchentuch mindestens 1 Stunde kühl stellen. • Inzwischen die Äpfel schälen und das Kerngehäuse ausstechen, ohne die Frucht zu zerbrechen. Die Konfitüre in das entstehende Loch füllen. • Den Teig etwa ½ cm dick ausrollen und je nach Zahl der Äpfel in Vierecke teilen. Die Äpfel in den Teig einschlagen. Die Ränder befeuchten und fest zusammendrücken. Den Teig mit der Milch bepinseln. • Den Backofen auf 200 °C (Gas Stufe 3) vorheizen. Die Äpfel im Teigmantel auf ein eingefettetes Backblech setzen und etwa 30 Minuten backen. • Heiß oder kalt servieren.

Far breton

Bretonischer Pudding

Dieses uralte bretonische Dessert ist ein Vorläufer des englischen Puddings. Man serviert ihn gern als »Entremets« zwischen Käse und Früchten.

125 g weiße Trauben · ⅒ l Rum
6 Eier · 150 g Zucker · 250 g Mehl
1 l Milch · etwa 50 g Butter
2 Eßl. Puderzucker

Zubereitungszeit: 25 Minuten
Marinierzeit: 30 Minuten
Garzeit: insgesamt etwa 25 Minuten

Die Trauben abbeeren, die Weinbeeren entkernen und 30 Minuten in dem Rum einlegen. • Die Eier in einer Teigschüssel aufschlagen. Den Zucker dazugeben und mit den Eiern schaumig schlagen. Das Mehl allmählich dazugeben und so verrühren, daß es keine Klümpchen gibt. Die Milch erhitzen und unterrühen. Eine feuerfeste Form mit reichlich Butter ausstreichen. Ein Viertel des Teigs einfüllen und im Backofen bei 220 °C (Gas Stufe 4) etwa 10 Minuten etwas fester werden lassen. Nach dieser Zeit die Form aus dem Ofen nehmen und die Weinbeeren auf die leicht gestockte Masse legen. Den Rest des Teiges einfüllen und den Nachtisch im Backofen noch etwa 50 Minuten garen. • Mit Puderzucker bestäuben. Heiß servieren.

Variante: Wenn Sie geschickt sind, stekken Sie die Weinbeeren in die Butter, mit der Sie die Form ausgestrichen haben. Den leicht abgekühlten Teig vorsichtig einfüllen, so daß die Beeren an ihrem Platz bleiben. Es gelingt noch leichter, wenn Sie die Form vorher in den Kühlschrank stellen, so daß die Butter nicht sofort schmilzt.

Tarte aux fraises meringuées

Erdbeerkuchen mit Eierschaum

Am besten schmeckt dieses Gebäck aus Südfrankreich mit Walderdbeeren oder Monatserdbeeren.

Für den Teig:
250 g Mehl · 100 g Butter · Salz
75 g Puderzucker · 3 Eigelbe
2 Eßl. Wasser · Öl · Reis
Für den Belag:
500 g Walderdbeeren · 5 Eiweiße · 300 g und 2 Eßl. Puderzucker

Zubereitungszeit: 25 Minuten
Ruhezeit für den Teig: 2 Stunden
Backzeit: insgesamt etwa 45 Minuten

Das Mehl in eine Schüssel sieben. In die Mitte eine Mulde drücken. • Die Butter zum Schmelzen bringen und in die Mulde gießen. Salzen, den Zucker dazugeben, ebenso die Eigelbe und das Wasser. Die Zutaten zuerst mit dem Holzlöffel, dann mit den Händen mischen, nicht zu stark kneten. Eine Kugel formen. • Die Schüssel mit einem Tuch bedecken und den Teig 2 Stunden ruhen lassen. • Den Teig ausrollen und in eine flache gefettete Kuchenform legen. Ein Butterbrotpapier in der Größe des Kuchenbodens zuschneiden. Gleichmäßig mit Öl bestreichen. Das Papier auf den Teig legen und mit Reis beschweren, damit der Teig nicht aufgeht. • Im auf 220 °C (Gas Stufe 4) vorgeheizten Backofen 20–30 Minuten backen, bis der Boden durchgebacken ist (Stäbchenprobe!). • Während der Boden bäckt, die Erdbeeren waschen, trockentupfen. Zum Schluß erst die Stiele entfernen. Die Eiweiße zu sehr steifem Schnee schlagen und 300 g Puderzucker unterziehen. • Den Kuchenboden aus dem Backofen nehmen, das Papier mit den Reiskörnern entfernen. Die Erdbeeren mit dem Teil, von dem der Stiel entfernt wurde, nach unten auf den Boden legen. Den Eischaum darauf ausbreiten. Mit einem breiten Messer glattstreichen. Mit dem Rest Puderzukker bestäuben. • Den Kuchen noch etwa 10–15 Minuten bei 220 °C (Gas Stufe 4) überbacken, bis die Eimasse hellgelb ist. • Lauwarm oder kalt servieren.

Mein Tip: In vielen Rezepten wird angegeben, daß man die Baisermasse bei 50 °C 30 Minuten backen soll.

Die meisten modernen Backöfen sind heißer, und außerdem werden die Erdbeeren dann weich und geben viel Saft ab. Ich finde es besser, bei etwas heißerem Backofen kürzer zu backen.

Fritelle

Korsische Krapfen

Fritelle gibt es in allen Teilen der Insel, doch variieren ihre Formen von Gegend zu Gegend, ja sogar von Dorf zu Dorf. In den korsischen Touristenzentren findet man sie wohl selten, daher die Originalrezepte für alle Freunde dieser wunderschönen Insel.

500 g Mehl · 2 Eigelbe · 1 großer Eßl. weiche Butter · ¼ l Mineralwasser ohne Kohlensäure (zum Beispiel Contrex oder Vichy) · ½ Würfel Hefe (20 g) Salz · einige Tropfen Rum oder Orangenblütenwasser · Öl zum Ausbacken · Zucker zum Bestäuben

Zubereitungszeit: 30 Minuten
Ausbackzeit: jeweils 3–4 Minuten

Das Mehl in eine Schüssel sieben. Die Butter und die Eigelbe mit dem Wasser unterrühren. Die Hefe hineinbröckeln und unter den Teig kneten. Nach Belieben mit Rum oder Orangenblütenwasser parfümieren. Salzen. • Das Öl im Fett-Topf erhitzen. Mit einem großen Eßlöffel Teigportionen abstechen. Die Teigbällchen in dem kochendem Öl ausbacken, bis sie goldbraun und fest sind. • In ein Sieb geben, abtropfen lassen. Auf Küchenkrepp oder eine Papierserviette legen und überzuckern.

Varianten: Im Landesinneren Korsikas gibt es große Kastanienwälder. Von hier stammen die Fritelle aus Kastanienmehl. Sie können sie natürlich nur zubereiten, wenn Sie Ihr Mehl in einer Haushaltsmühle selber mahlen. Doch da es heute, dank des erwachten Gesundheitsbewußtseins, immer mehr von diesen Geräten in den Haushalten gibt, empfehle ich dieses originelle und originale Rezept zur Nachahmung: Aus 500 g Kastanienmehl und etwa ¼ l leicht gesalzenem lauwarmem Wasser einen Teig bereiten. 2 Eigelbe und Zucker nach Belieben zugeben. Mit einem Eßlöffel Teigportionen abstechen und in kochendem Öl ausbacken. Der Teig breitet sich schnell aus und wird sehr rasch braun. Diese Fritelle werden heiß oder kalt verzehrt.

Eine weitere Variante stellen die Beignets au Brocciu dar. Man bereitet sie aus Weizen- oder Kastanienmehlteig mit Brocciu, einem korsischen Ziegenkäse. Es gibt korsischen Ziegenkäse auch bei uns zu kaufen. Den Ziegenkäse in Würfel von etwa 1 cm Kantenlänge schneiden. Die Würfel in den Teig tauchen. Die Hände mit warmem Öl oder warmem Wasser benetzen. Je 1 Käsewürfel mit Teig entnehmen, formen und in das kochende Öl werfen. Goldbraun ausbacken. Die Krapfen mit Zucker überstreuen. Diese Krapfen sofort heiß verzehren, denn der Kontrast zwischen kühlem, frischem Ziegenkäse und heißer Kruste ist besonders reizvoll.

Crêpes Suzette

Eierkuchen mit Grand Marnier

Als Pendant zu den salzigen Vorspeisen-Crêpes (siehe Seite 52) die süße Variante, die hierzulande wohl am bekanntesten ist und ohne die ein französisches Kochbuch wohl als unvollständig empfunden würde.

6 Eßl. Mehl · 2 Eier · ½ Teel. und 2 Eßl. Zucker · 1 Prise Salz · ¼ l Milch 4 Eßl. und 1 Teel. Butter · 1 unbehandelte große Orange · 2 Schnapsgläser Grand Marnier (4 cl)

Zubereitungszeit: 40 Minuten
Ruhezeit für den Teig: 2 Stunden

Das Mehl in eine Schüssel sieben. In die Mitte eine Mulde drücken. 1 Ei in die Vertiefung geben. Das andere Ei trennen. Das Eigelb ebenfalls an das Mehl geben, das Eiweiß aufbewahren. ½ Teelöffel Zucker und das Salz zugeben. Den Teig gut durchmischen, ohne ihn zu stark zu kneten. Die Milch langsam zugeben, damit sich keine Klümpchen bilden. Der Teig soll dünnflüssig sein. Eventuell noch etwas Milch oder Wasser dazugeben. • Den Teig 2 Stunden ruhen lassen. • Das Eiweiß schlagen und am Ende der Ruhezeit vorsichtig unter den Teig ziehen. • Etwas Butter in eine Pfanne mit sehr glattem Boden geben. Erhitzen und dünn über den Pfannenboden verteilen. Je nach Größe der Pfanne so viel Teig in das heiße Fett geben, daß die Crêpe hauchdünn wird. Auf beiden Seiten hellbraun backen. Die fertige Crêpe zweimal zusammenfalten und warm stellen. Mit den restlichen Crêpes ebenso verfahren. • Die Orange gut abwaschen. Die Schale reiben. Die Frucht auspressen. • Den Rest der Butter in einer kleinen Flambierpfanne erhitzen, aber nicht braun werden lassen. Den restlichen Zucker dazugeben und leicht karamelisieren lassen. Die geriebene Orangenschale und den Saft dazugeben. Das Ganze erhitzen. Die Hälfte des Grand Marnier in die heiße Sauce geben. Die gefalteten Crêpes hineinlegen. Mit einem Schöpflöffel die Sauce darübergießen. Den restlichen Likör über den Crêpes verteilen und anzünden. • Nach dem Erlöschen der Flamme die Crêpes auf Portionstellern anrichten und mit der Sauce übergießen.

Mein Tip: Zum Flambieren muß nicht nur der Schnaps, auch die Crêpes müssen sehr heiß sein.

Schenkelas

Elsässisches Kleingebäck

Dieses Gebäck schmeckt ebenso gut zum Kaffee nach dem Essen wie auch zum Aperitif zuvor.

2 Eier · 125 g Zucker · 125 g geriebene Mandeln · 1 Stück Schale von einer unbehandelten Zitrone · einige Tropfen Orangenblütenwasser · 125 g Butter 250 g Mehl · Öl zum Ausbacken Puderzucker zum Bestäuben

Zubereitungszeit: 35 Minuten
Ruhezeit für den Teig: 3 Stunden

Die Eier mit dem Zucker schaumig rühren. Die geriebenen Mandeln dazugeben. Die Zitronenschale hineinreiben. Das Orangenblütenwasser daraufträufeln. Die Butter zum Schmelzen bringen und dazugeben. Die Masse gut durchrühren. Nach und nach das Mehl daransieben und darunterarbeiten. • Den Teig 3 Stunden ruhen lassen. • Den Teig etwa 1 cm dick ausrollen. 8 cm lange, fingerdicke Streifen ausschneiden. Das Öl in den Fett-Topf gießen und reinigen: Dafür ein kleines Stück altbackenes Brot kurz in dem Öl fritieren lassen. • Die Teigstücke nacheinander in das sehr heiße Öl geben und in etwa 4–6 Minuten ausbacken. Abtropfen lassen. Auf ein Stück Küchenkrepp oder eine Papierserviette legen und mit Puderzucker bestreuen. Sofort servieren.

Crème champenoise

Weincreme

Die stillen Weißweine aus der Champagne tragen die Bezeichnung Coteaux Champenois. Es sind herb-kräftige Weine, die einer Süßspeise die angenehme Würze verleihen.

4 Eier · ¼ l trockener Weißwein, am besten Coteaux Champenois
10 Zuckerwürfel · Schale von 1 unbehandelten Zitrone
1 Eßl. Kirschwasser

Zubereitungszeit: etwa 40 Minuten

Die Eier trennen. Die Eiweiße kühl stellen. Die Eigelbe in dem Wein verquirlen. Die Zuckerwürfel mit der Zitronenschale abreiben, dann in das Wein-Ei-Gemisch geben und das Ganze kräftig schlagen. Das Kirschwasser dazugeben. Den Topf auf den Herd setzen und bei geringster Hitze 10 Minuten unter Umrühren erwärmen, jedoch *nicht* kochen lassen. • Den Topf vom Herd nehmen, die Creme abkühlen lassen. Kurz vor dem Servieren die Eiweiße steif schlagen. Den Eischnee vorsichtig unter die Creme heben. • Sofort servieren. Löffelbisquits dazu reichen.

Pudding aux noix

Nußspeise

Für diesen köstlichen Nachtisch müssen Sie unbedingt frische, also noch nicht getrocknete Walnüsse, sogenannte »Schälnüsse«, verwenden.

500 g Schälnüsse · 6 Eier
200 g Puderzucker · 2 Eßl. Semmelbrösel
2 Eßl. Kartoffelstärke · Schale von 1 unbehandelten Zitrone · Butter und Mehl für die Form

Zubereitungszeit: 40 Minuten
Garzeit: 45 Minuten

Die Nüsse knacken, die Nußkerne von der Haut befreien, dann in einem Mörser zerkleinern. • Die Eigelbe mit dem Zucker schaumig rühren. Die Semmelbrösel und die Kartoffelstärke daruntermischen. Die Nußkerne dazugeben, die Zitronenschale hineinreiben. Alles gut durchrühren. • Die Eiweiße zu steifem Schnee schlagen. Vorsichtig unter die Speise ziehen. • Eine Charlotteform, das heißt eine Kesselform, buttern, mit Mehl bestäuben. Die Nußcreme hineingießen. • Im Ofen 45 Minuten bei etwa 200 °C (Gas Stufe 3) backen. Stürzen. Mit Vanillesauce servieren.

Chaussons aux pommes

Apfeltaschen

Wenn Sie die Apfeltaschen lieber mit selbstgemachtem Blätterteig herstellen wollen, lesen Sie auf Seite 53 nach, wie man das macht. Sie verfahren dann weiter, wie unten angegeben. Es ist aber auch nichts gegen tiefgefrorenen Teig einzuwenden.

Zutaten für 10 Gebäckstücke:
1 Päckchen tiefgefrorener Blätterteig in Scheiben (300 g) · 2 Äpfel · 25 g Butter
50 g Puderzucker
¼ Teel. Vanillinzucker
1–2 Eßl. Aprikosenmarmelade
1 Eigelb · 2 Teel. feiner Zucker

Auftauzeit für den Blätterteig: etwa 2–3 Stunden
Zubereitungszeit: 1½ Stunden
Backzeit: 15–18 Minuten

Den Blätterteig auftauen lassen. • Die Äpfel schälen, in Viertel schneiden und die Kerngehäuse entfernen. Die Apfelviertel in sehr feine Scheibchen schneiden. • Die Butter in einem Topf bei geringer Hitze schmelzen, aber nicht bräunen lassen. Die Apfelstückchen dazugeben, umrühren. Den Puderzucker und den Vanillinzucker untermischen. 2–3 Eßlöffel Wasser dazugeben. Die Wassermenge richtet sich nach dem Saftgehalt der Äpfel. Die Masse zum Kochen bringen. • Inzwischen den Backofen auf 260 °C (Gas Stufe 6) vorheizen. Den Topf vom Herd nehmen, zudecken und auf der mittleren Schiebeleiste in den Backofen geben. Die Apfelfüllung 7–8 Minuten im Ofen garen lassen. Ein- bis zweimal umrühren. • Den Topf aus dem Ofen nehmen, wenn die Äpfel die gesamte Flüssigkeit aufgesogen haben und eine homogene Masse entstanden ist. Die Marmelade untermischen und die Apfelfüllung abkühlen lassen. • Die aufgetauten Blätterteigscheiben in je 2 Quadrate teilen. Die Quadrate mit den Händen etwas auseinanderziehen, so daß sie größer und dünner werden. In die Mitte der Quadrate je etwa 1 Eßlöffel Apfelfüllung setzen. Mit einem Pinsel den Teig um die Masse herum leicht anfeuchten. Die Quadrate übereck zuklappen, die Ränder andrücken und den vorderen Rand so abrunden, daß ein Kreisbogen entsteht. • Den Backofen auf 220 °C (Gas Stufe 4) vorheizen. Das Eigelb in eine Tasse geben und mit so viel Wasser verdünnen, daß die etwa drei- bis vierfache Menge entsteht. Die Oberfläche der Gebäckstücke mit dem verdünnten Eigelb bepinseln. • Das Backblech anfeuchten, nicht einfetten. Die Gebäckstücke mit genügend Abstand voneinander darauflegen und im Backofen 15–18 Minuten backen. • Kurz vor Ende der Backzeit das Gebäck mit dem feinen Zucker bestreuen und noch einmal für 1 Minute in den Ofen schieben. • Abkühlen lassen. Ergibt mit Kaffee ein köstliches Dessert.

Menüzusammenstellungen

Ein Menü selbst zusammenzustellen macht Spaß, und es ist auch nicht schwer, wenn Sie nur einige wenige Punkte beachten:
Es darf kein Bestandteil zweimal vorkommen, zum Beispiel kein Sellerie als Gemüse nach einer Selleriecremesuppe. Nach einem Fleischgang mit Gemüse reichen Sie nicht noch einmal Gemüse extra.
Die Farben sollten aufeinander abgestimmt sein, rote Krebse passen nicht nach einer Tomatensuppe.
Die Garmethoden sollen sich abwechseln, also gebratenes Fleisch nicht nach gebratenem Fisch reichen.
Wie viele Gänge Sie servieren, hängt ganz allein von Ihnen ab, wobei die untere Grenze bei drei liegt, die obere jedoch da, wo die Kapazität der Küche und der Gäste erschöpft ist.
Bedenken Sie bei der Auswahl der Speisen und ihrer Abfolge auch den Arbeitsaufwand. Wenn ein Gericht viel Arbeit erfordert, halten Sie die übrigen Gänge einfacher, wenn Sie keine Hilfe haben, oder überlegen Sie zumindest vorher, welcher Gang zu welchem Zeitpunkt Ihre aktive Mitarbeit erfordert.
Die folgenden Menüzusammenstellungen sind in keiner Weise verbindlich. Sie sollen Ihnen vor allem einen Einstieg in dieses Buch vermitteln und Ihnen Mut zu eigenen Kreationen machen.

Menü für Ungeübte

Hors-d'œuvre varié · Gemischte Vorspeise (Seite 35)
Steak du Morvan · Burgundisches Rindersteak (Seite 69)
Pommes de terre en cocotte · Kartoffeltopf (Seite 100)
Clafoutis · Kirsch-Eier-Speise (Seite 110)

Menü für Bastler

Ballottine de canard · Entengalantine Burgunder Art (Seite 45)
Coquilles Saint-Jacques à la bordelaise · Jakobsmuscheln in Weißwein (Seite 64)
Entrecôte à la bordelaise · Entrecôte mit Bordeaux-Sauce (Seite 68)
Käseplatte
Crème aux fruits · Eiercreme mit Früchten (Seite 108)

Sommermenü

Crudités · Rohkostplatte (Seite 35)
Potage purée d'herbes · Kräutersuppe (Seite 29)
Rognons de veau au madère · Kalbsnierchen in Madeira (Seite 73)
Oignons à la niçoise · Zwiebelsalat (Seite 37)
Tarte aux fraises meringuées · Erdbeerkuchen mit Eierschaum (Seite 112)

Wintermenü

Salade frisée aux chapons · Krause Endivie mit Knoblauchkruste (Seite 37)
Anguille au vin rouge · Aal in Rotwein (Seite 60)
Pintade au chou vert · Perlhuhn mit Grünkohl (Seite 92)
Käse
Mousse au chocolat · Schokoladenschaum (Seite 108)

Alltagsmenü

Artichauts à la vinaigrette · Artischoken mit Vinaigrette (Seite 36)
Coq au riesling · Hähnchen in Rieslingsauce (Seite 79)
Riz à la créole · Reis im Ofen (Seite 101)
Obst

Festtagsmenü

Asperges à la sauce aux crevettes · Spargel mit Krabbensauce (Seite 36)
Quenelles de brochet · Hechtklößchen auf Spinat (Seite 58)
Lièvre en cabessal · Gefüllter Festtags-Hase (Seite 93)
Fonds d'artichauts au beurre · Artischockenböden in Butter (Seite 97)
Große Käseplatte
Crêpes Suzette · Eierkuchen mit Grand Marnier (Seite 113)
Obst

Südfranzösisches Menü

Soupe au pistou · Gemüsesuppe Großmutter Art (Seite 28)
Les aspics de moules · Muscheln in Aspik (Seite 65)
Pieds-paquets à la marseillaise · Hammelkutteln und -füße (Seite 76)
Tomates à la provençale · Grilltomaten provenzalisch (Seite 97)
Navettes · Lichtmeß-Schiffchen (Seite 108)

Nordfranzösisches Menü

Crêpes de sarrasin · Echt bretonische Crêpes (Seite 52)
Cotriade de maqueraux · Junge Makrelen auf bretonische Art (Seite 55)
Gigot à la bretonne · Lammkeule mit weißen Bohnenkernen (Seite 74)
Käse
Far breton · Bretonischer Pudding (Seite 112)

Schlemmermenü

Melone mit rohem Schinken (Seite 35)
Écrevisses à la nage · Flußkrebse im würzigen Sud (Seite 62)
Cailles aux feuilles de vigne · Wachteln in Weinblättern (Seite 93)
Châtaignes blanchies · Blanchierte Maronen (Seite 97)
Käseplatte
Crème champenoise · Weincreme (Seite 114)

Menü ohne Fleisch

Salade niçoise · Nizza-Salat (Seite 38)
Soupe aïgo-boulido · »Gekochtes Wasser« (Seite 29)
Gratin dauphinois · Kartoffelauflauf mit Käse (Seite 46)
Tarte du chef · Apfelkuchen mit Karamel (Seite 110)

Rezept- und Sachregister

Aal in Rotwein 60
Aioli 106
Ajaccio 21
Alicot 86
Anchoiade 105
Anchovisfladen 49
Anchovissauce 105
Andouilles 18
Andouillettes 10
Anguille au vin rouge 60
Anjou 19
Aperitif 8
Äpfel im Schlafrock 112
Apfelkuchen mit Karamel 110
Apfeltaschen 114
Araignées de mer 20
Armagnac 16
Artichauts à la vinaigrette 36
Artischockenböden in Butter 97
Artischocken mit Vinaigrette 36
Asperges à la sauce aux crevettes 36
Aspics de moules, les 65
Auberginengericht des Papstes 44
Auberginen in Teig, fritierte 43
Auvergne 18
Avocados, gefüllte 36
Avocats farcis 36

Baba au rhum 11
Baeckeofe 11, 32
Ballottine de canard 45
Bandol 15
Banon 14
Banyuls 15
Bar au fenouil 61
Bardieren 22
Barsac 16
Bar Sac'h 20
Barsch mit Fenchel 61
Baskenland 15
Baskisches Hähnchengericht 81
Bayonner Schinken, Reis mit 77
Béarn 15
Béarner Gemüseeintopf 32
Béarner Sauce 106
Beaujolais 13
Beaumes-de-Venise 14
Bécasses à la cacciatore 21
Béchamelsauce 104
Beignets au brocciu 113
Beignets d'aubergines 43
Bellet 15
Bercy-Sauce 103
Bergerac 17
Berry 18
Beurre blanc, turbot au 56
Bifteck à la poitevine 18
Biftecks du pays poitevin 69
Binden 22
Birewecka 11
Bisque 25
Bisque d'écrevisses 26
Bisque de homard 26
Blanchieren 22
Blanchierte Maronen 97
Blanquette de veau 70
Blaye 17
Bleu de Sassenage 13
Bœuf à la mode 67
Bœuf bourguignon 12
Bœuf en daube 68
Bœuf miroton 9
Bohnenkernen, Eintopf aus weißen 30
Bohnen mit Schinken, grüne 101
Bordeaux-Sauce, Entrecôte mit 68
Bordelais 16
Boudins blancs 10
Bouillabaisse 14, 33
Bouillinade 15
Bouquet garni 22
Bourg 17
Bourgogne Aligoté 12
Bourgueil 19
Bourride 14, 33
Brachsen mit feiner Sauce, gegrillte 61
Braune Grundsauce 104
Brêmes à la mode du Loing 61
Bresse 12
Bretagne 20
Brie 9, 10
Brioches 9
Brocciu 21
Brousses 14
Burgund 12
Burgundisches Rindersteak 69
Buttersauce, Steinbutt mit 56

Cagouille 17
Cahors 17
Cailles aux feuilles de vigne 93
Caillettes aux épinards 77
Calvados 20
Calvi 21
Canard à la solognote 85
Canard à l'orange 85
Cantal 18
Carbonnade 18
Carnetin 9
Carré d'agneau au persil 74
Cassis 15
Cassoulet 15, 25, 30
Castagnacci 21
Cèpes à la bordelaise 49
Cervelas truffé en brioche 50
Cervelle du Canut 13
Chablis 12
Chambertin 12
Champagne 10
Champagner 10
Champignonsauce 56
Champignons crus à la crème 37
Champignons mit Sahne 37
Châtaignes blanchies 97
Château d'Yquem 16
Château-Grillet 13
Château Haut-Brion 16
Château Latour 16
Château Margaux 16
Châteauneuf-du-Pape 14
Château Rothschild 16
Chaudrée 17
Chaussons aux pommes 114
Chevrette 13
Chinon 19
Choucroute à l'alsacienne 10
Chou rouge aux châtaignes 101
Choux à la crème 9
Cidre 20
Civet de langouste 64
Clafoutis 110
Clairet 17
Clairette de Die 13
Clos de Vougeot 12
Cognac 17, 22
Comté de Foix 15
Comté de Nice 13
Comté-Käse 11
Condrieu 13
Confit 22
Consommé 25
Coq au riesling 79
Coq au vin 10, 12, 80
Coquilles Saint-Jacques à la bordelaise 64
Corton 12
Corton-Charlemagne 12
Coteaux champenois 10
Coteaux de la Loire 19
Coteaux de l'Aubance 19
Coteaux du Layon 19
Côte Blonde 13
Côte Brune 13
Côte Chalonnaise 12
Côte de Beaune 12
Côte de Nuits 12
Côte d'Or 12
Côtelettes d'agneau à la provençale 76
Côtelettes d'agneau au four 76
Côte Rôtie 13
Côtes-de-Provence 15
Côtes de veau au fromage râpé 72
Côtes du Rhône 13, 14, 15
Cotriade de maquereaux 55
Coulommiers 9, 10
Courgettes au gratin 44
Court-Bouillon 22
Cousinat 18
Crabes 20
Crème 25
Crème aux fruits 108
Crème champenoise 114
Crème de Cassis 12
Crème renversée au caramel 110
Crêpes 20
Crêpes de sarrasin 52
Crêpes, echt bretonische 52
Crêpes Suzette 113
Crozes-Hermitage 13
Crudités 35
Cul de veau à la mode du vieux presbytère 70

Dauphiné 13
Déjeuner 8
Demi-glace 104
Digestif 8

Rezept- und Sachregister

Dîner 8
13 provenzalischen Weihnachtsdesserts, die 14, 109
Dressieren 22

Eau-de-vie de bou 11
Echt bretonische Crêpes 52
Écrevisses à la nage 62
Edelzwicker 11
Eiercreme mit Früchten 108
Eier in roter Sauce 43
Eierkuchas 11
Eierkuchen mit Grand Marnier 113
Eiern, Schinken in Gelee mit harten 40
Eiersauce 104
Eintopf aus weißen Bohnenkernen 30
Elsaß 10
Elsässischer Fleischtopf 32
Elsässischer Zwiebelkuchen 46
Elsässisches Kleingebäck 113
Elsässische Teigklößchen 44
Endivie mit Knoblauchkruste, krause 37
Ente fein parfümiert, gefüllte 85
Ente mit Orangensauce 85
Entengalantine Burgunder Art 45
Entenklein 86
Entensauce, feine 105
Entfetten 22
Entrecôte à la bordelaise 68
Entrecôte mit Bordeaux-Sauce 68
Entre-Deux-Mers 17
Epineuil 12
Erdbeerkuchen mit Eierschaum 112
Escalopes de chevreuil 94
Escalopes de porc aux pruneaux 77
Escargots au gratin 53
Essig-Öl-Sauce 106
Étoile, l' 11

Faisan à l'alsacienne 91
Faisan au citron 91
Faisan aux légumes 91
Far breton 20
Farçon, le 100
Fasan in Sauerkraut 91
Fasan mit jungem Gemüse geschmort 91
Fasan mit Zitrone, junger 91
Faux-filet à la landaise 68
Feine Entensauce 105
Feine Krebssuppe 26
Figari 21
Filet de bœuf à la ficelle 67
Fisch 35
Fischsuppe mit Knoblauchmayonnaise, provenzalische 33
Fischsuppe, Mittelmeer- 33
Fleischtopf, elsässischer 32
Flußkrebse im würzigen Sud 62
Foie gras naturel 10
Fond 22
Fonds d'artichauts au beurre 97
Fontainebleau 9
Forellen in weißem Vermouth 58
Fouasses 18
Franche-Comté 11
Frikadellen mit Spinat 77
Fritelle 21, 112
Fritierte Auberginen in Teig 43
Fronsac 17
Frontignan 15
Früchten, Eiercreme mit 108

Gänsebraten normannische Art 86
Gänseklein 86
Gänseleberpastete 35
Gans, gefüllte 86
Garbure 15, 25, 32
Gascogne 16
Gâteau basque 15
Gaudes, les 11
Gebundene Zwiebelsuppe 25
Geflügelcremesuppe 26
Gefüllte Avocados 36
Gefüllte Ente fein parfümiert 85
Gefüllte Gans 86
Gefüllter Festtags-Hase 93
Gefülltes junges Rebhuhn 92
Gegrillte Brachsen in feiner Sauce 61
Gekochtes Huhn mit Gemüse 84
»Gekochtes Wasser« 29
Gemischte Seefische in würziger Sauce 57
Gemischte Vorspeise 35
Gemüseeintopf, Béarner 32
Gemüseragout, Nizzaer 50
Gemüsesuppe aus Albi 30
Gemüsesuppe Großmutter Art 28
Gerolltes Rinderfilet 67
Geschmortes Hähnchen mit Kastanien 81
Gibelottes de lapin 9
Gigondas 14
Gigot à la bretonne 74
Gigot à l'auvergnate 18, 74
Gougère 10, 45
Gratin dauphinois 13, 46
Gratin de queues d'écrevisses 64
Graves 16
Grilltomaten provenzalisch 97
Grundsauce, braune 104
Grüne Bohnen mit Schinken 101
Gruyère 11

Hacksteaks mit Weinsauce 69
Hähnchengericht, baskisches 81
Hähnchengericht aus Lyon 81
Hähnchen in Burgunder 80
Hähnchen in Champagner 82
Hähnchen in Rieslingsauce 79
Hähnchen in Sahnesauce 79
Hähnchen in Zitronensauce 80
Hähnchen, Marengo- 80
Hähnchen mit Kastanien, geschmortes 81
Hähnchen mit Steinpilzen 82
Hähnchentopf, korsischer 79
Hammelkutteln und -füße 76
Haricots verts au jambon 101
Hase, gefüllter Festtags- 93
Hasenrücken Burgunder Art 94
Hase Winzer Art 94
Hechtfilets in Rosé aus der Champagne 60
Hechtklößchen 58
Heringssalat nach Art der Fischer 57
Hermitage 13
Hochepot 21
Homard à l'américaine 62
Hors-d'œuvre varié 35
Hühnertopf 84
Huhn im Topf, Sonntags- 84
Huhn mit Gemüse, gekochtes 84
Huhn-Rindfleisch-Topf 32
Hummer klassisch 62

Île-de-France 9
Îles flottantes 9
Irancy 12
Irouléguy 16

Jakobsmuscheln in Weißwein 64
Jambon du Morvan 12
Jambon du Morvan aux œufs durs 40
Joinville-Sauce 104
Julienne 22
Junge Makrelen auf bretonische Art 55
Junger Fasan mit Zitrone 91
Jungfraukiechlas 11
Jurançon 16
Jus 23

Kalbfleisch in Rotwein 72
Kalbsblankett 70
Kalbsbries mit Äpfeln und Calvados 73
Kalbsfüße im Schweinenetz 72
Kalbshirn, Soufflé aus 73
Kalbskoteletts mit Käse 72
Kalbsnierchen in Madeira 73
Kalbsschlegel nach Art der Pfarrersköchin 70
Kalbsvögel 72
Kaninchen in Sahnesauce 88
Kaninchen mit Backpflaumen und Weinbeeren 88
Karamel 23
Karamelcreme 110
Kartoffelauflauf mit Käse 46
Kartoffelbällchen 100
Kartoffeln, Pariser 98
Kartoffeln, Trüffel- 98
Kartoffelpastete 98
Kartoffelpüree, überbackenes 100
Kartoffelsuppe französische Art 26
Kartoffel-Tomaten-Pfanne 98
Kartoffeltopf 100
Kartoffel-Zwiebel-Püree 100
Käsegebäck 45
Käsesuppe 28
Kastanien, geschmortes Hähnchen mit 81
Kastanien, Rotkohl mit 101
Kastaniensuppe 28
Kir 12
Kirsch 11
Kirsch-Eier-Speise 110
Kleingebäck, elsässisches 113
Knepfi 44
Knoblauchsauce, südfranzösische 106
Knollensellerie 35
Korsika 21
Korsische Krapfen 112

Rezept- und Sachregister

Korsischer Hähnchentopf 79
Kougloff 11
Krapfen, korsische 112
Krause Endivie mit Knoblauchkruste 37
Kräutersuppe 29
Krebse im würzigen Sud, Fluß- 62
Krebssauce Nantua 103
Krebsschwänze überbacken 64
Krebssuppe, feine 26
Kürbissuppe mit Lauch 29
Kutteln normannische Art 69

Lachs, geräucherter 35
Lachspastete 56
Lammfleisch mit Kräuterdecke 74
Lammkeule aus dem Backofen 74
Lammkeule mit weißen Bohnenkernen 74
Lammkoteletts im Ofen gebacken 76
Lammkoteletts provenzalisch 76
Languedoc 15
Langusten in Rotwein 64
Lapin à la bressane 88
Lapin aux pruneaux et aux raisins 88
Lichtmeß-Schiffchen 14, 108
Lièvre en cabessal 93
Lièvre vigneron 94
Limousin 18
Lirac 25
Lothringen 10
Lothringer Schinken-Käse-Torte 46
Lotte à la bordelaise 60
Loukinkas 15
Löwenzahn mit Speck 37
Lyon 12

Macarons aux amandes 109
Mâcon Blanc 12
Mâcon Rouge 12
Madiran 16
Makrelen auf bretonische Art, junge 55
Makronen, Mandel- 109
Mandelmakronen 109
Marc de Bourgogne 12
Marche 18
Marengo-Hähnchen 80
Marinade 23
Marmite 25
Maronen, blanchierte 97
Mastoffait 10
Matelote de sole 55
Matelote de veau 72
Médoc 16
Melone mit Portwein 35
Melone mit rohem Schinken 35
Menü 8
Menüzusammenstellungen 115
Meurette, œufs en 43
Migourée de Matata, la 57
Milchstriwlas 11
Mirepoix 23
Mittelmeer-Fischsuppe 33
Mohnquiche 40
Möhren 35
Möhren-Reis-Püree 101
Monbazillac 17
Montlouis 19
Montrachet 12
Morcheln in Sahnesauce 43
Morilles à la crème 43
Mornay-Sauce 104
Mouclade 17
Moules aux herbes 65
Moules marinières 65
Mourtairol 18, 29
Mousse au chocolat 108
Munster 11
Muscadet 20
Muscheln in Aspik 65
Muscheln mit grünen Blättern 65
Muscheln nach Art der Seeleute 65
Muschelsuppe 25
Musigny 12

Navettes 108
Nizzaer Gemüseragout 50
Nizza-Salat 38
Normandie 20
Nougat noir 109
Nougat, schwarzer 109
Nouilles à l'alsacienne 101
Nudeln elsässische Art 101
Nudelsuppe mit Käse 29
Nußspeise 114

Œuf basque 15
Œufs en meurette 43
Oie à la normande 86
Oie farcie 86
Oignons à la niçoise 37
Oliven 35
Olivenpaste mit Kapern 36
Olives à la picholine 14
Omeletten-Grundrezept mit Varianten 52
Omelettes, les 52
Orléanais 18
Osterpastete aus dem Berry 40

Pacherenc-du-Vic-Bilh 16
Pain de saumon 56
Panzaritte 21
Papeton d'aubergines, le 44
Paprika mit Schinken 50
Paprikaschoten korsisch 44
Paris 9
Pariser Kartoffeln 98
Pastete 23
Pâté de cèpes à la solognote 49
Pâté de Pâques du Berry 40
Pâté de pommes de terre 98
Patrimonio 21
Pauchouse mâconnaise 58
Paupiette de veau 72
Pécharmant 17
Perdreau à la languedocienne 92
Perdreau rôti 92
Périgord 17
Perlhuhn mit Grünkohl 92
Petits pâtés à la ciboulette 52
Pfeffersauce für Wildgerichte 104
Pfeffersauce, scharfe 104
Pibronata 21
Picodon 13
Pieds de veau à la rouennaise 72
Pieds-paquets à la marseillaise 76
Pigeons au vin blanc 87
Pikante braune Sauce 104
Pineau des Charentes 17
Pintade au chou vert 92
Pipérade 50
Pissaladière 49
Pissenlits au lard 37
Pivarunata 44
Pochieren 23
Poitou 18
Pomerol 17
Pommes de terre à la Dauphine 100
Pommes de terre aux truffes 98
Pommes de terre en cocotte 100
Pommes en pâte 112
Pommes frites 9
Pommes soufflées 98
Pompe de Noël 14, 109
Porto-Vecchio 21
Potage 25
Potage de gibier 28
Potage Parmentier 26
Potage purée d'herbes 29
Pot-au-feu 25, 32
Potée 25
Potée albigeoise 30
Poularde demi-deuil 12, 82
Poularde mit Trüffeln 82
Poule à la mode de Gray 84
Poule au pot 15
Poule en hochepot 84
Poule Henri IV 84
Poulet à la basquaise 81
Poulet à la corsoise 79
Poulet à la crème 79
Poulet au champagne 82
Poulet au citron 80
Poulet aux cèpes 82
Poulet Célestine 81
Poulet en daube aux châtaignes 81
Poulet Marengo 80
Poumpo 18
Pousse-café 8
Pré-salé 20
Prizutta 21
Provence 13
Provenzalische Fischsuppe mit Knoblauch-mayonnaise 33
Pudding aux noix 114
Purée Crécy 101
Purée Soubise 100

Quappe Bordelaiser Art 60
Quenelles de brochet 58
Quercy 17
Quetsch 11
Quiche lorraine 11, 46
Quiche touloise 40

Râbles de lièvre à la bourguignonne 94
Rasteau 14

Rezept- und Sachregister

Ratatouille niçoise 14, 50
Rebhuhn, gefülltes junges 92
Rebhuhn im Weinblatt 92
Reblochon 13
Rehschnitzel auf Selleriepüree 94
Reis im Ofen 101
Reis mit Bayonner Schinken 77
Reis-Püree, Möhren- 101
Rigodon 45
Rillettes 19
Rinderfilet, gerolltes 67
Rindersteak, burgundisches 69
Rindfleisch in Rotwein 68
Rindfleisch mit Gemüse und Kartoffelgratin 68
Rindfleischtopf 67
Rindfleisch-Topf, Huhn- 32
Ris de veau normand 73
Rivesaltes 15
Riz à la Bayonne 77
Riz à la créole 101
Rognons de veau au madère 73
Rohe Champignons mit Sahne 37
Rohkostplatte 35
Rohkostplatte mit Anchovissauce 35
Romadour 11
Roquefort 17
Rosé d'Anjou 19
Rosé des Riceys 10
Rote Beten 35
Rote-Bete-Salat 38
Roter Sauce, Eier in 43
Rotkohl mit Kastanien 101
Rouergue 17
Rouille 104
Roussillon 15
Ryotte 13

Safransuppe 29
Saint-Cyr 13
Saint-Didier 13
Saint-Émilion 17
Saint-Nicolas-de-Bourgueil 19
Salade de betteraves 38
Salade de harengs à la chalutière 57
Salade frisée aux chapons 37
Salade niçoise 14, 38
Salade poitevine 8, 38
Saladier lyonnais 38
Salami 35
Salatschüssel aus Lyon 38
Sancerre 19
Sardinen in Sauerampfer 57
Sardines à l'oseille 57
Sauce béarnaise 9, 106
Sauce béchamel 104
Sauce Bercy 9, 103
Sauce bordelaise 16, 68
Sauce Nantua 103
Sauce Périgueux 103
Sauce piquante 9
Sauce, pikante braune 104
Sauce poivrade 104
Sauce Robert 9, 104
Sauce rouennaise 105
Sauce Soubise 103
Sauce tartare 106
Sauce vinaigrette 106
Sauçon 105
Sauternes 16
Savennières 19
Savoyen 13
Scharfe Pfeffersauce 104
Schenkelas 11, 113
Schinken 35
Schinkenfladen 45
Schinken in Gelee mit harten Eiern 40
Schinken-Käse-Torte, Lothringer 46
Schnittlauchküchlein 52
Schokolade aus Bayonne 16
Schokoladenschaum 108
Schornstein 23
Schwarzer Nougat 109
Schweineschnitzel mit Backpflaumen 77
Seefische in würziger Sauce, gemischte 57
Seezungen Müllerin 56
Seezungentopf 55
Sole à la normande 20
Soles meunière 56
Sonntagshuhn im Topf 84
Soufflé aus Kalbshirn 73
Soufflé de cervelle 73
Soupe 25
Soupe aïgo-boulido 29
Soupe à la reine 26
Soupe à l'oignon 25
Soupe au fromage 28
Soupe au pistou 28
Soupe aux marrons 28
Soupe aux moules 25
Soupe de courge 29
Soupe de miscishia 21
Soupe épatante 29
Spargel mit Krabbensauce 36
Spinatomelette 52
Steak du Morvan 69
Steinbutt mit Buttersauce 56
Steinpilze mit Schinken 49
Steinpilzen, Hähnchen mit 82
Steinpilzpastete 49
Südfranzösische Knoblauchsauce 106
Suprêmes de brochet 60
Süßwasserfisch in Weißwein 58

Tapénade 36
Tarte aux fraises meringuées 112
Tarte aux oignons à l'alsacienne 46
Tarte des desmoiselles Tatin 18
Tarte du chef 18, 110
Tataren-Sauce 106
Tauben in Weißwein 87
Taubenragout im Teig Großmutter Art 87
Tavel 15
Teigklößchen, elsässische 44
Terrine 23
Tomaten-Pfanne, Kartoffel- 98
Tomaten provenzalisch, Grill- 97
Tomatensauce 105
Tomates à la provençale 97
Tome 13
Touraine 19
Tourin 25
Tournedos Rossini 9
Tourteaux 20
Tourte de pigeon à l'ancienne 87
Treize desserts de Caléna, les 109
Tripes à la mode de Caen 20, 69
Tripotch 15
Truffade 98
Trüffelkartoffeln 98
Trüffelsauce 103
Trüffelwurst im Teigmantel 50
Truites Mont-Dor 18, 58
Ttorro 15
Turbot au beurre blanc 56

Überbackenes Kartoffelpüree 100
Überbackene Zucchini 44

Valdeblore 14
Velay 18
Vendée 18
Vier-Gewürze-Mischung 23
Vin jaune 11
Vins de Moselle 11
Vins des Sables 15
Vorspeise, gemischte 35
Vorspeisenplatte mit Reis, Tomaten und Champignons 38
Vouvray 19

Wachteln in Weinblättern 93
Wasserbad 23
Weihnachtsdesserts, die 13 provenzalischen 109
Weihnachtsfladen 109
Weinbergschnecken überbacken 53
Weincreme 114
Weiße Rüben 35
Wildsuppe 28

Zucchini, überbackene 44
Zwiebelkuchen, elsässischer 46
Zwiebelomelette 52
Zwiebel-Püree, Kartoffel- 100
Zwiebelsalat 37
Zwiebelsauce 103
Zwiebelsuppe 25
Zwiebelsuppe, gebundene 25

Die Farbfotos auf der Einband-Vorderseite zeigen links von oben nach unten: Crème renversée au caramel (Rezept Seite 110), eine typisch französische Terrine (ohne Rezept); Mitte: Entrecôte à la bordelaise (Rezept Seite 68); rechts von oben nach unten: Restauranteingang in Saint-Paul-de Vence, Quiche lorraine (Rezept Seite 46), Soupe à l'oignon (Rezept Seite 25), das Loireschloß Azay-le-Rideau. Das Farbfoto auf der Einband-Rückseite zeigt gefüllte Artischocken (ohne Rezept). Das Farbfoto gegenüber der Titelseite zeigt Ratatouille (Rezept Seite 50).

Farbfotos
Pete Eising: Seite 47, 107
Gerhard Klammet: Seite 14, 21
Jürgen Lindenburger: Einband-Vorderseite rechts oben, Seite 13, 16, 18, 20
Löbl-Schreyer: Einband-Vorderseite rechts unten, Seite 19
Werner Neumeister: Seite 9, 11, 17
ZEFA: Seite 10, 12, 15, 20

Alle übrigen Farbfotos gestaltete das Fotostudio Teubner.

CIP-Kurztitelaufnahme der Deutschen Bibliothek

Piroué, Susi

Französisch kochen: 200 köstliche Spezialitäten aus allen Provinzen. Und Wissenswertes über Essen und Trinken in Frankreich/Susi Piroué. - 5. Aufl. - München: Gräfe und Unzer, 1993

ISBN 3-7742-4227-5

5. Auflage 1993

Redaktion: Susi Piroué
Herstellung: Monika Gerretz
Karte auf Seite 21: Kartographie Gert Oberländer
Einbandgestaltung: Heinz Kraxenberger
Printed in Italy

ISBN: 3-7742-4227-5

Susi Piroué
ist gelernte Buchhändlerin und befaßt sich seit vielen Jahren als Redakteurin sowie als Sortimenterin mit Wein- und Kochbüchern. Französisch kochen lernte sie, als sie in eine französische Familie einheiratete, und seither kocht sie ihrem Mann und ihren Söhnen zuliebe vorwiegend nach den Rezepten dieses Landes, die sie bei der Schwiegermutter und Verwandten sowie auch Freunden in Frankreich zusammen mit vielen nützlichen Tips sammelte. Ein erstes Ergebnis dieser Koch-Leidenschaft waren die beiden Küchen-Ratgeber »Echt französisch kochen« und »Echt provenzalisch kochen«. Auch bei der Abfassung des vorliegenden Buches kamen ihr berufliche und hausfrauliche Erfahrungen in gleicher Weise zugute.